GRETCHEN CRAFT RUBIN

mächtig reich berühmt sexy

EINE GEBRAUCHSANWEISUNG

GRETCHEN CRAFT RUBIN

mächtig reich

berühmt sexy

EINE GEBRAUCHSANWEISUNG

Aus dem Amerikanischen von
Angelika Bardeleben

ECON

Die Originalausgabe
erschien 2000 unter dem Titel
power money fame sex. A User's Guide
bei Pocket Books, New York.

Der Econ Verlag ist ein Unternehmen
der Econ Ullstein List Verlag GmbH & Co. KG, München

1. Auflage 2001

ISBN 3-430-17876-2

© der deutschen Ausgabe
Econ Ullstein List Verlag GmbH & Co. KG, München
Alle Rechte vorbehalten. Printed in Germany.
Lektorat: Regina Carstensen
Grafische Gestaltung: Büro Jorge Schmidt, München
Gesetzt aus der Oranda und Meta bei
Franzis print & media GmbH, München
Druck und Bindung: Clausen & Bosse, Leck

FÜR JAMIE UND ELIZA –
WORTE VERMÖGEN NICHT ZU SAGEN,
WIE SEHR ICH EUCH LIEBE.

VORWORT
Mächtig, reich, berühmt und sexy

Mächtig, reich, berühmt und sexy sein –, das sind Ziele, denen Sie ohne andere Menschen nicht näher kommen. Es gibt keine Macht ohne Hierarchie, keinen Reichtum ohne den Vergleich mit anderen, keinen Ruhm ohne begeistertes Publikum, keinen Sex ohne Partner (auch wenn dieser nur in der Fantasie existiert). Und: Macht, Geld, Ruhm und Sex sind Leidenschaften, die unersättlich sind. Sie werden an dem gemessen, was andere erreicht haben, und können deshalb nie ganz und gar befriedigt werden. »Wenn du nach Ruhm strebst, dann beneidest du möglicherweise Napoleon«, schrieb der Philosoph Bertrand Russell. »Aber Napoleon beneidete Cäsar, Cäsar beneidete Alexander, und Alexander, so wage ich zu behaupten, beneidete Herkules, den es nie gab. Deshalb vermagst du den Neid nicht durch den Erfolg allein zu überwinden, denn in der Geschichte oder in der Überlieferung wird es immer jemanden geben, der erfolgreicher ist als du.«

Die meisten Menschen sind sich darüber einig, dass es von größter Bedeutung ist, eine dieser Leidenschaften erfüllt zu sehen, aber sie streiten darüber, um welche es sich handelt: »Es geht nur ums Geld«, behauptet der eine; der andere protestiert: »Geld? Es geht nur um Sex. Freud, Sie wissen schon.« Was Sie selbst anstreben, hängt von Ihrem Charakter, Ihren Lebensumständen – sogar von dem Ort ab, wo Sie leben.

Zu jeder Zeit und jedem Ort gehört eine spezifische weltliche Leidenschaft. Die sechziger Jahre waren eine Ära der Macht: verschiedene Gruppen entdeckten Möglichkeiten, ihre Macht zu ergreifen und auszuüben. In den Siebzigern verlagerte sich das Schwergewicht auf Sex, auf Experimente im Schlafzimmer, auf offene Ehen und schmerzlose Scheidungen (beides Widersprüche in sich!). Die achtziger Jahre waren ein Zeitalter des Exzesses und der Selbstdarstellung – der vorwiegenden Beschäftigung mit Geld und dessen Trophäen. In den Neunzigern wurde der Exzess unter dem Mantel der Schlichtheit versteckt, und das Schwergewicht verlagerte sich auf den Ruhm: »Der *ist* wer!« Auch Städte werden durch die weltliche Leidenschaft geprägt, die deren besondere Atmosphäre ausmacht. Macht: Washington D.C. Geld: New York. Ruhm: Los Angeles. Sex durchdringt die drei genannten Städte und sämtliche anderen dazu.

Wer also braucht eine Anleitung, die beschreibt, wie man mächtig, reich, berühmt und sexy wird? Diese Gebrauchsanweisung richtet sich an zwei verschiedene Persönlichkeitstypen: an *Kämpfer* und *Nichtkämpfer*.

Wenn Sie ein *Kämpfer* sind, dann werden Sie in diesem Buch nützliche Informationen finden, die Sie anspornen. Sie können mehr erreichen, als Sie sich erträumen, indem Sie die Prinzipien anwenden, die hier beschrieben werden. Vergessen Sie nicht: die Regeln verändern sich nicht, nur deren Kontext. Heute Postangestellter, morgen der Big Boss.

Wenn Sie ein *Nichtkämpfer* sind, dann wird Ihnen dieser Führer genau deshalb helfen, weil Sie *nicht* zu denen gehören, die auf ein Eckbüro oder Penthouseappartement hinarbeiten. In dem Fall können Sie diese Anleitung *defensiv* benutzen: Selbst wenn Sie die Techniken nicht anwenden wollen, werden Sie sich nicht wünschen, dass jemand sie gegen Sie richtet.

Ob Sie nun Kämpfer oder Nichtkämpfer sind – Sie haben wahrscheinlich bemerkt, dass Verdienst und Leistung allein Ihnen nicht Ihren gerechten Anteil an Macht, Geld, Ruhm und Sex sichern. Um Leuten die Stirn bieten zu können, die subtile Techniken anwenden, brauchen Sie manchmal eine bewusste Strategie. Diese Gebrauchsanweisung analysiert die Konzepte von Macht, Geld, Ruhm und Sex und setzt sie wieder zusammen, so dass Sie sie nutzen können – ob Sie nun Schadensgutachter oder Immobilienhändler oder ehrgeiziges Starlet sind. Es werden Prinzipien vorgestellt, die den Werken von Sueton, Tom Wolfe, Sally Quinn, Garry Wills, aber genauso dem *Wall Street Journal* entnommen sind, außerdem Gedanken aus klassischen und modernen Machthandbüchern wie Niccolò Machiavellis *Der Prinz* aus dem 16. Jahrhundert, Sun-tzus *Die Kriegskunst* aus dem vierten Jahrhundert vor Christi oder Michael Kordas *Macht! Wie Sie sie erlangen, wie Sie sie benutzen,* das im zwanzigsten Jahrhundert geschrieben wurde. Wenn Sie bisher noch nicht die Zeit gefunden haben, in unentbehrliche Texte wie Thorstein Veblens *Die Theorie der feinen Leute,* Plutarchs *Römische Heldenleben,* Baldesar Castigliones *Der Hofmann,* Daniel Boorstins *The Image* oder Robert Caros Biographien hineinzuschauen, dann lesen Sie weiter. Ziehen Sie Ihre Schlüsse aus den Lebensläufen von Persönlichkeiten wie Richard Nixon, Bill Gates, Elizabeth Taylor, Calvin Klein, Larry Ellison, Muhammed Ali und Jacqueline Kennedy Onassis.

Sie werden in diesen Biographien bestimmte Muster und Regeln erkennen. Auch wenn diese Menschen im Hinblick auf Zeit, Ort und persönliche Interessen kaum etwas gemeinsam haben, sie bedienen sich immer wieder derselben Methoden – meist unbewusst. Hugh Hefner und Dennis Rodman wandten dieselbe Regel des Ruhms an (s. Kapitel 14), Pamela Harriman und Bill Clinton dieselbe Regel des Sex (s. Kapitel 20). Lyndon B. Johnson, Barry Diller, John Sununu, Madonna und Jack Welch üben, so verschieden sie auch sind, Macht auf mehr oder weniger dieselbe Weise aus (s. Kapitel 3).

Achten Sie besonders auf Themen, die sich nicht ausschließlich auf *eine* dieser Kategorien beziehen und die immer wieder auftauchen. Zum Beispiel:

- **Signalisieren** – Gestalten Sie Ihr Äußeres und das ganze Erscheinungsbild, um den Eindruck zu machen, den Sie machen wollen. Verhalten und kleiden Sie sich entsprechend der Rolle, in die Sie schlüpfen möchten.»Jeder sieht dich so, wie du erscheinst«, bemerkte Machiavelli, »wenige wissen wirklich, was du bist.« Aber vergessen Sie vor allem nicht den Faktor ...
- **Lebenskunst** – Demonstrieren Sie die Heiterkeit und Sorglosigkeit eines Lebenskünstlers; lassen Sie niemals Berechnung oder Anstrengung erkennen. Der Anschein von Angestrengtheit schmälert Ihre Leistungen.

9

- **Das Prinzip der enttäuschten Erwartungen** – Um Ihren Triumph zu demonstrieren, enttäuschen Sie die Erwartungen Ihrer Mitmenschen. Wo andere eine große Schau abziehen, demonstrieren Sie Bescheidenheit, um zu betonen, dass Sie solches Getue nicht brauchen, um zu zeigen, was Sie können. (Oder umgekehrt.)

- **Die Platinregel** – Der, dem viel gegeben wurde, bekommt immer mehr dazu. Es ist zwar nicht fair, aber Fakt: Die Dynamik der weltlichen Belohnungen läuft darauf hinaus, dass die, die viel haben, immer noch mehr bekommen. Oder wie der französische Moralist La Rochefoucauld es formulierte: »Fortuna weiß alle Dinge zum Vorteil ihrer Lieblinge zu wenden.«

- **Der Katzenjammer** – Dieser Führer sagt Ihnen nicht, wie Sie *glücklich* werden, nur, wie Sie zu Macht, Geld, Ruhm und Sex kommen. Die weltlichen Leidenschaften bringen aber auch mit einiger Sicherheit ihre spezielle Form von Katzenjammer mit sich.

Während Sie lesen, kommen Ihnen die Prinzipien dieser Anleitung womöglich vertraut vor, oder auch neu, verblüffend – vielleicht sogar schockierend. Möglicherweise stellen Sie fest, dass die Beschäftigung mit den Prinzipien, die in *mächtig reich berühmt sexy. Eine Gebrauchsanweisung* dargelegt werden, Ihnen ein Gefühl von Unbehagen, sogar Schäbigkeit vermitteln. Und wer in aller Welt möchte zugeben, dass er so berechnend ist – sollten Sie Ihre Ziele nicht eigentlich anstrengungslos erreichen? Oder zumindest ohne *sichtbare* Anstrengung? (Ja. Schlagen Sie die Seiten zum Thema *Lebenskunst* nach.) Plötzlich sind simple Gegenstände und Gesten (ein Dankschreiben, ein neuer Büroschreibtisch, ein paar Namen, die im Gespräch fallen gelassen werden) der Maske der guten Umgangsformen und der Spontaneität beraubt. Wo Sie früher Natürlichkeit vermuteten, erkennen Sie jetzt Berechnung (vielleicht nicht einmal bewusst) und Bemühen. Es ist schockierend, zu erkennen, dass große Macht, großer Reichtum, großer Ruhm und großartiger Sex nicht in ein heroisches Mysterium gehüllt sind, sondern dass es dabei um simple Methoden geht, die zur Meisterschaft entwickelt wurden.

Es mag also manchmal hinterhältig erscheinen, aber es ist dennoch wichtig, das Funktionieren der weltlichen Leidenschaften zu verstehen. Wenn die dahinter stehenden Prinzipien einmal offen gelegt sind, dann schwindet ihre Kraft. Wenn Sie erst einmal erkannt haben, dass cholerische Wutausbrüche eine übliche Technik sind, um Macht zu demonstrieren und andere einzuschüchtern, dann verlieren die Anfälle Ihres Chefs einen Teil ihres Schreckens. (Diese Prinzipien offen gelegt zu sehen mag Sie auch, gründlicher als zuvor, zum Nachdenken über die moralische Wirkung anregen, die das Erringen dieser weltlichen Trophäen zeitigt.)

Gewiss, nicht alle Methoden, die hier beschrieben werden, sind bewundernswert. Aber auch wenn wir uns noch so sehr wünschen, dass Aufrichtigkeit und Fleiß in jedem Fall den Sieg davontragen – in der Realität funktionieren Kriecherei, Einschüchterung und Selbstdarstellung sehr gut. (Bedenken Sie jedoch, dass auch das jeweilige Gegenteil funktionieren kann.) In diesem Buch wird beschrieben, was *tatsächlich* Erfolg hat, nicht was vom Prinzip des guten Menschen ausgehend Erfolg haben *sollte. Es hängt von Ihnen ab zu entscheiden, welche Methoden Sie anwenden wollen.*

11

mä

chtig

13

mächtig

KAPITEL EINS
WAS IST MACHT?

Ganz klar: Sie äußern Ihren Willen, und ein anderer realisiert ihn.

Um Macht zu erlangen, sollten Sie sich zunächst in Ihrem persönlichen Umfeld durchsetzen. Nehmen Sie die Dinge in die Hand und übernehmen Sie Verantwortung für Entscheidungen innerhalb Ihres Einflussbereichs. Herrschen Sie über Ihre Zeit — es ist ein Zeichen von Machtlosigkeit, eine Stechkarte in den Automaten schieben zu müssen, sich zu entschuldigen, weil man früher geht, gemaßregelt zu werden, weil man abwesend war.

Nachdem Sie sich in dieser Weise Ihrer selbst bemächtigt haben, erweitern Sie Ihren Einflussbereich auf andere Menschen, Aktionen und Ideen, bis Sie schließlich die Zukunft gestalten. Zu einem bestimmten Zeitpunkt waren Sie froh, einen Brief selbst unterschreiben zu dürfen, dreißig Jahre später zerbrechen Sie sich darüber den Kopf, ob Sie Ihre mit großem Elan aufgebaute Firma davor bewahren können, nach Ihrem Tod an einen Konkurrenten verkauft zu werden.

Ihre Lebensumstände, Ihr Ehrgeiz und vor allem Ihre besonderen Charaktereigenschaften werden über das Ausmaß und den Stil Ihrer Machtausübung entscheiden. Welches Modell entspricht Ihnen am meisten? Das der geselligen, Geschenke verteilenden Energiebombe? Oder das des zornigen, impulsiven, fordernden Tyrannen? Keines dieser beiden Vorbilder verspricht größeren Erfolg. Es liegt an Ihnen, über Ihre Strategie zu entscheiden.

Macht manifestiert sich im Wesentlichen in zwei Typen: direkt und indirekt. Machen Sie das folgende Quiz, um festzustellen, welcher Typus Ihnen mehr entspricht.

15

Quiz: Wollen Sie direkte oder indirekte Macht?

Wählen Sie die Antwort, die Ihnen persönlich zusagt. Gehen Sie davon aus, dass beide Antworten dieselben finanziellen Vorteile ermöglichen.

1. Sie sind Rechtsanwalt. Welche Karriere würden Sie bevorzugen?

A. Sie legen sich ins Zeug, um Siege für Ihre eigenen Klienten zu erringen.

B. Sie unterrichten an der juristischen Fakultät einer Universität, damit Ihre Theorien über das Recht eine große Anzahl zukünftiger Rechtsanwälte beeinflussen.

2. Welche Chance erscheint Ihnen attraktiver?

A. Man bietet Ihnen an, Mitglied des Verwaltungsrats eines Start-up-Unternehmens zu werden.

B. Man bietet Ihnen an, eine monatliche Kolumne für ein einflussreiches Magazin zu schreiben.

3. Welche Leistung würde Sie mehr befriedigen?

A. An einem Gebäude vorbeizukommen und zu wissen, dass es ohne Ihre Beteiligung nicht errichtet worden wäre.

B. Eine Straße entlangzugehen und zu wissen, dass sich ohne Ihren Einfluss die letzte Modeverrücktheit nicht hätte durchsetzen können.

4. Wenn Ihnen ein Richtungswechsel in der Lokalpolitik missfällt, auf welche Weise würden Sie dagegen angehen?

A. Indem Sie dem Stadtrat deutlich machen, dass Sie, wenn der Wechsel realisiert wird, Ihre geschäftlichen Aktivitäten in eine andere Stadt verlagern.

B. Indem Sie in einer bekannten Fernsehtalkshow auftreten, um den Wechsel zu kritisieren.

5. Wie sieht Ihre Einstellung zur Versorgung Ihrer Nachkommen aus?

A. Ich würde den nächsten Generationen gerne Chancen eröffnen und sie entsprechend anleiten, indem ich beispielsweise Stiftungen einrichte, die Geldmittel für meine Erben bereitstellen, verbunden mit bestimmten Auflagen, so dass das Geld nicht vergeudet werden kann.

B. Ich hätte nichts dagegen, meinen Nachkommen ein wenig Geld zu vererben, aber ich würde es ihnen hinterlassen, ohne Verpflichtungen damit zu verknüpfen; ich bin nicht daran interessiert, ihr Leben zu kontrollieren.

Zählen Sie die Anzahl Ihrer A- und B-Antworten zusammen.

Antwort A:

Wenn Sie bei den meisten Antworten *A* angestrichen haben, dann streben Sie nach *direkter Macht*, um bestimmte Ziele zu erreichen – beispielsweise als Geschäftsführer, Chirurg oder Softwareentwickler. Sie möchten eine Persönlichkeit sein, die präsent, durchgreifend und unentbehrlich ist und wünschen sich Anerkennung für Ihre Leistungen.

Direkte Macht findet sich sowohl im privaten als auch im öffentlichen Sektor. (Beachten Sie, dass Macht sich in beiden Fällen im Allgemeinen von Reichtum oder Kontrolle von Reichtum ableitet.)

In der Wirtschaft ist es einfacher, Macht auszuüben, deshalb werden Sie dort eher Einfluss gewinnen. Wenn Sie jedoch befürchten, wirtschaftlich in eine Sackgasse zu geraten, ziehen Sie in die Hauptstadt und bewerben Sie sich dort um einen Posten bei der Regierung. Wenn Sie in dem einen Bereich signifikant Macht errungen haben und sich nach einer neuen Herausforderung sehnen, dann wechseln Sie vom privaten in den öffentlichen oder vom öffentlichen in den privaten Bereich.

Im Extremfall wird Ihr Hunger nach direkter Macht Sie dazu provozieren, Ihren Einfluss auch auf die Zukunft ausdehnen zu wollen. Es ist Ihr Wunsch, Ihr Erbe zu bewahren – ein Impuls, der sich auf kleine und große Dinge ausdehnt. Der Grundstücksspekulant Donald Trump beispielsweise träumte jahrelang davon, sich in der Skyline von Manhattan zu verewigen, bis es ihm schließlich gelang, seinen Namen in goldenen, mehrere Meter hohen Lettern auf seinen Gebäuden erstrahlen zu lassen. Präsident Nixon hatte die Angewohnheit, die Füße samt Schuhen auf seinen Schreibtisch zu legen. Folglich war die schöne Mahagoniplatte bald zerkratzt. Als er sich einmal außerhalb der USA aufhielt, wurde der Schreibtisch kurzerhand restauriert. Als er zurückkam und den neuen Glanz sah, knurrte er: »Verdammt noch mal, wer war *das* denn? Ich möchte an diesem Ort *meine Spuren* hinterlassen, genau wie jeder andere Präsident.«

Antwort B:

Wenn Sie vorwiegend *B* angestrichen haben, dann streben Sie nach *indirekter Macht*, wollen die Gedanken der Menschen beeinflussen. Sie sind keine vordergründig agierende Person, Sie lenken die Begebenheiten aus dem Hintergrund. Sie arbeiten als Lehrer, Autor oder Filmemacher, um die öffentliche Meinung zu bestimmen: Sie schreiben Leitartikel, treten im Fernsehen als Nachrichtenkommentator auf, lancieren Bücher, profilieren sich als Anführer der neuesten Protestwelle an der Hochschule. Sie beeinflussen, was Menschen *denken*. John Fairchild, der Verleger der einflussreichen US-Magazine *Women's Wear Daily* und *W,* prägte das Wort »hot pants«, identifizierte »the beautiful people«, kreierte Bezeichnungen wie »fashion victim« und »Nouvelle Society« – und indem er diese Dinge benannte, schuf er Trends, die sich gut vermarkten ließen. Beschreiben heißt zugleich erschaffen. Und wenn Ihre Ideen andere zum Handeln inspirieren, ist Ihre Macht grenzenlos. Der obskure Aktienanalyst Henry Blodget trieb im Alleingang die Internetaktien hoch, als er das Endjahres-Kursziel der Amazon.com-Aktien von 150 auf 400 Dollar anhob. Eine Woche später war die Aktie bei 325 Dollar. Blodget hatte den persönlichen Reichtum des Amazon-Gründers und Vorstandsvorsitzenden Jeff Bezos angeprangert, wohl auch nur indirekt, aber die Auswirkungen waren deutlich spürbar. Und denken Sie an all die PR-Agenten. Sie promoten Persönlichkeiten wie Uma Thurman, Mike Tyson oder Naomi Campbell. Sie erreichen viel auf indirektem Weg. Professoren, Managementberater, Fernsehkommentatoren, Künstler und Kabarettisten beeinflussen Menschen. Obwohl ihre direkte Macht relativ gering ist, sind sie Magneten der Aufmerksamkeit und gestalten die Welt der Ideen und Trends. Die Fähigkeit, die Wahrnehmung anderer zu lenken, ist der Ursprung, nicht das Ergebnis ihrer Macht.

Journalisten, PR-Berater und Trendgurus üben eine enorme Macht aus, weil sie die Bedingungen schaffen, unter denen die Öffentlichkeit Ereignisse wahrnimmt. Sie füttern die Medien mit ausgesuchten Informationen. Ihre Art, Nachrichten zu verpacken, zu kreieren oder ihnen einen bestimmten Grad von Wichtigkeit zu geben, ist eine Form der indirekten Machtausübung.

Der *Rampenlicht-Effekt* – die Tatsache, dass Sie nur deshalb, weil Sie im Rampenlicht stehen, eine äußerst bedeutsame Persönlichkeit sind, ist eine wichtige Quelle indirekter Macht. Warum? Weil indirekte Macht eine Bühne verlangt, ein Publikum von zwanzig Studenten oder dreißigtausend Lesern oder vierzig Millionen Zuschauern. Je häufiger Sie im Rampenlicht stehen, desto mehr Gewicht hat Ihre Stimme. Machen Sie nicht den Fehler und glauben, dass Machtausübung auf indirektem Weg weniger effektiv sei. Oprah Winfrey moderiert eine Talkshow im amerikanischen Fernsehen; empfiehlt sie einen Roman mit einer Erstauflage von 6800 Exemplaren, wird er zu einem Bestseller mit einer Auflage von 750 000 Exemplaren. Wahrscheinlich haben Sie keine eigene Fernsehshow, aber auch wenn Sie einen Brief in der Schulzeitschrift Ihrer Kinder veröffentlichen, der andere Eltern davon überzeugt, dass die Schule den Kindern ein preiswertes Mittagessen ermöglichen sollte, üben Sie indirekte Macht aus.

Direkte und indirekte Macht sind nicht *wirklich* so leicht voneinander unterscheidbar. Häufig ist die Macht einer Person eine Mischung von beiden. Nur selten trifft man auf einen Menschen – und dieser hat dann tatsächlich große Macht –, der kraftvoll und effektiv agiert und andere zugleich durch seine Ideen und Vorstellungen beeinflusst. Denken Sie an Anita Roddick, die Gründerin von »The Body Shop«. Heute besitzt die Engländerin

19

weltweit Kosmetikläden, die nur Produkte mit pflanzlichen Ingredienzen vertreiben.

Also … möchten Sie lieber der Autor eines Buches sein oder der Herausgeber, der entscheidet, dass das Buch veröffentlicht wird? Wären Sie lieber der Lehrer, der den Schülern die Evolution erklärt, oder das Mitglied der Schulbehörde, das dafür stimmt, das Thema Evolution auf dem Lehrplan zu belassen? Ob Sie nun indirekte oder direkte Macht anstreben – Sie sollten das Machtpotenzial möglichst vieler Quellen ausschöpfen. Um das zu erreichen, nutzen Sie die acht Säulen der Macht.

KAPITEL ZWEI

DIE ACHT SÄULEN DER MACHT

Wenn Sie so sind wie die meisten Menschen, wird ein kleiner Happen Macht Ihnen Appetit auf mehr machen. Sie beginnen sich auszumalen, was Sie verändern, wie Sie Ihre Zeit verbringen würden und wie befriedigend es wäre, selbst mit so viel Respekt behandelt zu werden, wie Sie jetzt andere behandeln müssen. Aber wie fangen Sie es an, Macht aufzubauen? Erweitern Sie Ihren Handlungsspielraum, indem Sie aus den acht Quellen der Macht schöpfen. Um ein Maximum an Macht anzuhäufen, sollten Sie aus möglichst vielen dieser Quellen schöpfen – aber achten Sie darauf, die Strategien Ihrer Persönlichkeit anzupassen. Sind Sie beispielsweise schüchtern, dann sollten Sie sich nicht auf Networking verlassen, um eine Machtbasis aufzubauen; sind Sie von dem Wunsch besessen, bis an die Spitze der Hierarchie aufzusteigen, dann verlassen Sie sich nicht darauf, einzig die *Attraktivität der Präsenz* zu nutzen. Macht hat viele Gesichter. Um also Ihr Potenzial voll und ganz einsetzen zu können, sollten Sie die Methoden wählen, die Ihnen und Ihren Lebensumständen am besten entsprechen.

1. Maximieren Sie die Macht, die Ihnen aufgrund Ihrer Position in Ihrer Firma zur Verfügung steht.
2. Nutzen Sie die Macht anderer Menschen.
3. Kontrollieren Sie Informationen.
4. Nutzen Sie die *Attraktivität der Tüchtigkeit*.
5. Nutzen Sie die *Attraktivität der Präsenz*.
6. Schlagen Sie Kapital aus Ihrem Geld.
7. Nutzen Sie Ihren Ruhm.
8. Kalkulieren Sie mit Sex.

Strategisches Vorgehen

Techniken der Macht müssen *besonnen*, in Einklang mit Ihrem augenblicklichen Status eingesetzt werden. Eine Strategie, die für Ihren Chef perfekt ist, könnte bei Ihnen ins Auge gehen. Wenn er in einer Krisensituation ein langes persönliches Telefongespräch führt, werden alle seine Gelassenheit bewundern; wenn Sie dasselbe täten, würde man Sie wahrscheinlich auf einen weniger verantwortungsvollen Posten versetzen. Wenn der Boss ein Meeting für den frühen Sonntagmorgen anberaumt, sind die Mitarbeiter überglücklich, wenn man sie bittet, dabei zu sein; sollten Sie einen Termin zu dieser Zeit ansetzen, würden Sie wahrscheinlich allein dasitzen.

Gehen Sie diskret vor. Machtstrategien funktionieren, wenn sie durchschaubar werden, meist weniger gut. Sich allzu sehr anzustrengen, ist ein Zeichen von Schwäche; Ihre Macht sollte Ihnen scheinbar natürlich zufallen. Wenn Sie allzu offensichtlich nach einem größeren Büro schielen oder wenn Sie darauf bestehen, dass man Sie mit Nachnamen anredet, während sich in Ihrem Büro sonst jedermann duzt, machen Sie sich zur Zielscheibe des Gespötts. Verbergen Sie Ihren Griff nach der Macht immer unter dem Deckmantel von Tüchtigkeit und Notwendigkeit. Sie haben nicht um ein zweites Telefon gebeten, damit Sie mehr Apparate als Ihre Kollegen haben; Sie *brauchen* es, weil Sie mehr Anrufe bekommen. Sie machen bei Tagesanbruch Ihre Fitnessübungen im firmeneigenen Studio – nicht, weil Sie dort Ihrem Chef begegnen und mit ihm ein paar (wichtige) Worte wechseln können, sondern weil Sie, genau wie Ihr Chef, den Tag gerne in aller Früh beginnen. (»Ich brauche pro Nacht nicht mehr als vier Stunden Schlaf«, erklären Sie ganz bescheiden.)

1. Maximieren Sie die Macht, die Ihnen aufgrund Ihrer Position zur Verfügung steht

Ihre offensichtlichste Machtquelle ist Ihre Position im Beruf. Diese bringt automatisch Rechte, Verantwortung und einen bestimmten Rang mit sich. Ihr Ziel? Sich so weit wie möglich nach oben zu manövrieren.

Endlich haben Sie – Gott sei Dank – Ihre Beförderung zum »stellvertretenden Direktor« in der Tasche. Was jetzt? Machen Sie von den Privilegien Gebrauch, die mit Ihrem Titel einhergehen. Sind Sie jetzt berechtigt, Urlaub im Ferienhaus für die Führungskräfte zu machen? Gibt es einen Parkplatz, der für Sie reserviert werden sollte? Achten Sie auf Details. Sie haben festgestellt, dass der zweite stellvertretende Direktor bei Konferenzen immer rechts vom Chef sitzt. Beim nächsten Mal sollten Sie ein wenig zu früh kommen, um sich den Stuhl zu seiner Linken zu sichern.

Feine Unterschiede signalisieren, welchen Rang Sie in der Machthierarchie einnehmen. Unter Ronald Reagan galt im Weißen Haus ein strenges Protokoll, das festlegte, wer auf welchem Stuhl um den Präsidenten herum sitzen durfte. Donald Reagan erinnerte sich an seine Zeit als Schatzmeister: »Bei Versammlungen und Besprechungen vor dem Kamin saß ich oft auf einem Stuhl, der Blickkontakt mit dem Präsidenten ermöglichte. Dieser Stuhl war für die höchstrangige anwesende Person reserviert. War der Vizepräsident zugegen oder der Innenminister, musste ich auf das Sofa umziehen.« Jeder Regierungsbeamte kannte den Platz, der ihm zustand.

TIPP: Vermeiden Sie einen Titel, der übermäßig lang ist, mehrere Adjektive oder mehr als eine Präposition enthält. Und fragen Sie sich selbst, ob Sie einen trendigen, anglo-amerikanischen Titel wollen wie etwa »Chief Yahoo!« (so nennt sich Jerry Yang von Yahoo). Oder »Minister of Order and Reason«, die Bezeichnung von Martin Tobias bei encoding.com.

Nehmen Sie Titel ernst und sorgen Sie dafür, dass Sie denjenigen bekommen, den Sie sich wünschen – selbst, wenn Sie dafür einen neuen erfinden müssen. Vielleicht möchten Sie, wenn Sie befördert werden, anstatt »Generaldirektor von …« »Vizepräsident des …« werden. Selbst wenn Sie nicht wichtig sind, können Sie versuchen, sich einen bedeutsam klingenden Titel zuzulegen.

Suchen Sie nach Möglichkeiten, um Ihren Einflussbereich zu erweitern. Lassen Sie Untergebene auf Ihre Unterschrift warten, bevor Sie Ihre Memos in Umlauf bringen, oder achten Sie darauf, dass Ihre Abteilung spezielle Aufgaben übernimmt, die früher von anderen Abteilungen übernommen wurden. Achten Sie zugleich darauf, dass die zusätzliche Arbeitsbelastung durch sinnvolles Delegieren aufgewogen wird; sich allzu sehr an die Hebel der Macht zu klammern, führt zu Machtlosigkeit.

Gehen Sie nicht davon aus, dass Sie zusammen mit einer bestimmten Position auch automatisch all die Macht bekommen, über die Sie in dieser Position verfügen könnten. Eines steht jedoch fest: Allein die Tatsache, dass Sie einen bedeutenden Titel innehaben, stattet Sie mit beträchtlicher Macht aus. Nachdem man den Gründer von Silicon Graphics, Jim Clark, ausgebootet und zum Vorsitzenden gemacht hatte, stellte er fest: »Jetzt habe ich real bei Silicon Graphics keinerlei Macht. Aber die meisten denken, der Vorsitzende einer großen Firma ist ein wichtiger Mann.« Der Schein der Macht verlieh Jim Clark wiederum Macht, die er beispielsweise auf die Presse ausübte.

Seien Sie sich jedoch bewusst, dass das Fehlen eines eindrucksvollen Titels nicht notwendigerweise darauf hinweist, dass es der Person an Macht fehlt. Häufig steht jemand, beispielsweise eine Sekretärin, ein Betriebsratsvorsitzender oder eine Krankenschwester im Zentrum der Macht, obwohl die Person in der Hierarchie keinen hohen Rang einnimmt.

2. Nutzen Sie die Macht anderer Menschen

Durch Ihre Beziehungen zu anderen Menschen bauen Sie Macht auf. Diese Kontakte können zu Ihrem Erfolg beitragen, Ihnen zu einer Beförderung verhelfen und Ihnen das Leben erleichtern. (Umgekehrt können sie, wenn die Chemie nicht stimmt, Sie sabotieren und Ihren Aufstieg blockieren.) Bemühen Sie sich, aus allen denkbaren Beziehungen einen Gewinn zu ziehen. Ihre Hauptstrategie besteht darin, sich mit Menschen zusammenzutun, die bereits Macht haben, und dadurch Ihre eigene Macht zu erweitern. Testen Sie einmal die folgenden sieben Methoden:

- Networking
- Den Anschein erwecken, der Erbe zu sein
- Die Rolle des Mentors/Lehrlings übernehmen
- Nähe
- Ausgrenzung
- Stellvertreterschaft
- Speichelleckerei

Networking

Nutzen Sie die Macht anderer, indem Sie Beziehungen knüpfen, die auf gemeinsamen Bekannten, Schulen, politischen Aktivitäten, Hobbys, Arbeitgebern und Clubs basieren. Wenn Sie beruflich einigermaßen etabliert sind, ebnen diese Beziehungen Ihnen den Weg, nützliche Informationen einzuholen, sich Vergünstigungen zu verschaffen, sich wichtigen Personen vorstellen zu lassen, sich Unterstützung zu sichern oder auf andere Weise von der persönlichen Bekanntschaft zu profitieren. Plötzlich, als Sie einen Artikel über die Karriere Ihres früheren Zimmerkameraden in der Zeitung sehen, sind Sie überwältigt von nostalgischen Erinnerungen an die guten alten Zeiten im Internat. »Ich wollte dich schon so lange anrufen«, erklären Sie am Telefon.

An Cocktailpartys, Golfturnieren oder Klassentreffen sollten Sie nicht mit der Erwartung teilnehmen, sich dort zu entspannen und zu amüsieren. Stellen Sie sich vielmehr darauf ein, harte Arbeit leisten zu müssen, um den Kreis Ihrer Bekannten zu pflegen und zu erweitern. (Vergessen Sie jedoch nicht, *so zu tun*, als wären Sie nur gekommen, um sich zu amüsieren.) Unterschätzen Sie niemals die Effektivität des Networking. Häufig bringt es Sie sehr viel weiter als Können und Verdienst.

Ihre sozialen Kontakte müssen sich nicht auf alte Freunde beschränken. Stattdessen sollten Sie Bekannte aus Ihrem Arbeitsumfeld in »Freunde« verwandeln. Laden Sie sie zu einem Ski-ausflug mit Ihrer Familie ein. Nachdem Sie erfahren haben, dass Popsängerinnen das Lieblingslaster Ihres neuen Freundes, eines Internet-Moguls, sind, schicken Sie ihm eine Kiste Wein, damit er seine neueste Entdeckung feiern kann. Denken Sie sich Möglichkeiten aus, um Ihrer aufrichtigen Sympathie spontan Ausdruck zu verleihen.

Schützen Sie sich, indem Sie Menschen, die in der Lage sein könnten, Sie zu unterstützen oder Ihnen zu schaden, zu nützlichen neuen »Freunden« machen. Der mächtige New Yorker Bauunternehmer Robert Moses entwickelte Gastfreundschaft zu einer politischen Strategie; er entwaffnete die Leute, indem er sie zu Abendessen und Bootsfahrten einlud. Präsident Franklin Roosevelt brachte strittige Themen beiläufig, an seinem Esstisch, zur Sprache, wo die Gäste ein ungutes Gefühl bekamen, wenn sie ihm nicht zustimmten.

TIPP: Vermehren Sie Ihre Macht, indem Sie Menschen zusammenbringen, die einander kennen lernen wollen. Legendäre Salon-Damen Washingtons wie Perle Mesta, Pamela Harriman und Evangeline Bruce etablierten sich als Zentren der Macht, indem sie ihre Wohnungen zu Treffpunkten machten, wo die Machtelite Meinungen austauschen konnte.

Lassen Sie nie durchblicken, dass Ihre Gesten der Freundschaft von Eigennutz inspiriert sind, denn dadurch sabotieren Sie genau den Eindruck, den Sie hervorrufen möchten. Lernen Sie aus dem schlechten Beispiel von High-Society-Lady Gwen Cafritz, das sie abgab, als sie sich in Washington gesellschaftlich einführen wollte: Sie rief die Frau des Kongressabgeordneten Joe Casey an, um sie und ihren Mann zu einer Cocktailparty einzuladen.

Nachdem die Antwort lautete: »Ja, wir würden gern kommen«, bemerkte Mrs. Cafritz: »Ich habe gehört, dass Ihr Mann zum Arbeitsminister nominiert wurde.« »Das ist richtig«, antwortete Mrs. Casey. »Nun, wenn er ernannt wird«, fügte Mrs. Cafritz hinzu, »dann würden wir uns freuen, wenn Sie nach dem Cocktail auch noch zum Abendessen blieben.«

Schließen Sie sich Gruppen und Institutionen an, die Ihnen

Möglichkeiten zum Networking eröffnen. Sanford Weill von Travelers Group verbesserte, als er Chairman wurde, die wirtschaftliche Situation der Carnegie Hall in New York, indem er die Mitgliedschaft im Verwaltungsrat zu einer Gelegenheit für klassisches Networking machte. Bald wollten mehr Menschen (natürlich waren alle leidenschaftliche Musikliebhaber) ein Abonnement, als es verfügbare Plätze gab.

Zwar ist es sehr schmeichelhaft, in einer Gruppe von Menschen der Mächtigste zu sein, aber Sie sollten nach Möglichkeiten Ausschau halten, Zeit mit Personen zu verbringen, die mehr Macht haben als Sie selbst. Lord Chesterfield erklärte seinem Sohn: »Erster in einer Firma zu sein, macht viele verständlicherweise stolz; aber das ist sehr dumm und sehr schädlich.« Wodurch könnten sich Ihnen Chancen eröffnen: durch Kongressbeteiligungen, TED, Davos, ein Wochenende als Geschenk, oder durch die Teilnahme an einem PC-Forum?

Erweitern Sie den Kreis Ihrer Bekannten, indem Sie sich über die Grenzen Ihres professionellen und sozialen Umfelds hinauswagen. Studien zeigen, dass die Menschen, die einem die größten Vorteile verschaffen – beispielsweise, indem sie einem einen Tipp für einen neuen Job geben – häufig nicht Freunde, sondern Bekannte sind. Nutzen Sie Gelegenheiten, Kontakte zu knüpfen, die über Ihren bisherigen Beziehungspool hinausgehen.

Und während Ihre Kontakte sich auf Gleichgestellte und Vorgesetzte konzentrieren sollten, ist es zugleich auch ratsam, zumindest einige Beziehungen zu Menschen außerhalb dieses Kreises aufrechtzuerhalten; es ist immer nützlich, jemanden vom Computerservice oder von der Buchhaltung zu kennen. Und Chancen können sich auch durch das Wohlwollen dieser Menschen eröffnen.

Den Anschein erwecken, der Erbe zu sein

Wenn man Sie als Erben betrachtet, gewinnen Sie Macht. Als der Agent Michael Ovitz, einer von Hollywoods mächtigsten Männern, den Posten als Präsident von Disney übernahm, sah man in ihm den Nachfolger von Disney-Boss Michael Eisner – und er gewann durch diese Einschätzung eine gewaltige potenzielle Macht. Natürlich schwand jene Macht, als klar wurde, dass er das Disney-Imperium am Ende doch nicht beerben und leiten würde.

Als Erbe betrachtet zu werden, ist sogar noch effektiver, wenn Sie tatsächlich der Abkömmling einer Ahnenreihe von Mächtigen sind. Lachlan Murdoch, ein Mann Anfang zwanzig, ist der offensichtliche Erbe des Dreizehn-Milliarden-Dollar-Medienimperiums seines Vaters Rupert Murdoch und wird entsprechend behandelt. Obwohl die Vereinigten Staaten Krieg führten, um frei zu sein von Mächten, deren Herrschaftsrecht sich aus ihrer Herkunft ableitete, zeigt ein Blick auf die Familien Bush, Kennedy oder Gore, dass politische Macht sich leichter über eine Ahnenreihe fortsetzt.

TIPP: Möchten Sie wissen, ob Sie Macht haben? Ein untrügliches Indiz: Menschen, die ernsthaft darüber diskutieren, welche Laune Sie haben.

Macht schaut nach vorn. Ein Erbe übt in der Gegenwart Macht aus, weil er (oder sie) in der Zukunft Macht haben wird (und zudem schenkt ihm der gegenwärtige Machtinhaber Gehör). Das ist der Grund, warum die Einflussmöglichkeiten eines Politikers, der nicht wieder gewählt wurde, nur sehr gering sind und warum Ihr Boss möglicherweise zögert, zu klären, wann er in Ruhestand gehen will und wer sein Nachfolger werden soll.

Die Rolle des Mentors/Lehrlings übernehmen

Beide, sowohl der Mentor als auch der Lehrling, ziehen einen Gewinn aus dieser Beziehung. Als Mentor sichern Sie sich die Dankbarkeit und Loyalität eines Untergebenen und drücken Ihrer Firma Ihren persönlichen Stempel auf. Der Starregisseur Steven Spielberg räumte ein, dass »eine Form von Eitelkeit im Spiel ist, wenn man einem jungen Menschen hilft, sein Ziel zu erreichen. Die Eitelkeit ist eine Chance, einen zweiten Anfang zu machen, sich selbst in die Karriere des jungen Filmemachers hineinzuprojizieren.« Zudem wird Ihr Ruf als hilfreicher Mentor Sie in die Lage versetzen, fähige Leute anzuziehen, die Ihnen ihrerseits den Rücken stärken.

In der Rolle des Lehrlings gewinnen Sie einen Führer und einen Verbündeten. Die Unterstützung auch nur einer einzigen mächtigen Person, sei es ein Mann oder eine Frau, beschleunigt Ihren Aufstieg. Werden Sie von ihr beschützt, kann das zur Folge haben, dass Sie sich in einer Position sicher fühlen dürfen, die sonst gefährdet sein könnte. Mentor und Lehrling können zudem wertvolle Insiderinformationen austauschen.

Aber Vorsicht: Lassen Sie sich durch eine Beziehung zu einem Mentor niemals von Ihrem persönlichen Weg abbringen. Wenn Sie Ihr Leben zu fest an den Stern eines anderen heften, dann verlieren Sie die Kontrolle über Ihr eigenes Schicksal.

⊙ **TIPP: Sind Sie allgemein unbeliebt? Betrachtet man Sie als arrogant? Oder schroff? Dann sollte es eines Ihrer wichtigsten Ziele sein, sich einen machtvollen Mentor zu suchen. Erobern Sie sich die Gunst eines Menschen, der Sie vor den Konsequenzen Ihrer Fehler zu schützen vermag.**

Was ist, wenn trotz Ihrer Bemühungen, einen bestimmten Mentor für sich zu gewinnen, jemand anders sich die Stellung als Lieblingslehrling erobert? Obwohl es schmerzlich ist zu sehen, wie ein anderer sich im hellen Schein einer Vorzugsstellung sonnt, sollten Sie der Versuchung widerstehen, den Sieger zu sabotieren. Versuche, dem Favoriten das Wasser abzugraben, sind leicht durchschaubar und gelten als Zeichen von Schwäche.

Nähe

Sie gewinnen Macht, indem Sie einer machtvollen Person nahe kommen oder den Zugang zu ihr kontrollieren – denken Sie an die Macht von Vertrauenspersonen.

Nähe ist hier nicht nur im übertragenen Sinn gemeint: eine reale, körperliche Nähe verleiht ebenso Macht. Um seine Position als derjenige zu sichern, der den Zugang zu Präsident Nixon kontrollierte, verhinderte Generalstabschef Haldeman, dass Nixons persönliche Sekretärin Rose Mary Woods das Büro neben dem Oval Office bekam. So war sie räumlich vom Präsidenten getrennt und damit von seiner Macht abgeschnitten.

29

Der Ort, wo sich Ihr Büro befindet, symbolisiert Ihre Position in der Hackordnung – je näher am Zentrum der Macht, desto besser. So wie Regierungsbeamte ihre Wichtigkeit an dem Abstand messen, den ihr Wagen zu dem des Präsidenten einhalten muss, so wussten die vielen verhinderten Künstler der Factory, dass der, der in Andy Warhols Luxusschlitten mitfahren durfte, sein Darling war.

> **Narr:** »Lass ja den Griff los, wenn ein Mühlrad abwärts rollt, dass es dir nicht den Hals bricht, wenn du dranhängst; doch wenn ein Großer aufwärts geht, lass ihn dich nachziehn.«
>
> WILLIAM SHAKESPEARE, *KÖNIG LEAR*

Die Quelle der Macht mag von Fall zu Fall variieren, aber Nähe spielt immer eine entscheidende Rolle: Washingtoner Regierungsbeamte machen sich Sorgen über die Frage, wo sie im gegebenen Fall im Weißen Haus sitzen werden, Hollywoodstars über ihre Plätze bei der Oscar-Verleihung, New Yorker Medientycoone über ihre Tischreservierung im Restaurant des Edel-Hotels Four Seasons. Wo auch immer Sie sich gerade befinden – identifizieren Sie den »richtigen« Platz und bemühen Sie sich, dorthin zu kommen. Nehmen wir beispielsweise an, Sie sind Zuschauerin einer Modenschau. Sie möchten in der ersten Reihe in der Mitte vor dem Laufsteg sitzen. Je weiter hinten oder je weiter seitlich Ihr Platz sich befindet, desto niedriger stehen Sie im Kurs.

> **TIPP:** Wenn Sie sich bei einem Meeting einen Platz aussuchen, dann gehen Sie nicht davon aus, dass die beste Position am Kopfende des Tisches ist. Häufig sind Sie den anderen, die um den Tisch herumsitzen, in der Mitte näher und können deshalb besser mit ihnen reden und sie stärker beeinflussen.

Macht durch Nähe ist erregend, ja sensationell, weil Sie dadurch an Ereignissen teilnehmen können, die außerhalb Ihres unmittelbaren Einflussbereichs stattfinden. Dick Morris war ein unbekannter politischer Berater, aber seine vertrauensvolle Beziehung zu Präsident Clinton machte ihn, wie die Zeitschrift *Time* es formulierte, zum »einflussreichsten Privatmann in Amerika«.

Da Macht durch Nähe jedoch abgeleitete Macht ist, ist sie prekär. Wenn die Person, von der Sie Ihre Macht ableiten, scheitert, sind Sie in Gefahr, ebenfalls zu scheitern. Das Leben der Mitarbeiter von Gary Hart nahm eine völlig unerwartete Wendung, als seine Präsidentschaftskandidatur im Jahr 1988 ein jähes Ende fand, weil seine tollkühne Affäre mit Donna Rice, einem Model aus Miami, bekannt wurde.

GOLDENE REGEL
Wenn Sie Ihre Position von anderen Menschen abhängig machen, sind Sie der Gefangene Ihres Schicksals.

Ausgrenzung

Nutzen Sie das nahezu universelle Bedürfnis, dazuzugehören, und die noch stärkere Angst, ausgeschlossen zu werden: Schaffen und kontrollieren Sie den attraktiven inneren Zirkel (oder zumindest schließen Sie sich ihm an), jene Gruppe, zu der »jeder gehört, der jemand ist«. Diese Gruppe kann formell sein (jeder kommt am Sonntag zum Strategie-Meeting in die Firma) oder informell (alle hängen in Susans Büro herum und reden über die Reorganisation). Nutzen Sie die Tatsache, dass jeder, wenn die Tür zufällt, drinnen und nicht draußen sein möchte. Sie selbst eingeschlossen.

Die Exklusivität der Insidergruppe bindet ihre Mitglieder enger aneinander, und da Outsider sich danach sehnen, im inneren Zirkel willkommen zu sein, kooperieren sie mit der Gruppe. Die Mitglieder einer Gruppe definieren sich durch die Unterschiede zu Nichtmitgliedern, dadurch, dass sie sich sicher fühlen. Insider, die sich durch gemeinsame Interessen, ihre Position oder ihren Lebensstil verbunden fühlen, stärken einander den Rücken: durch Arroganz, Stolz und gegenseitige Bewunderung – und Verachtung für die Outsider. Wer ein festes Einkommen hat, schaut misstrauisch auf diejenigen, die von Dividenden leben; Börsianer erheben sich gern über die Bezieher von monatlichen Festeinkommen.

31

Ausgrenzung kann bei Gleichgestellten und/oder Untergebenen angewandt werden. Um einer Gruppe von Kollegen in Ihrem Umfeld ein Gefühl des Zusammenhalts zu vermitteln, sollten Sie Situationen schaffen, die die Trennung zwischen »wir« und »sie« demonstrieren. Prahlen Sie mit der Tatsache, dass die Gruppe existiert. »Morgen wollen sich ein paar von uns nach der Arbeit auf einen Drink treffen«, sagen Sie zu einem von »uns« in Hörweite mehrerer anderer, die nicht dazugehören. Richten Sie eine E-Mail-Untergruppe ein, exklusiv für »uns«, damit Sie wichtige Informationen nur mit den richtigen Leuten zu teilen brauchen.

Wenn Sie selbst Anführer sind, dann nutzen Sie die Strategie der Ausgrenzung, um eine Gruppe ergebener Gefolgsleute an sich zu binden. Schmeicheln Sie Ihren Favoriten und zeichnen Sie sie vor den anderen aus, indem Sie ihnen zusätzliche Arbeit aufbürden, sie zu Hause anrufen und ihnen persönliche Fragen stellen. Indem Sie Forderungen stellen, stimulieren Sie Loyalität, und indem Sie zusätzliche Arbeit als besondere Auszeichnung erscheinen lassen, unterdrücken Sie Klagen (oder zumindest werden Ihre Gefolgsleute sich nur untereinander beschweren). Bald haben Sie eine hoch motivierte, loyale Gruppe um sich geschart, die für Sie Überstunden macht. Erfinden Sie für Ihre Favoriten besondere Spitznamen. John F. Kennedy signalisierte mit der Erfindung von kindlichen Namen (warum wohl!), wer zu seinem inneren Zirkel gehörte: Sein Freund, der

> *Wie sollte es auch anders sein: Es ist schrecklich langweilig, wenn dich der alte Fatty Smithson beiseite nimmt und dir zuraunt ›Schau, wir haben dich noch in diesem Ausschuss untergebracht‹ oder ›Charles und ich haben zugesehen, dass du bei diesem Komitee mitmischen kannst‹. Furchtbar ist das, aber um wie viel schrecklicher ist es, wenn du außen vorstehst. Es ist ermüdend und sicherlich auch nicht gesundheitsfördernd, wenn du einen Samstagnachmittag mit diversen Sitzungen verbringst, aber es ist weitaus schlimmer, wenn du frei hast, weil du nicht dazugehörst.*
>
> C. S. LEWIS,
> THE WEIGHT OF GLORY AND
> OTHER ADDRESSES

Journalist Ben Bradlee wurde zu Benjy, seine Freundin Inga Arvad zu Inga-Binga, seinen Bruder Robert Kennedy nannte er Bobby, obwohl oder vielleicht weil Bobby dieser Name missfiel.

Achten Sie darauf, dass Sie und andere Gruppenmitglieder speziell behandelt werden – Sie müssen zu den Ersten gehören, denen bestimmte Vergünstigungen gewährt werden. So sind Sie sicher vor Kritik. Sie gehören zur In-Group, deshalb übersieht man Ihre kleinen Fehler. Es ist angenehm, vor offizieller Missbilligung sicher zu sein – und gäbe es einen besseren Beweis für Dazugehörigkeit als diesen Schutz?

TIPP: Um einen Menschen, der für Sie arbeitet, Ihren besonderen Respekt zu zeigen, senden Sie ihm oder ihr per E-Mail ein Dokument mit dem Kommentar: »Ich wüsste wirklich gern, was Sie darüber denken.« Der Empfänger wird sich geehrt fühlen, dass Sie ihm Ihr Vertrauen schenken. Schicken Sie das Dokument mit demselben Kommentar an mehrere Personen.

Stellvertreterschaft

Manchmal bedarf es eines Doubles, eines Ersatzmannes – dadurch wird die Macht sowohl des Hauptakteurs als auch des Doubles gestärkt. Als Politiker verlassen Sie sich beispielsweise darauf, dass Ihre Partei Sie repräsentiert; umgekehrt will auch Ihr Boss, dass er sich auf Sie als Mitglied eines Unternehmens verlassen kann. Sie schütteln in einem wichtigen Meeting bedauernd den Kopf und sagen: »Das geht leider nicht; mein Boss würde das nie akzeptieren«, während Sie (ebenso wie alle anderen im Raum) wissen, dass Ihr Chef, ein »Visionär«, nicht nur keine Ahnung von dieser Sache hat, sondern es ganz allein Ihnen überlassen hat, sich damit zu befassen. Sie haben in diesem Fall perfekt die Rolle des Doubles gespielt.

Vielleicht weicht Ihr Chef, wie so viele Menschen, vor Konfrontationen zurück. Partizipieren Sie an der Macht, indem Sie die nicht sehr beliebte Rolle dessen übernehmen, der für seinen Chef unangenehme Dinge erledigt. Spielen Sie den Buhmann, der es seinem Chef ermöglicht, den »Guten« zu mimen. Clevere Präsidenten haben gewöhnlich wenigstens einen Menschen, der bereit ist, diesen Part zu übernehmen. Zu Anfang seiner ersten Amtszeit geriet Präsident Clinton ins Kreuzfeuer der Kritik, weil er sich Thomas »Mack« McLarty als Stabschef ausgesucht hatte. »Mack the Nice« hatte ein viel zu freundliches Naturell, um die Rolle des Buhmanns zu beherrschen. Einen solchen »Bösewicht« aber brauchte Clinton, der selbst stets geliebt werden wollte.

TIPP: Hüten Sie sich vor der weit verbreiteten Unsitte, Ihre Blicke ständig schweifen zu lassen. Sie sind Gast auf einer gut besuchten Cocktailparty, und während Sie sich mit einem Kollegen unterhalten, wandert Ihr Blick auf der Suche nach jemand Wichtigerem durch den Raum, den Sie unbedingt sprechen wollen. Wenn Sie Ihre Blicke schweifen lassen wollen, dann versuchen Sie, dies zu kaschieren: derjenige, dem Sie Ihre Aufmerksamkeit entziehen, fühlt sich dadurch irritiert.

Beim Filmemachen und Bücherverlegen sind es die Agenten, Rechtsanwälte, persönlichen Assistenten und Manager, die die unangenehmen Forderungen stellen, so dass die Kreativen mit den Verlegern und Produzenten freundliche Beziehungen aufrechterhalten können.

Den loyalen Ersatzmann eines bedeutenden Mannes zu spielen, kann ein steiniger, frustrierender Weg zur Macht sein, weil man mit dieser Rolle häufig unerkannt im Hintergrund bleibt. Wem gebührt tatsächlich das Lob für den Satz, der über die Astronauten der *Challenger* gesagt wurde, nämlich dass sie »über die engen Grenzen der Erde hinausglitten, um das Gesicht Gottes zu berühren«? (Nicht Ronald Reagan – und auch nicht seiner Redenschreiberin Peggy Noon, wie sich erst jetzt erwiesen hat.) Tatsächlich hat man, wenn man den Verdienst für sich

beansprucht, seine Aufgabe verfehlt, weil die wirklich hervorragenden Ersatzleute niemals die Lorbeeren für die Leistungen ihres Chefs beanspruchen. Als Ersatzmann oder Stellvertreter ärgert Sie die Tatsache, dass Ihre Arbeit mit dem Namen von jemand anderem in Verbindung gebracht wird. Aber damit müssen Sie leben. Natürlich sind nicht alle Stellvertreter verpflichtet, anonym zu bleiben. Der Politikjournalist Jack Germond bemerkte über die Redenschreiber der Präsidenten: »Irgendwie haben wir es immer mitbekommen, wenn Dick Goodwin oder Bill Safire die Ghostwriter waren.«

Speichelleckerei

Zwar ist Unterwürfigkeit bei Dritten, die ein solches Verhalten beobachten, häufig unbeliebt, aber es ist eine wirkungsvolle Methode, um voranzukommen. Sie gewinnen Macht, indem Sie sich bei den Mächtigen einschmeicheln. Bemühen Sie sich um diejenigen, die in der Hierarchie über Ihnen stehen, und darüber hinaus um alle anderen, die Ihnen nützlich sein könnten (wozu allerdings fast jeder gehören kann).

Um sich am wirkungsvollsten einzuschmeicheln, sollten Sie den Charakter und die Gewohnheiten der betreffenden Person studieren, so dass Sie Ihre Strategie darauf abstimmen können. Einige Tipps:

● Kreieren Sie ein Bedürfnis, das die betreffende Person gar nicht spürt, aber im Falle der Erfüllung höchst befriedigt ist. »Sie standen nicht auf dem Verteiler, Chef, aber ich habe Himmel und Hölle in Bewegung gesetzt, damit der Bericht auch in Ihre Hände gelangte.« Vorher war Ihrem Chef der Bericht völlig egal, aber jetzt ist er dankbar, dass Sie sich für ihn so angestrengt haben. Dieses Prinzip funktioniert auch außerhalb des Arbeitsplatzes. In seinen

> ❞ Decius: Doch sag ich ihm, dass er ja Schmeichler hasst, bestätigt er's und ist wie nie geschmeichelt.
>
> WILLIAM SHAKESPEARE, JULIUS CÄSAR

Memoiren berichtet der Pianist Peter Duchin, dass der amerikanische Geschäfts- und Staatsmann Averell Harriman kurz nach seiner Hochzeit mit Pamela Harriman äußerte: »Es läuft alles wunderbar. Also – wusstest du, dass Pam sogar jeden Morgen meine Lieblingsblume neben mein Bett stellt?« – »Wirklich?«, erwiderte Duchin. »Ich wusste gar nicht, dass du eine Lieblingsblume hast, Ave. Welche ist es denn?«

35

Harriman stammelte: »Oh … ich weiß es nicht. Aber wie auch immer – sie stellt sie jeden Morgen dorthin.«

- Helfen Sie den Betreffenden, sich seine geheimen Sehnsüchte zu erfüllen. Vielleicht möchte er mit Models oder Sportlern oder Mitgliedern der Highsociety ausgehen. Treffen Sie die notwendigen Vorbereitungen. Spiegeln Sie das Image – modisch, listig, charmanter Unterhalter –, das der Betreffende zu projizieren wünscht. Möchte er, dass man ihn als einschüchternd betrachtet? Als belesen? Lassen Sie entsprechende Bemerkungen fallen.

- Erinnern Sie den Betreffenden daran, wie sehr er oder sie Kriecher, Schmeichler und Jasager hasst. *Er*, so denken Sie laut, ist immun gegen solche plumpen, hinterhältigen Strategien.

- Lassen Sie keine Gelegenheit verstreichen, eine Bemerkung fallen zu lassen, die Ihre Bewunderung verrät. Aber seien Sie vorsichtig – einmal, in Camp David, sagte Präsident Nixon, als er nach einer Freizeitstunde zu den anderen zurückkam: »Ich hab 126 geschafft.« Henry Kissinger bemerkte: »Ihr Golfspiel wird immer besser, Mr. President.« Das war aber nicht die richtige Antwort. »Ich hab' *Bowling* gespielt, Henry«, knurrte der Präsident.

> GOLDENE REGEL
> Was ein Schmeichler sagt, scheint niemals absurd;
> selbst, wenn's übertrieben ist –
> der Geschmeichelte glaubt ihm aufs Wort.

- Nachahmung ist die aufrichtigste Form der Schmeichelei, deshalb sollten Sie die fragliche Person im Kleinen wie im Großen kopieren. Ziehen Sie in die gleiche Gegend, imitieren Sie ihren Kleidungsstil. Wenn Bill Gates einen Lexus fährt, dann wird der Lexus zum ultimativen Auto auf dem Microsoft-Firmengelände. (Natürlich dürfen Sie den Betreffenden nicht derart exakt kopieren, dass Sie ihm damit auf die Nerven fallen.) Ein gewiefter Schmeichler würde beispielsweise sein erstes Kind nach einem besonders geschätzten Vorbild benennen. Kopieren Sie die Art, wie er sich kleidet, wie er seinen Tag gestaltet – trägt der Betreffende Armani? Isst er mittags in einem nahe gelegenen Restaurant? Fördert er die Oper? Tun Sie dasselbe. Schauen Sie sich seine Lieblingsfilme an, lesen Sie seine Lieblingsbücher, so dass Sie sich im günstigen Moment darauf beziehen können. Präsident Clintons wohl bekannte Vorliebe für den römischen Kaiser Mark Aurel inspirierte jedermann in Washington dazu, seine *Selbstbetrachtungen* zu lesen.

- Bewahren Sie sich Ihre Glaubwürdigkeit, indem Sie gelegentlich anderer Meinung sind als die Person, auf die Sie es abgesehen haben.
- Erlauben Sie sich einen Spaß über diese.

Wenn Sie jemandem schmeicheln, dann seien Sie diskret. Durch allzu offensichtliche Speichelleckerei ziehen Sie den Ärger Ihrer Kollegen auf sich. Werden Sie vor allem nicht zu einem Menschen, der

> *(Mark Anton) konnte nie verstehen, dass einige Männer von ihrem Wesen abweichen und plötzlich ein freimütiges und unverblümtes Verhalten an den Tag legen, als ob sie wie mit einer pikanten Soße den widerwärtig süßen Geschmack ihrer Schmeicheleien abmildern wollten. Solche Männer werden plötzlich rüde und aggressiv, wenn sie unter sich sind, damit ihre Gefolgschaft in Geschäftsangelegenheiten nicht kriecherisch erscheint, sondern so, als seien sie von ihrem Handeln zutiefst überzeugt.*
>
> PLUTARCH,
> *RÖMISCHE HELDENLEBEN*

nach oben buckelt und nach unten tritt. Der Untergebene von heute kann morgen ein Vorgesetzter sein; machen Sie sich nicht unnötig Feinde.

Wie man andere Menschen als Machtquelle nutzt

Situation	Richtig	Falsch
Auf einer Party unterhalten Sie sich fast eine Stunde lang mit Peter, der, wie Sie herausfinden, ein enger Freund von Randy ist, dem gefragtesten neuen Produzenten. Sie wollen Randy unbedingt kennen lernen, um ihm Ihr neuestes Drehbuch ans Herz zu legen.	Fünf Tage später rufen Sie Peter an und sagen: »Ich hab ein paar Leute zum Grillen eingeladen. Schön, wenn Sie auch kommen könnten. Sie können auch gern jemanden mitbringen.«	Fünf Tage später rufen Sie Peter an und sagen: »Ich hab ein paar Leute zum Grillen eingeladen. Schön, wenn Sie auch kommen könnten. Und bringen Sie am besten auch gleich Ihren Freund Randy mit.«
Ihr Chef, der stolz darauf ist, ein ziemliches Raubein zu sein, erscheint eines Morgens mit einem schrägen, supermodernen Schlips in Ihrer konservativen Anwaltskanzlei.	Sie sagen mit gespieltem Entsetzen: »Wow – für das Ding, das Sie da um den Hals tragen, werden Sie aber ein paar böse Blicke ernten – ich würde sagen, es passt nicht besonders zur Unternehmenskultur hier.«	Sie sagen: »Ihr Schlips gefällt mir. Sieht super aus.«

Situation	Richtig	Falsch
Sie und eine andere Person sind beide neu eingestellt worden, und da Sie eine Woche früher anfangen als der betreffende Kollege, können Sie zwischen einem Büro, das dem Ihrer Chefin gegenüber liegt, und einem auf einem anderen Flur wählen.	Sie nehmen das Büro, das dem Ihrer Chefin gegenüber liegt. (Sie werden ihre Telefongespräche mit anhören können, sehen, wer zu ihr kommt und von ihr gesehen werden, wenn Sie in der Nähe sind.)	Sie nehmen das Büro auf dem anderen Flur. (Sie können private Telefongespräche führen und sich vor Feierabend davonschleichen, wenn man Sie nicht sieht.)
Ihre Chefin bittet Sie, ein Memo zu entwerfen, in dem Sie die Marktlage analysieren. Nach einem Monat harter Arbeit legen Sie es ihr vor; sie nimmt drei stilistische Veränderungen vor und setzt es dann mit ihrer Unterschrift in Umlauf. Das Memo wird allgemein gelobt.	Sie sagen allen: »Es war großartig, mit meiner Chefin an diesem Memo zu arbeiten. Ich hab' 'ne Menge dabei gelernt.«	Sie sagen allen: »Ich bin derjenige, dem eigentlich das Lob für diese Analyse gebührt. Ich finde es unfassbar, dass *sie* ihre Unterschrift darunter gesetzt hat. Sie hat *meinen* Text genommen und einfach ein paar Veränderungen angebracht, nur, um sich selbst einreden zu können, sie hätte beim Schreiben mitgewirkt.«

3. Kontrollieren Sie Informationen

Sie haben drei Möglichkeiten, um durch den Umgang mit Informationen Ihre Macht zu vergrößern: **Schaffen** Sie Informationen (erzeugen Sie sie und bringen Sie sie selbst in Umlauf), **bringen Sie andere dazu**, Informationen preiszugeben und **kontrollieren** Sie Informationen (machen Sie sich zum »Türsteher«, der den Zugang anderer dazu kontrolliert). Es ist ein Teufelskreis: Je mehr Informationen Sie haben, desto mehr Macht können Sie ausüben, und je mehr Macht Sie haben, desto mehr Informationen erhalten Sie. Die *Platinregel* – wer viel hat, bekommt noch mehr – gilt auch im Bereich des Informationsaustauschs: Wer viel weiß, bekommt die besten neuen Informationen. Der amerikanische Notenbankpräsident Alan Greenspan hat ein unvergleichlich profundes Wissen über die Wirtschaft, und wen wird er wahrscheinlich an diesem Wissen teilhaben lassen – den Superinvestor Warren Buffet oder Sie, wenn Sie darauf warten, Greenspan nach seiner Rede vor dem Economic Club von New York eine Frage zu stellen?

TIPP: Machen Sie sich zum Sammelbecken der neuesten Neuigkeiten, egal, wie nebensächlich diese auch sein mögen. Die Leute werden zu Ihnen kommen, um die neue Adresse eines früheren Klassenkameraden herauszufinden, um nachzufragen, wo eine frühere Kollegin jetzt, nachdem sie gekündigt hat, arbeitet, und welchen Speise- und Getränkelieferanten der Boss bevorzugt. Und während sie Sie um Ihre Informationen bitten, werden sie Sie mit neuen versorgen.

Aus dem Informationsfluss ausgeschlossen zu werden, ist eine Katastrophe, deshalb sollten Sie alles daransetzen, Ihren Status als Insider beizubehalten. Je brisanter die Information, die Sie bekommen, desto besser. J. Edgar Hoover leitete seine außergewöhnliche Macht von den Informationen ab, die er ausgrub. Kongressabgeordnete fürchteten ihn, weil sie wussten, dass in Hoovers berüchtigten Akten gefährliche Geheimnisse enthalten waren, die ihre Karriere ruinieren konnten.

Seien Sie neugierig. Es ist zwanzig Uhr dreißig, und Sie haben zufällig gesehen, dass Ihre Kollegin, nachdem alle anderen das Büro verlassen hatten, noch rasch ein paar Fotokopien gemacht hat. Sie hat vergessen, das Original unter dem Deckel des Kopierers herauszunehmen. *Hmmmm.* Warum gehen Sie nicht hin und schauen nach, was sie zurückgelassen hat? Ihr Chef hat die Tür zugemacht, um einen Anruf entgegenzunehmen – äußerst ungewöhnlich. Fragen Sie seine Sekretärin: »War das Pat Smith, die angerufen hat? Nein? Wer war es dann?« Vielleicht finden Sie es ja heraus. Als Sie ihr Dokument von der Druckerei abholten, haben Sie unwillkürlich die oberste Zeile auf der Seite gesehen, die zu dem anderen Drucker geschickt wurde: »VERTRAULICH: Gehälter und Bonusse der Teilhaber.« Stillschweigend schieben Sie, scheinbar zufällig, das Blatt auf Ihren eigenen Papierstapel.

Gehen Sie mit Ihren Informationen vorsichtig um. Ihr Mentor hat Ihnen gerade eine hoch brisante Mitteilung gemacht: Er steht kurz davor, Dick zu feuern und Jane zu befördern. Würde Ihre Macht wachsen, wenn Sie die Nachricht weitergäben? Vielleicht – kurzfristig. Aber langfristig wird Ihre Indiskretion Sie teuer zu stehen kommen – bei Ihrem Mentor, der herausfinden wird, dass Sie nicht fähig sind, ein Geheimnis zu bewahren, und auch bei Ihren Kollegen. Am Ende werden Sie weniger Informationen erhalten, weil man Sie für einen Schwätzer hält.

[
GOLDENE REGEL
Der Mensch, der dir Geheimnisse
verrät, verrät auch
deine Geheimnisse.
]

Eine Ausnahme von dieser Regel ist die vorsätzliche Indiskretion oder das »Leck« als ein Mittel, die Macht der Journalisten zu nutzen; durch sie bringen Sie bestimmte Nachrichten unter die Leute, kultivieren Ihre Beziehungen zu einflussreichen Autoren und demonstrieren Ihre Unabhängigkeit von Kräften, die die Enthüllung von Informationen zu kontrollieren versuchen. Denken Sie daran, dass diese Technik riskant sein kann; vermeintliche Lecks aus dem Büro des Sonderermittlers Kenneth Starr lösten eine Ermittlung des Ermittlers aus.

Unautorisierte Lecks können für Unternehmen, Berühmtheiten oder Präsidenten ein gewaltiges Problem sein (erinnern Sie sich an Nixons »Klempner«, die die Lecks stopfen sollten)? Der politische Berater Dick Morris erklärte, wie es Leon Panetta als Clintons Generalstabschef gelang, feindselige Lecks zu stopfen. Zunächst identifizierte Panetta über eine genaue Medienanalyse denjenigen, der das Leck wahrscheinlich verursacht hatte: Lobte ein Reporter einen Monat, nachdem die Information veröffentlicht worden war, einen bestimmten Mitarbeiter des Präsidenten in einer Kurzbiographie? Spiegelte die Information eine Ansicht, die häufig von einem bestimmten Mitarbeiter des Präsidenten zum Ausdruck gebracht wurde? Welche Reporter zitierten regelmäßig welche Mitarbeiter des Präsidenten? Sobald er einen Verdächtigen identifiziert hatte, schlug Panetta ein Gegenleck. In einem Artikel (er erschien häufig im *Wall Street Journal*) wurde dann anonym berichtet, dass ein Mitarbeiter des Präsidenten Einfluss verliere oder hinausgedrängt werde oder die Sympathien des Präsidenten verloren habe. Damit setzte Panetta den Lecks ein Ende.

Voraussetzung für das Sammeln von Informationen ist, dass Sie sich *Zugang* dazu verschaffen. Lobbyisten verdienen sich, wie man weiß, ihren Lebensunterhalt durch ihre extensiven Kontakte, aber auch Sie sollten daran arbeiten, Ihre Basis von Kontakten zu erweitern. Dadurch gewinnen Sie Informationen und eine Plattform, um Ihre Meinung durchzusetzen. Sie bekommen all die Gerüchte mit. Sie kennen die Leute, die Ihnen Informationen oder Vorteile verschaffen können. Die Leute, die wichtig sind, erwidern Ihre Anrufe.

Machen Sie sich zum Bewacher von Informationsquellen. Sie verfügen über Macht, wenn Sie anderen Menschen Informationen verschaffen oder sie ihnen vorenthalten können. Sie schicken die E-Mails hinaus, um den Rest Ihres Büros über die Fortschritte Ihres Teams zu informieren, deshalb werden Sie als Führer und Sprecher betrachtet; Sie schneiden Artikel aus und schicken Sie mit dem Vermerk: »Mit der Bitte um Kenntnisnahme« an Mitarbeiter, Vorgesetzte und Kunden.

4. Nutzen Sie die Attraktivität der Tüchtigkeit

Die Menschen bewundern Leistung und Tüchtigkeit, wann immer sie ihnen begegnen. Nennen Sie dieses Gefühl die *Attraktivität der Tüchtigkeit* – die Begeisterung für Kompetenz in jeder Form. Die Menschen sind fasziniert von überragenden Leistungen und Triumphen und möchten ebenfalls möglichst schnell daran teilhaben.

Wenn Sie Ihre Mitarbeiter durch Ihr Können begeistern, dann können Sie sie gnadenlos zu Höchstleistungen antreiben, ohne dass ihr Arbeitseifer jemals nachlässt. Die Menschen sehnen sich danach, sich einer herausragenden Führungspersönlichkeit anzuschließen. Falls Sie sie durch Ihr Können zu überzeugen vermögen, dann werden sie Ihnen bis ans Ende der Welt folgen.

Die Menschen, die mit Ihnen zusammenarbeiten, bewundern Ihre Fähigkeit, neue Informationen zu verarbeiten. Sie bewundern, dass Sie inmitten des Chaos einen kühlen Kopf behalten und klare Entscheidungen treffen, dass Sie Ihre Vision mit einer Begeisterung vermitteln, die das gesamte Team ansteckt. Sie sind ein Mensch, der es anderen ermöglicht, angesichts einer *gut gemachten Arbeit* Freude zu empfinden. »Wir haben wochenlang an der Rede gearbeitet«, erzählen sie einander, »aber jene spontanen Bemerkungen waren besser als all unsere Entwürfe!« Ihre Mitarbeiter sind stolz darauf, für jemanden Ihres Formats zu arbeiten, und sie spornen sich selbst zu immer größeren Leistungen an, um Ihre Erwartungen zu erfüllen. Sie sind optimistisch, dass ihre Anstrengungen erfolgreich sein werden, weil sie in Ihrem Team arbeiten. Da sie Sie bewundern und verehren, vergrößern sie Ihre Macht.

Tüchtigkeit ist attraktiv, unabhängig davon, auf welcher Sprosse der hierarchischen Leiter Sie stehen. Der Vorstandsvorsitzende fragt den tüchtigen Juniorpartner um Rat, ebenso wie der Juniorpartner den Vorstandsvorsitzenden um Rat fragt. Diese Anziehungskraft ist auch zwischen Bereichen spürbar, die nicht miteinander verwandt sind: Sie sind ein hervorragender Chirurg, aber sie sind lernbegierig und bescheiden, wenn Sie mit einem der besten Naturführer des Landes auf Wachteljagd ge-

43

hen. Sie markieren die Wachtel, die Sie geschossen haben, und bitten den Führer schüchtern, sich für das Erinnerungsfoto neben Sie zu stellen.

Um die Wirkung der Attraktivität der Tüchtigkeit zu verstärken, bemühen Sie sich, außergewöhnliche Fähigkeiten zu erwerben. Zeichnen Sie sich durch besonderes Können aus, nicht nur im professionellen Bereich. Ahmen Sie jene Topmanager nach, die sich einem imposanten Hobby widmen: Der Vorstandsvorsitzende der Virgin Group fliegt Heißluftballons, der Chef der Computerfirma Oracle, Larry Ellison, fährt mit seinem Schnellboot Rennen, der Schauspieler und Regisseur Woody Allen spielt jeden Montagabend Klarinette in einer Jazzband. Was gibt es sonst noch für Möglichkeiten? Werden Sie Sporttaucher, züchten Sie Bonsai-Bäumchen, klettern Sie auf Felsen, werden Sie Drachenflieger, jagen Sie Kapbüffel in Afrika. Nicht nur, dass der Schauspieler John Travolta eine Flotte von Flugzeugen besitzt, sondern er hat auch den Pilotenschein gemacht. Fliegen ist eine hervorragende Wahl, denn es *scheint* schwierig und extrem männlich zu sein, ist aber in Wirklichkeit ziemlich sicher und unkompliziert. (Und es ist natürlich teuer.)

TIPP: Setzen Sie sich über Klischees hinweg. Wenn Sie eine Frau sind, werden Sie Großwildjägerin. Wenn Sie ein Mann sind, werden Sie zu einem Experten für die Kunst des Ikebana. (Lesen Sie dazu die Ausführungen über das Prinzip des Unerwarteten, Kapitel 3, nach.)

Beachten Sie, dass Tüchtigkeit in jedem Fall attraktiv macht, auch wenn sie auf einem Gebiet existiert, das mit dem Job in keinem Zusammenhang steht. Sie haben im College Football gespielt? Sie sind genau der Mann, den diese Investmentbank sucht. Der Gelegenheitsgolfspieler genießt in seinem Büro allgemeinen Respekt, trotz seiner beschränkten intellektuellen Fähigkeiten. Manchmal erscheint Ihr Können gerade deshalb besonders eindrucksvoll, weil es mit Ihren normalen Aktivitäten in keinerlei Zusammenhang steht. Denken Sie an die Schauspielerin Gina Davis, die ihren Ruhm vermehrte, indem sie es bis in die Qualifikationsrunde der Olympiamannschaft der Bogenschützinnen schaffte. Das ist was: ein Filmstar *und* eine Bogen-schützin der Weltklasse zu sein!

Noch vor nicht allzu langer Zeit prahlten die Leute damit, mit der modernen Bürotechnik nicht umgehen zu können. Niemand gab zu, tippen zu können, und anscheinend waren es nur die Sekretärinnen, die das Geheimnis des einfachen Faxgeräts zu entschlüsseln vermochten. In Anbetracht der heutigen Technologiebesessenheit wirkt eine solche Unfähigkeit jedoch eher provinziell. Zeigen Sie, dass Sie auch mit den modernsten Geräten vertraut sind; wenn Sie nicht mit E-Mail, dem Internet, Konferenzschaltung oder einem Handy umgehen können, landen Sie irgendwann auf dem Abstellgleis. Natürlich sollten Sie darauf hinarbeiten, genügend Macht zu haben, sich nicht mit solchen Dingen befassen zu *müssen* – jemand anders kümmert sich darum –, aber Sie sollten nie durchblicken lassen, dass Sie keine Ahnung davon haben. Selbst wenn der Chairman und CEO des Random House, Peter Olsen, sich weigert, seine eigenen E-Mails zu tippen (er diktiert sie einer Assistentin), sollte er niemals zugeben, dass er nicht weiß, wie man eine E-Mail handhabt. Erwecken Sie immer den Eindruck, die Technik zu beherrschen, mit der die anderen arbeiten müssen.

Aber ich habe keine außergewöhnlichen Fähigkeiten, denken Sie vielleicht. Ich leiste in meinem Job nichts Besonderes und habe auch keine faszinierenden Hobbys. Machen Sie sich keine Sorgen. Andere Quellen der Macht verhelfen ebenfalls zum Erfolg; es liegt in Ihrer Hand, aus ihnen zu schöpfen.

◎ **TIPP: Halten Sie nach Gelegenheiten Ausschau, Ihr Können ins beste Licht zu rücken oder zu übertreiben. Richard Wagner arbeitete angeblich kleine Fehler in seine Instrumentierungen ein, beispielsweise schrieb er ein B-Dur statt eines B-Moll in die Partitur eines seiner Musiker. Und dann unterbrach er die Aufführung auf ihrem musikalischen Höhepunkt, um den Fehler zu korrigieren.**

Anmerkung zur Fußwaschung

Wenn Sie Macht haben und vor allem, wenn die Menschen sich zu Ihnen hingezogen fühlen, weil Sie besonders tüchtig sind, dann sollten Sie ihr Bedürfnis nutzen, jemanden zu haben, zu dem sie aufschauen können. Die Menschen sehnen sich danach, jemanden zu verehren – oder sogar vor ihm zu Kreuze zu kriechen. Ich nenne diesen Impuls *Fußwaschung*, nach dem Glücksgefühl, das Maria Magdalena dabei empfand, vor Jesus niederzuknien und seine Füße zu säubern.

> *Sie sind umgeben von Menschen, die es genießen, Sie als etwas Besonderes zu behandeln.*
> *Die göttliche Sicherheit und die unerschütterliche Selbstgefälligkeit eines Menschen, der gewohnt ist, in unterwürfiger Weise bedient zu werden und nicht an den folgenden Tag zu denken, sind die Geburtsrechte und das Kriterium des vornehmen Herrn in vollkommenster Ausprägung; und in der Anschauung des Volkes sind sie sogar noch mehr, denn in dessen Augen zeugt ein vornehmes Benehmen für den höheren Wert, vor dem sich der gemeine Plebejer bereitwillig und ergeben beugt.*
>
> THORSTEIN VEBLEN,
> *THEORIE DER FEINEN LEUTE*

Überall, wo Sie auftauchen, möchten die Menschen Ihnen Gutes tun: sie tun ihr Äußerstes, um Ihre Befehle zu erfüllen, sie sind zum Entgegenkommen bereit, lachen über Ihre Witze, lassen sich von Ihnen überreden, flüstern Ihnen informativen Klatsch ins Ohr und weichen im wörtlichen Sinn vor Ihnen zurück, um Ihnen mehr Raum zu gewähren. Warum zanken sich die Kellner bei einer Dinnerparty um das Privileg, einen anwesenden Industriemagnaten zu bedienen? Warum ist eine Amerikanerin angesichts der Aussicht, einen Hofknicks vor der Königin von England zu machen, rückhaltlos begeistert? Warum jubeln Autofahrer beim Anblick der Wagenkolonne des Präsidenten, selbst wenn sie deshalb bereits eine Stunde lang im Stau standen? Sie sind berauscht vom Glücksgefühl der *Fußwaschung*.

Anders als Speichellecker erwarten Füßewäscher keinerlei

Belohnung oder Gegenleistung; sie sehnen sich nur danach, einem Menschen ihre Loyalität zu demonstrieren, der höher steht als sie selbst. Akzeptieren Sie Loyalitätsbezeugungen mit Freundlichkeit, aber ohne Überraschung.

Der Impuls der *Fußwaschung* ist sowohl nobel als auch gemein. Er ist nobel, weil er ein Ausdruck von Ehrerbietung gegenüber hohen Idealen ist – beispielsweise Patriotismus oder Genie oder Gerechtigkeit –, die von einem bestimmten Individuum verkörpert werden. *Fußwaschung* ist eine Möglichkeit, teilzunehmen, wie bescheiden auch immer, wenn es darum geht, den Großen seine Verehrung zu erweisen und ihnen zu dienen.

Aber *Fußwaschung* ist auch gemein. Sie erschaudern beim Anblick der glühenden Gesichter jener, die vor Ihnen zu Kreuze kriechen. Vielleicht ist deren *Fußwaschung* ein Ausdruck anerkennenden Respekts oder vielleicht ist es nichts anderes, als Ausdruck einer blinden Verehrung der weltlichen Trophäen (Reichtum, Ruhm, Schönheit, Geburt) und der Sehnsucht, sich den Mächtigen nahe zu fühlen, und sei es nur als Götzenanbeter. Unterwürfigkeit hat etwas zutiefst Lustvolles.

> 99 *Für uns (Hausangestellte) also war die Welt ein Rad, dessen Nabe die großen Häuser waren, von denen bedeutende Entscheidungen hinausgingen, zu allen anderen, die sich, ob reich oder arm, um sie drehten. Es war das Ziel aller in unserer Profession, die einen gewissen Ehrgeiz hatten, sich so nah wie möglich an diese Nabe heranzuarbeiten. Denn wir waren, wie ich schon sagte, eine idealistische Generation, für die die Frage nicht einfach lautete, wie gut man seine Fähigkeiten anwandte, sondern zu welchem Zweck man dies tat; jeder von uns hegte das Verlangen, seinen eigenen kleinen Beitrag zur Schaffung einer besseren Welt zu leisten, und erkannte, dass man dies am sichersten erreichte, wenn man den großen Persönlichkeiten unserer Zeit diente, denen die Zivilisation anvertraut worden war.*
>
> KAZUO ISHIGURO,
> WAS VOM TAGE ÜBRIG BLIEB

Füßewäscher korrumpieren häufig in aller Unschuld genau den Menschen, den sie als überlegen verehren. Wenige können

47

den lächelnden Menschenmassen widerstehen, ihrem Entzücken über jede Geste und jedes Wort, ihren Flirtversuchen. Durch eine derartige Bewunderung geraten Sie in Versuchung, Ihre am wenigsten bewundernswerten Eigenschaften hervorzukehren, bis Sie am Ende jeder gereizten, herrischen, promiskuitiven Stimmung nachgeben. Wenn Sie nicht aufpassen, wird Ihr Benehmen ständig schlechter, während Sie sich zugleich daran gewöhnen, dass die Füßewäscher Ihren Fehlern gegenüber blind sind oder sie entschuldigen oder sie sogar wunderbar finden. Sie beginnen, sich zu verändern.

5. Nutzen Sie die Attraktivität der Präsenz

Genauso wie die Menschen sich zu überragender Tüchtigkeit hingezogen fühlen, fühlen sie sich zu dem hingezogen, was wir als *Präsenz* bezeichnen – die Eigenschaft, welche Zuversicht, Selbstsicherheit, Entspanntheit und Freundlichkeit in sich vereint. Ihre Präsenz übt eine magnetische Anziehungskraft auf die Menschen in Ihrer Umgebung aus und ist deshalb eine Quelle der Macht.

Präsenz kann sich nach außen oder nach innen richten. Wenn Sie die seltene Fähigkeit besitzen, jene Qualität auszustrahlen, dann haben Sie *Charisma*. Wenn Sie sie jedoch nach innen lenken – auf Ihre Ängste, Ihren Ehrgeiz, Ihre Unsicherheit –, dann sind Sie wahrhaft Herr Ihrer selbst.

Charisma

Die herrlichste Machtquelle ist Charisma – aber wenn Ihnen Charisma nicht in die Wiege gelegt wurde, dann vergessen Sie es.

Charisma bedeutet, eine so starke Ausstrahlung zu haben, dass man allein dadurch Macht auszuüben vermag; Sie ziehen die Menschen an, so dass sie den Wunsch haben, Sie zu berühren, Ihnen zu folgen, Sie nachzuahmen. Ihre Anhänger wachsen über sich selbst hinaus, sie ändern ihre fundamentalen Werte und Glaubenssätze, sie fühlen sich stark und entschlossen und opfern bereitwillig ihre persönlichen Interessen für Sie und die Ziele, die Sie gesetzt haben – selbst, wenn Sie ihnen dafür nichts anderes anbieten als Blut, harte Arbeit, Tränen und Schweiß.

Was sind die besonderen Eigenschaften charismatischer Menschen? Sie sind faszinierend, couragiert, klar, energisch, attraktiv, künstlerisch begabt und sexy. Plus jener Besonderheit, die sich nicht in Worte fassen lässt. Ein Journalist beschrieb im Jahr 1960 den achtzehnjährigen Muhammed Ali, alias Cassius Clay, als »die lebenssprühendste, funkelndste Persönlichkeit, der ich je begegnet bin. Es war, als hätte ich einen großen Schauspieler oder einen faszinierenden Staatsmann kennen gelernt, einen Menschen, der ein besonderes Glühen, eine starke Energie in sich hatte, und man wusste auf der Stelle, dass man noch viele Jahre von ihm hören würde.«

Winston Churchill, selbst ein begnadeter Mensch, beschrieb ausführlich das Charisma seines großen Zeitgenossen, »Lawrence von Arabien«, T. E. Lawrence: »Hier war ein Mensch, der nicht nur in einem außergewöhnlichen Maße die Fähigkeit hatte, anderen Menschen zu dienen, sondern auch jenen Hauch von Genius, den jeder erkennt, aber niemand definieren kann. In seiner großen Phase der Abenteuer und der Herrschaft ebenso wie in jenen späteren Jahren der Selbstunterdrückung und des selbst auferlegten Niedergangs übte er einen starken Einfluss auf alle aus, mit denen er in Kontakt kam. Sie hatten das Gefühl, in der Gegenwart eines außergewöhnlichen Wesens zu sein. Sie fühlten, dass seine latenten Reserven der Stärke und Willenskraft unermesslich waren. Wenn er sich zum Handeln entschloss, gab es niemanden, der behaupten konnte, dass er eine Krise nicht überwinden oder bezwingen konnte.«

Wenn Sie Charisma besitzen, dann brauchen Sie keiner Organisation anzugehören, um Macht auszuüben. Sie können sich jedoch, wie Martin Luther King Jr., dafür entscheiden, persönliche Ausstrahlung mit einer Führungsposition in einer Organisation zu kombinieren. Mit oder ohne eine solche Basis haben Sie einen außerordentlich starken Einfluss, der bei weitem über die Grenzen Ihrer spezifischen Organisation hinausgeht.

Führungspersönlichkeiten mit dieser Art von Charisma können ihre Anhänger dazu inspirieren, auf tief greifende Veränderungen hinzuarbeiten. Und es sind nicht immer Veränderungen zum Guten – denken Sie an Adolf Hitler.

Es gibt auch eine weniger zwanghafte Form von Charisma. Menschen, die darüber verfügen, wecken dieselbe nahezu göttliche Verehrung, aber ohne die intensive Zielstrebigkeit, die Führungspersönlichkeiten wie Mahatma Gandhi bei ihren Gefolgsleuten hervorriefen. Das Charisma von Prinzessin Diana gründete auf ihrer märchenhaften Verwandlung und ihrem Rang, nicht auf ihrer revolutionären Vision der Gesellschaft oder ihren »guten Taten« – obwohl ihre Bewunderer dies behaupten. (Beachten Sie, dass Dianas Charisma, auch nachdem sie durch ihre Scheidung ihren Status in der königlichen Familie verlor, ungebrochen war.)

Wenn Sie eine charismatische Persönlichkeit sind, dann sorgen Sie dafür, dass Autoren und Geschichtsschreiber in Ihrer Nähe sind. Jesu Worte wurden von den Aposteln für die Nachwelt aufgezeichnet. John F. Kennedys kurze Amtsperiode wurde in den Lobgesängen von Arthur Schlesinger Jr., Theodore Sorensen, William Manchester, Benjamin Bradlee und anderen ausführlich beschrieben. (Dass diese ständig in seiner Nähe weilten, war kein Zufall; Kennedy selbst erklärte: »Einige von uns halten es für weise, so häufig wie möglich mit Historikern zusammenzutreffen und sich um ihren guten Willen zu bemühen.«) Der Verleger Harold Ross ist unvergessen, weil sein Team brillanter New Yorker Autoren ihn so glänzend charakterisierte. Selbst Alexander der Große reiste mit Geschichtsschreibern und Poeten, die seine Heldentaten aufzeichnen sollten (wer gab ihm den Beinamen »der Große«?), aber der Überlieferung nach weinte er an Achilles' Grabmal, weil er keinen Homer hatte, der seine Eroberungen unsterblich machte.

Obwohl Charisma eine seltene Eigenschaft ist, die angeboren ist und nicht geheuchelt werden kann, gibt es eine beachtliche Industrie, die sich der Aufgabe widmet, es zu lehren. Dale Carnegies Klassiker aus dem Jahr 1936, *Wie man Freunde gewinnt*, war bis heute niemals vergriffen. Noch Jahrzehnte nach dem ersten Erscheinen des Buches wurde es Lesern, die es aus der Kongressbibliothek entliehen, zusammen mit einem pinkfarbenen Zettel ausgehändigt:

GROSSE NACHFRAGE NACH DIESEM BUCH
Da es eine lange Liste von Senatoren und Abgeordneten gibt, die auf dieses Buch warten, muss es als ein ZEHN-TAGE-BUCH behandelt werden.
Es muss von diesem Tag an innerhalb von zehn Tagen zurückgegeben werden, damit es an den nächsten Senator oder Abgeordneten auf der Warteliste ausgeliehen werden kann.

Wer wäre wohl mehr als amerikanische Kongressabgeordnete daran interessiert, in jenem geliebten Longseller eines Handlungsreisenden aus der konservativen amerikanischen Mittelschicht das Geheimnis des Charisma zu entdecken?

Charisma wird gelegentlich mit der Attraktivität der Tüchtigkeit verwechselt. Michael Jordan wird häufig als charismatisch beschrieben, aber es war sein erstaunliches Talent für das Basketballspiel, nicht sein Charakter oder seine Botschaft oder seine Position, die seine Fans zu Begeisterungsstürmen hinriss.

Außerdem: Was viele »Charisma« nennen, ist in Wirklichkeit *Charme* – eine weniger imposante Eigenschaft, gewiss, aber ebenfalls wertvoll. Charme kann erlernt werden, aber es geht dabei um mehr, als lediglich die Leute mit ihrem Namen anzusprechen und sich an die Namen ihrer Kinder zu erinnern.

Charme in der Unterhaltung

1. Schon der Denker William James erkannte: »Das tiefste Bedürfnis der menschlichen Natur ist die Sehnsucht nach Anerkennung.« Stellen Sie Fragen, die zeigen, dass Sie sich nicht nur gemerkt haben, wo Ihr Gesprächspartner arbeitet, sondern dass Sie auch alles über seinen jüngsten Triumph wissen. Signalisieren Sie ihm, dass es wertvoll ist, seine Meinung

zu kennen. »Du warst doch in Russland, Lydia. Was hältst du von der Lage dort?«

2. Reden Sie mit den Leuten über sie selbst, dann hören sie Ihnen stundenlang zu. Schauen Sie ihnen ins Gesicht (vermeiden Sie es, Ihre Blicke schweifen zu lassen, s. Kapitel 2) und hören Sie aufmerksam zu. Bemühen Sie sich, aufrichtiges Interesse zu entwickeln, denn wenn Sie so sind wie die meisten Menschen, dann können Sie wirkliches Interesse nicht für längere Zeit erfolgreich heucheln.

3. Vermeiden Sie es, das Gespräch an sich zu reißen. Erzählen Sie keine langen Geschichten, die keinen Sinn ergeben, und erwähnen Sie nicht übermäßig viele Details. »Also, im Dezember 1995 ... oder war es Januar 1995? Ich meine, Januar 1996. Nein, falsch, es muss November 1995 gewesen sein, weil ich mich erinnere, dass es passierte, kurz nachdem meine Tante ins Krankenhaus musste, und das war am Tag vor Karfreitag. Also, auf jeden Fall ...«

4. Wenn Sie den Mund aufmachen, sollten Sie auch etwas zu sagen haben. Halten Sie sich über das Tagesgeschehen auf dem Laufenden, ob es sich nun um Ereignisse von überragender politischer Bedeutung (Friedensmissionen) oder die Verleihung der Emmy-Awards handelt. Legen Sie sich ein Hobby zu oder entwickeln Sie eine Leidenschaft – Sie werden entdecken, dass ein einziges, eng begrenztes Interessengebiet (Skilaufen, Angeln, der amerikanische Bürgerkrieg) auf erstaunliche Weise den Horizont erweitert.

5. Machen Sie sich über sich selbst lustig. Helfen Sie anderen, sich wohl zu fühlen, indem Sie über Ihre kleinen Pannen lachen – wie Sie vergessen haben, Ihren Pass zum Flughafen mitzunehmen, so dass Sie jenen entscheidenden Flug verpassten, wie Sie in den ersten fünf Minuten einer wichtigen Verabredung über einen Bordstein stolperten und eine Bauchlandung machten, wie Sie der einzige Mann auf einer Hoch-

zeit waren, der keine Ahnung hatte, dass man bei einer Hochzeitsfeier um 19.30 Uhr auch ohne besonderen Vermerk auf der Einladungskarte einen Smoking tragen muss.

6. Es gibt nichts, was die Menschen charmanter finden, als bei einem Streit Recht zu bekommen. Geben Sie bereitwillig zu, dass Sie sich geirrt haben. »Ja, jetzt fällt es mir wieder ein. Sie haben Recht, eine Zeit lang *war* Chris Rock einer der Komiker in der *Saturday Night Live*-Show.«

7. Die Menschen lieben Komplimente. Ein flüchtiges »Dein Kleid sieht toll aus« ist jedoch nicht so effektiv wie ein wirklich passender Kommentar. »Sie klingen, als wüssten Sie eine Menge darüber. Haben Sie sich mit dem Thema besonders beschäftigt?« »Haben Sie an der Hochschule Sport getrieben?« Lachen Sie auch über die Witze anderer.

Charme in der Präsenz

1. Strahlen Sie Energie und gute Laune aus. Grübeln Sie nicht über frühere Kränkungen oder Beleidigungen nach. Die Menschen neigen dazu, jeden zu mögen, der sie zu mögen scheint; bemühen Sie sich deshalb um eine annehmbare und freundliche Haltung.

2. Kultivieren Sie die Tugenden der *Gelassenheit* und *Lebenskunst* (siehe dazu die Anmerkung zum Thema »Lebenskunst« weiter unten in diesem Kapitel). Regen Sie sich nicht über kleine Unklarheiten auf – wer den Scheck abholen sollte, wer an einem Esstisch neben wem sitzen, wer wen vorstellen sollte. Schreien Sie keine Kellnerin und keinen Polizisten an.

3. Vor allem achten Sie darauf, dass Sie gepflegt aussehen. Bürsten Sie sich die Schuppen von den Schultern, lutschen Sie ein Pfefferminzbonbon, waschen Sie sich häufig die Hände, wenn Sie einen verschwitzten Händedruck haben. Und, auch wenn dies selbstverständlich scheint, legen Sie abstoßende Ange-

wohnheiten ein für alle Male ab: Wenn Ihr Tischgenosse nicht demonstrativ an jedem Bissen riecht, bevor er ihn in den Mund steckt, dann tun Sie es auch nicht.

Selbstbeherrschung

Charisma ist die seltenste Quelle der Macht. Wenn Präsenz sich nach innen, anstatt nach außen richtet, dann nimmt sie die gewöhnlichere und erreichbare Form der *Selbstbeherrschung* an, die, auch wenn sie nicht die magische Attraktivität des Charismas erzeugt, dennoch anziehend ist. Selbstbeherrschung beinhaltet Selbsterkenntnis und Selbstkontrolle. Sie kennen Ihre Stärken und Ihre Grenzen und Sie haben sich selbst im Griff. Schon bald strahlen Sie eine besondere Vornehmheit aus, vermitteln, dass Sie für große Aufgaben bestimmt sind. Andere unterwerfen sich Ihnen.

TIPP: Wenn Sie sich in Ihrer Haut wohl fühlen, dann erleichtern Sie es anderen, sich ebenfalls wohl zu fühlen. Verschweigen Sie nicht Ihren Background (Religion, Nationalität, Ausbildung, Heimatstadt), aber reden Sie auch nicht unablässig darüber. Heuchelei, nicht Ehrlichkeit, bewirkt Snobismus.

Selbstbeherrschung schützt Sie. Ohne sie gewinnen Ihre Eitelkeiten, Ihre Unsicherheiten und Ihre Bedürftigkeit leicht die Oberhand und andere Menschen haben es leicht, Sie zu überlisten. Machen Sie sich eines klar: Je weniger bedürftig Sie sind, desto weniger manipulierbar sind Sie.

Selbstbeherrschung befreit Sie von Heuchelei, Intrigantentum und Selbstdarstellung. Sie versuchen nicht, Ihre Stellung zu halten, indem Sie sich mit Schwächlingen umgeben. Möglicherweise können Sie nicht gut mit Zahlen umgehen oder sind als Taktiker eine Niete oder schüchtern im Umgang mit Menschen. »Fein«, sagen Sie sich, »ich werde jemanden anstellen, der das für mich macht.«

Sie fühlen sich durch die fähigen Leute in Ihrer Umgebung nicht bedroht, und deshalb wächst Ihre Macht. Sie sind frei von dem Wunsch zu dominieren. Da Sie sich selbst im Griff haben, können Sie auf die Gefühle und Gedanken der Menschen in Ihrer Umgebung Rücksicht nehmen; dieses Verständnis Ihrer Kollegen wird Ihre Macht noch weiter vermehren.

Selbstbeherrschung (oder ein Mangel daran) und Selbsterkenntnis sind wichtig, weil sie für die Entwicklung der Persönlichkeit in jeder Hinsicht eine entscheidende Rolle spielen. Sie entscheiden darüber, ob der CEO des Milliarden-Dollar-Mischkonzerns Konflikte hasst oder der berühmte Bildhauer die Presse verabscheut oder der immigrierte Ingenieur sich leidenschaftlich dafür engagiert, die amerikanische Technologie voranzubringen.

Denn es gibt viele mächtige Menschen, die durch einen schicksalhaften Mangel an Selbstbeherrschung zu Fall kommen; irgendein unsichtbarer Stolperdraht – Gier, Alkohol, Promiskuität, Verfolgungswahn – wartet darauf, dass sie sich das Genick brechen. Wie Präsident Reagans Redenschreiberin Peggy Noonan warnend bemerkte: »Wenn der Chef des NSC (National Security Council) seine persönliche Macht nicht großzügig handhabt, dann ist Vorsicht geboten:

> 99 *Es gibt fünf gefährliche Fehler, die jeder General begehen kann. Die beiden ersten sind: Unbekümmertheit, da sie zur Vernichtung führt; und Feigheit, da sie zur Gefangennahme führt. Der nächste ist ein empfindliches Ehrgefühl, das für Scham empfänglich ist; und ein ungezügeltes Temperament, das durch Beleidigungen provoziert werden kann.*
>
> *(...) Der letzte dieser Fehler ist übergroße Sorge um das Wohl der Männer, die den General anfällig macht für Kummer und Schwierigkeiten ...*
>
> SUN-TZU,
> DIE KUNST DES KRIEGES

Er wird versuchen, seine Meisterschaft unter Beweis zu stellen, die wahrscheinlich eher ein Licht auf seine Mängel wirft. Wenn der neue Stabschef meint, sich unbedingt profilieren zu müssen, dann wird er über seine Eitelkeit stolpern und den Präsidenten mit sich in den Abgrund reißen.«

Wenn man es jedoch schafft, sich immer besser in den Griff zu bekommen, ruft man in anderen wahre Begeisterungsstürme

55

hervor. In einem Brief aus dem Jahr 1927 schrieb Lord Winterton über Winston Churchill, der im Alter von zweiundfünfzig gewiss kein unerfahrener junger Mann war: »Das Bemerkenswerte an (Churchill) ist die Art, wie er sich plötzlich, jedoch spät in seinem parlamentarischen Leben, einen immensen Fundus an Takt, Geduld, Gutmütigkeit und Heiterkeit bei fast allen Gelegenheiten angeeignet hat; niemand pflegte Dummköpfen gegenüber intoleranter zu sein als Winston, jetzt ist er zu jedermann freundlich und offen, sowohl im Parlament selbst als auch in den Lobbys, mit dem Ergebnis, dass er das geworden ist, was er vor dem Krieg nie war, nämlich ein im Parlament sehr beliebter Mann – eine enorme Steigerung seiner bereits gewaltigen parlamentarischen Macht.«

Nützliche Schwächen und schädliche Tugenden

Präsenz ebnet Ihnen den Weg, Ihre Schwächen ebenso wie Ihre Tugenden zu zügeln. Viele Menschen, die große Macht ausüben, haben offensichtliche Schwächen, aber sie nutzen diese Schwächen, um ihre Macht zu vermehren, statt sie zu verringern. Wurde Richard Nixon Präsident *trotz* seiner Unsicherheit und seines Misstrauens oder, wenigstens zum Teil, *wegen* dieser Eigenschaften?

Wie schon der französische Politiker und Historiker Alexis de Tocqueville bemerkte: »Wir haben Erfolg bei Unternehmungen, die die positiven Eigenschaften verlangen, die wir besitzen, aber wir leisten Überragendes, wenn wir etwas tun, wobei uns auch unsere *Schwächen* zugute kommen.« Welches sind Ihre Fehler? Sie sind verschwenderisch? Hervorragend. (Kopieren Sie den Medienmogul Steve Ross, der Verschwendungssucht als Großzügigkeit kaschierte und die profitorientierten Herzen von Barbara Streisand, Steven Spielberg und anderen eroberte.) Sind Sie leicht beleidigt? Perfekt. (Kopieren Sie den Basketball-Superstar Michael Jordan, der sich von Beleidigungen zu einem aggressiveren Spiel motivieren ließ.)

Viele Beobachter erkennen nicht, dass dieselben Eigenschaften – Geselligkeit, Skepsis, Fanatismus, Vertrauen – widersprüchlichen Zwecken dienen, dass sie zugleich den Erfolg fördern und das Scheitern provozieren. Lassen Sie einmal die letzten Zeilen von George Stephanopoulos' Erinnerungen an seine Arbeit in Präsident Clintons Verwaltung auf sich wirken: »Jetzt schaute ich mir die Sache aus der Ferne an, die Show genießend, aber auch zugleich fragend. Fragend, was hätte sein können – wenn nur dieser gute Präsident ein besserer Mensch gewesen wäre.« Stephanopoulos lässt außer Acht, dass Clinton vielleicht nicht ein so guter Präsident hätte sein können, wenn er ein »besserer Mensch« gewesen wäre: Die Eigenschaften, die ihn in die Tiefe rissen, katapultierten ihn ebenso in sehr große Höhen. Jedenfalls können dasselbe Ego, derselbe Ehrgeiz und dieselbe Grandiosität, die einen Menschen zu einer Führungspersönlichkeit prädestinieren, auch seinen Charakter verderben. Und was fasziniert uns an unseren politischen Führern? Die Exzesse von Lyndon B. Johnson oder die Biederkeit von Jimmy Carter?

[
GOLDENE REGEL
Einige stoßen uns durch ihre Tugenden ab;
andere ziehen uns sogar in ihren
Schwächen an.
]

Tatsächlich können unsere Tugenden uns schaden. Eine von Franklin D. Roosevelts positiven Eigenschaften war seine unglaubliche Herzenswärme, aber diese Tugend schadete ihm, als sie ihn davon abhielt, inkompetente Mitarbeiter seiner Verwaltung zu feuern.

Erkennen Sie sich selbst und üben Sie Selbstbeherrschung. Nichts hilft Ihnen mehr, ein erfolgreiches Leben zu führen, als die Kenntnis Ihrer Schwächen.

> *Jede Vortrefflichkeit, jede Tugend hat eine mit ihr verwandte Untugend oder Schwachheit. Freigebigkeit artet oft in Verschwendung aus. Haushältigkeit in Geiz, Herzhaftigkeit in übereilte Hitze, Behutsamkeit in Schüchternheit und so weiter. So dass ich glaube, es erfordert mehr Behutsamkeit, unsre Tugenden gehörig auszuüben, als die ihnen entgegenstehenden Laster zu vermeiden.*
>
> PHILIP DORNER STANHOPE EARL OF CHESTERFIELD, BRIEFE AN SEINEN SOHN PHILIP STANHOPE ÜBER DIE ANSTRENGENDE KUNST, EIN GENTLEMAN ZU WERDEN

6. Schlagen Sie Kapital aus Ihrem Geld

Mit Geld erkaufen Sie sich Macht. Tipps, wie Sie Ihr Geld am besten nutzen, um Macht zu erlangen, finden Sie in Kapitel 11.

7. Nutzen Sie Ihren Ruhm

In unserem Zeitalter der Medien verleiht Ruhm Macht; die graue Eminenz von gestern trägt heute feuerwehrrote Kleidung und TV-Make-up. Um Ihre Macht zu stärken, sollten Sie auch die Tatsache nutzen, dass Sie berühmt sind. Lesen Sie in Kapitel 16 nach, wie Sie Ihren Ruhm nutzen, um Macht zu erlangen.

8. Kalkulieren Sie mit Sex

Sex kann ein effektives – wenn auch äußerst gefährliches – Mittel sein, um Macht zu erwerben. Lesen Sie in den Kapiteln 19, 20 und 21 nach, wie Sie Sex nutzen können, um Ihre Macht zu stärken.

Anmerkung zum Thema Lebenskunst

Ob Sie es nun auf Macht, Ruhm, Geld oder Sex abgesehen haben – Sie sollten immer den Anschein erwecken, ein *Lebenskünstler* zu sein, der das Schwierige mit Gelassenheit meistert. Signalisieren Sie Ihrer Umgebung, dass Ihre Leistungen das Ergebnis unbeschwerten, spontanen Handelns sind. Geben Sie niemals zu, dass Sie sich angestrengt haben. Ihre Aktionen müssen ungekünstelt und unbeschwert wirken.

Einer der Gründe, warum die amerikanische »preppy«-Kultur die Menschen so dauerhaft fasziniert, ist die Tatsache, dass Leichtigkeit und Gelassenheit dabei eine so große Rolle spielen. So schrieb Lisa Birnbach in *The Official Preppy Handbook*: »Da Preppies immer kompetent und entspannt erscheinen wollen, muss alles, was sie anhaben oder tun, so wirken, als seien keinerlei Hintergedanken im Spiel. Vergiss die Zeiten, als du mühsam das Vorhandspiel einübtest; das Entscheidende ist, dass es in der Öffentlichkeit wie ein Kinderspiel erscheint.« Ob Sie nun die Kleidung der Preppies imitieren möchten oder nicht – Sie sollten jene Lockerheit nachahmen. Alles – Klavierspielen, eine Rede halten, eine Party geben – sollte unkompliziert wirken.

Lassen Sie niemals durchblicken, dass Sie berechnend sind oder Hintergedanken haben. Lernen Sie aus dem Negativbeispiel einer indiskreten Kunstmäzenin, die dem Magazin *Worth* gestand, dass sie nur deshalb Kunst sammele, um Treuhänderin eines Museums zu werden. Zeigen Sie nie, dass Sie sich angestrengt bemühen, unausgesprochene Regeln zu beherrschen. Beispielsweise hätte jener Bewerber für einen Posten beim Bankhaus Goldmann Sachs den Leiter seines Einstellungsgesprächs niemals fragen sollen: »Wie viele Ösen sollte ich an meinen Schuhen haben? Ich habe von einem jungen Mann gehört, der seinen Job verlor, weil er nicht die richtige Anzahl hatte.« Geben Sie keineswegs zu, dass Sie sich über solche Details den Kopf zerbrechen. (Das heißt *nicht*, dass solche Details nicht wichtig sind. Vier, fünf oder sechs Ösen sind der Standard, weniger oder mehr sind trendy.)

> 99 *Jeder weiß, wie schwierig es ist, eine ungewöhnliche Leistung zu vollbringen, gar eine perfekte Heldentat; und wer dazu die Möglichkeit hat, wird alles daransetzen, geradezu Wunder zu vollbringen. Wohingegen, im Vergleich dazu, die gewöhnliche Arbeit ... einen ungemeinen Mangel an dem birgt, was wirklich wertvoll ist, nämlich Würde und Anmut.*
>
> BALDESAR CASTIGLIONE,
> *DAS BUCH VOM HOFMANN*

59

Erwecken Sie den Anschein, dass Sie Ihre Macht für etwas Selbstverständliches halten, und ebenso die Bereitschaft anderer, Ihnen zu dienen. Alles, was Sie erreicht haben, ist nur das natürliche Ergebnis Ihres Charakters und Ihrer angeborenen Fähigkeiten. Denken Sie an die Präsidentschaftskandidaturen von John F. Kennedy und Richard Nixon. Beide waren von Natur aus skrupellos ehrgeizige Politiker, aber Nixon sah man die Bemühung, die Anstrengung und das fleckige TV-Make-up an; Kennedy war in genau demselben Maße ein Kunstprodukt, aber er versteckte dies hinter einer Maske von Gelassenheit.

> **"** *In der High School war ich sehr sportlich und folglich, in einem gewissen Ausmaß, populär. Aber ich übertrieb es mit meinem sportlichen Ehrgeiz, verbissen verfolgte ich meine Ziele, ohne dabei entspannt zu sein. Auf Dauer konnte ich nicht mit den tatsächlichen Sportcracks konkurrieren. Warum? Ganz einfach, ich wollte die legere Geschmeidigkeit eines Körpers nicht als wirklich wichtig betrachten.*
>
> DAVID SHIELDS,
> REMOTE

Zerstören Sie niemals den Eindruck, den Sie hervorrufen möchten, indem Sie ein deutliches Bemühen erkennen lassen. Wenn Sie beispielsweise Ihren Gesprächspartner mit seinem Namen anreden, um ihm ein Gefühl von Wichtigkeit zu vermitteln, dann achten Sie darauf, es nicht zu übertreiben. Wenn Sie nämlich die Komma-Name-Komma-Konstruktion – »Lassen Sie mich Ihnen, Pat, an einem Beispiel demonstrieren, wie ich meine Entscheidungen treffe« – überstrapazieren, dann zeigt dies, dass Ihre Freundlichkeit aufgesetzt und deshalb unehrlich ist.

Sobald Sie sich ein wenig Macht erobert haben, indem Sie die acht oben erörterten Möglichkeiten nutzten, wird Ihnen klar, dass die Menschen Ihre Macht *spüren* müssen, um sie wirklich *wahrzunehmen*. Aber wie können Sie die Menschen in Ihrer Umgebung Ihre Macht merken lassen? Sie müssen sie demonstrieren.

KAPITEL DREI
DEMONSTRATIONEN DER MACHT

Sie müssen Ihre Macht geltend machen, damit sie wahrgenommen wird. Dieser Prozess ist zumeist komplex und spielt sich häufig im Verborgenen ab; glücklicherweise gibt es aber auch schnellere Wege. Die weiter unten folgenden dreizehn Methoden sind die populärsten.

Einige dieser Methoden sind sehr effektiv, rufen aber möglicherweise Feindseligkeit und Aggressionen hervor und sollten deshalb wohl überlegt eingesetzt werden. Sie dürfen nicht vergessen, dass Menschen, wenn sie mit einer unverhüllten Machtdemonstration konfrontiert werden, sich oftmals widersetzen. In einem solchen Fall verliert der Mächtige sogar an Einfluss. Wenn Sie sich beispielsweise in einer E-Mail, die Sie einem Kollegen schicken, auf Ihren Chef berufen, der angeblich verlangt hat, dass ein verspäteter Bericht bis Freitag auf Ihrem Tisch liegen soll, so ist dies ein Übergriff, und Sie werden sich dadurch gewiss einen Feind machen.

In dem Maße, wie Ihre Macht wächst, sollten Sie auch Ihre Strategien verändern. Je höher Sie aufsteigen, desto raffinierter werden Ihre Methoden. Verzichten Sie also auf durchschaubare Machtspiele – so lange wenigstens, bis Sie derart große Machtbefugnisse erworben haben, dass die Menschen jede Frechheit und Einmischung klaglos hinnehmen müssen. Anfangs haben Sie Ihre E-Mails immer wieder angestrengt auf Fehler durchgesehen, bevor Sie sie rausgeschickt haben; jetzt versehen Sie Ihre hinausgehenden E-Mails unbekümmert mit dem Vermerk »dringend«, auch wenn die Angelegenheit nicht wirklich brennend ist, um zu betonen, dass die Empfänger alles stehen und liegen lassen müssen, damit sie Ihnen sofort antworten. Wenn Sie wirklich *viel* Macht haben, werden Sie solche durchschaubaren Strategien nicht mehr brauchen.

61

Machttaktiken müssen zudem an veränderte Zeiten angepasst werden. Vor zwanzig Jahren hätten Sie ein Jackett oder ein Halstuch über der Rückenlehne Ihres Bürostuhls hängen lassen, um den Eindruck zu erwecken, dass Sie bis spät in die Nacht gearbeitet haben; vor zwei Jahren hätten Sie eine E-Mail auf vier Uhr morgens programmiert, um zu signalisieren, dass Sie zu der Zeit noch immer an Ihrem Schreibtisch saßen. Jetzt, da sich niemand mehr von solchen Tricks beeindrucken lässt, müssen Sie sich etwas Neues einfallen lassen (– natürlich nur bis zu dem Zeitpunkt, wo Sie mega-mächtig geworden sind und solche Spielchen nicht mehr nötig haben).

Wenn Sie nach einer raschen Möglichkeit suchen, Ihre Macht zu signalisieren, dann probieren Sie es mit einer der unten beschriebenen Methoden, oder noch besser, greifen Sie auf mehrere Methoden zugleich zurück. Ruhen Sie sich nicht auf Ihren Lorbeeren aus. Es genügt nicht, sich eine bestimmte Position zu erobern und damit zu prahlen, was Sie erreicht haben; Sie müssen ständig daran arbeiten, Ihre Macht zu erhalten und zu erweitern. Ihre Machtdemonstrationen bringen Ihnen einen wesentlichen Gewinn – da Macht Macht erzeugt, wächst Ihre *wahre* Macht lawinenartig an und schafft ein Mehr an tatsächlicher Macht:

1. Straflosigkeit
2. Zeremonien und Privilegien
3. Verbrauch von Ressourcen
4. Freunde belohnen und Feinde bestrafen
5. Die Konkurrenz niederwalzen
6. Reisen
7. Zeit
8. Sicherheit
9. Sprache
10. Büro
11. Telefon
12. Bargeld
13. Meisterstreich der Macht

1. Straflosigkeit

Demonstrieren Sie Ihre Macht, indem Sie ganz offen zeigen, dass *Sie* sich alles erlauben können, auch wenn sich alle anderen bestimmten Regeln unterwerfen müssen. Wo andere vorsichtig und besonnen vorgehen müssen, können Sie selbst allen Ihren Launen nachgeben – Sie sind zu mächtig, um bestraft zu werden. Es gibt mehrere Möglichkeiten, Ihre Straflosigkeit vorzuführen.

Geben Sie ein Vermögen aus und stellen Sie es in Rechnung.

Die meisten Menschen sind nicht in der Lage, ihrem Arbeitgeber exzessive Ausgaben in Rechnung zu stellen – aber *Sie* tun es. Setzen Sie diese Strategie besonders wirkungsvoll ein, indem Sie das Geld für wichtige Leute ausgeben, machen Sie großzügige Geschenke oder geben Partys oder werfen mit Sondervergütungen um sich.

Perfekte Machtdemonstration:
Um die Eröffnung des Robert-Moses-Stauwerks im Jahr 1961 zu feiern, ließ Baumogul Moses seine Gäste unter großem Kostenaufwand betreuen und bewirten. Dazu gehörten Flüge in gecharterten Flugzeugen, aufwendige Ausflüge und ein Empfang mit zwei Springbrunnen, aus denen Cocktails flossen (Martinis und Manhattans) – alles auf Kosten der Regierung.

Perfekte Machtdemonstration:
Armand Hammer, der Chef von Occidental Petroleum, benutzte die Firma, um seine persönlichen Spenden zu finanzieren und Kunstwerke zu kaufen. Occidental gewährte ihm darüber hinaus alljährlich erhebliche Zuschüsse zu seiner Geburtstagsparty und finanzierte seine privaten Rechtsanwälte, seine Leibwächter und seine Boeing 727.

Leben Sie Ihre Wutanfälle hemmungslos aus.
Die meisten Menschen müssen ihre unangenehmeren Eigenschaften unterdrücken, da sie sonst mit negativen Konsequen-

zen zu rechnen haben. Demonstrieren Sie, dass Sie es nicht nötig haben, sich zu beherrschen, und zwingen Sie die Menschen in Ihrer Umgebung, sich Ihnen zu unterwerfen, um Sie nicht zu Zornesausbrüchen zu reizen.

> **"** *(Sullas) Habgier war groß, aber seine Generosität war noch größer: Er beförderte Menschen ohne erkennbaren Grund. Zugleich konnte er seine Mitmenschen auf unvoraussehbare Weise beleidigen ... wir können daraus den Schluss ziehen, dass er von Natur aus unberechenbar und unversöhnlich war. Andererseits hatte er seine angeborene Härte und Heftigkeit dadurch unter Kontrolle, dass er eigennützig denken konnte.*
>
> PLUTARCH, *RÖMISCHE HELDENLEBEN*

Perfekte Machtdemonstration:

Die Wutattacken des legendären Chefs der Hollywoodstudios, Lew Wassermann, waren so heftig – er schrie, bis er Schaum vor dem Mund hatte –, dass die Menschen bei seinen Ausbrüchen vor Entsetzen ohnmächtig wurden oder sich übergaben. Diese Art von Terror trug zu der uneingeschränkten Autorität bei, die er besaß.

Perfekte Machtdemonstration:

Hollywoods Machtgröße Dawn Steel warnte eine Frau, die sich um eine Stellung bei ihm bewarb: »Die letzte (Assistentin) hat gekündigt, weil ich sie eine Votze genannt habe. Wäre das ein Problem für Sie?«

Strafen und belohnen Sie völlig willkürlich.

Im Allgemeinen fühlen die Menschen sich verpflichtet, wenigstens den Schein von Gerechtigkeit, Vernunft und Angemessenheit zu wahren; Sie selbst dagegen erlauben sich, völlig unberechenbar, willkürlich und impulsiv zu sein. Sorgen Sie dafür, dass die Menschen in Ihrer Umgebung in einem permanenten Zustand der Unsicherheit leben.

Perfekte Machtdemonstration:

Der Filmproduzent Don Simpson feuerte Assistentinnen, die

ihm seinen Kaffee mit Sahne servierten, wenn er eine Diät machte, oder mit entrahmter Milch, wenn er es nicht tat, oder die seine Bagels zu lange toasteten oder die falsche Sorte Senf benutzten.

Zwingen Sie Ihre Mitmenschen, Ihre Eigenheiten und Macken zu ertragen.

Zeigen Sie ihnen, dass sie alles, was Sie tun, hinnehmen müssen. Die Menschen in Ihrer Umgebung können nicht nach eigenem Gutdünken handeln, weil sie ständig auf *Ihre* Vorlieben und Wünsche Rücksicht nehmen müssen.

Perfekte Machtdemonstration:

Lyndon B. Johnson zwang seine Berater, mit ihm zu reden, während er auf der Toilette saß. Bei Meetings nötigte er sie in den Pausen, sich auszuziehen und nackt im Pool des Weißen Hauses zu schwimmen. Er unterbrach plötzlich die Arbeit der politischen Mitarbeiter des Weißen Hauses, damit sie diverse Geschäfte nach einer bestimmten Sorte Erdnusskrokant durchkämmten.

Perfekte Machtdemonstration:

Der Medienmogul Barry Diller weigerte sich, seine Tischrede zu beginnen, bevor alle Gäste ihr Essen beendet hatten, weil er beim Sprechen das Klirren der Bestecke

> **TIPP:** Demonstrieren Sie, dass man Ihnen alles durchgehen lässt, indem Sie zu einer Veranstaltung für Erwachsene ein Kind mitbringen. Tauchen Sie bei einer Firmenfeier mit Ihrer Zweijährigen auf oder bringen Sie Ihr neugeborenes Enkelkind zu einem Business-Vortrag mit. Würde irgendjemand es wagen, Sie zu bitten, die Veranstaltung zu verlassen?

nicht ertragen konnte. Ihn sprechen zu hören – zu einer angemessen schweigenden Zuhörerschaft – war das Warten wert.

Verlangen Sie, dass man sich nach Ihren persönlichen Gewohnheiten und Bedürfnissen richtet.

Dabei ist es ganz gleich, wie lästig oder kostspielig die Rücksichtnahme ist.

Perfekte Machtdemonstration:

Mehr als zwei Jahrzehnte lang weigerte sich Elizabeth Taylor zu arbeiten, wenn sie ihre Menstruation hatte, und ließ sich dies vertraglich zusichern.

Aber machen Sie nicht den Fehler, Ihre Möglichkeiten zu überschätzen. Denken Sie an das Negativbeispiel von Leona Helmsley, die behauptete: »Nur Kleingeister zahlen Steuern.« Sie wurde eines Besseren belehrt, als sie wegen Steuerhinterziehung eine Gefängnisstrafe absitzen musste. Steve Rubell äußerte sich in ähnlicher Weise über seinen Nachtclub Studio 54: »Es geht dabei um Cash, und man braucht sich wegen der Steuern keine Sorgen zu machen.« Wenig später wurde sein Club von einem Team von Regierungsbeamten durchsucht, die dafür bekannt waren, dass sie Steuersünder für lange Zeit hinter Gitter brachten. Wägen Sie sorgfältig ab, welche Freiheiten Ihnen Ihre Macht erlaubt.

2. Zeremonien und Privilegien

Feierliche Rituale und Privilegien verstärken Ihre Macht, weil sie demonstrieren, dass man Ihnen Respekt schuldet. (Einige sind derart wichtig, dass sie in separaten Abschnitten weiter unten erörtert werden.) Privilegien wie der Schlüssel zur Toilette der Führungskräfte, der reservierte Parkplatz, die besten Plätze bei einer festlichen Benefizveranstaltung oder der Schirm, der in dem Augenblick, in dem Sie ins Freie treten, über Ihren Kopf gehalten wird, steigern Ihr Wohlergehen und sind ein deutlich sichtbares Statussymbol. Verzichten Sie nicht auf das Symbol, das mit Ihrer Position einhergeht: die Robe, den Orden, die Handschellen oder den Laboratoriumskittel.

Perfekte Machtdemonstration:

Unter Präsident Nixon befahl H. R. Haldeman den Sicherheitsbeamten, die sitzend die Flure des Weißen Hauses bewachten, aufzuspringen und zu salutieren, wenn einer der führenden Politiker des Weißen Hauses an ihnen vorbeiging.

Perfekte Machtdemonstration:

Während des Zweiten Weltkriegs, als sogar König George VII. versuchte, ebenso bescheiden zu leben wie seine Untertanen, bestand Winston Churchill auf einer unbegrenzten Anzahl von Lebensmitteln und einem heißen Vollbad am Abend.

Einige Privilegien existieren nur aufgrund einer stillschweigenden Übereinkunft, werden aber dennoch respektiert. Es gab eine Zeit, in der die Investmentbanker bei Morgan Stanley es nicht wagten, Hosenträger zu tragen, wenn sie nicht bereits die höheren Ränge erklommen hatten. Bei der Zeitschrift *Vogue* durften unter der Chefredakteurin Anna Wintour jüngere Redaktionsmitglieder nicht reden, bevor sie angesprochen wurden (eine junge Redakteurin wurde von Wintours Assistentin gerügt, nachdem sie die Chefredakteurin im Aufzug gegrüßt hatte).

Quiz: Regierungsbeamte und ihre Privilegien

Viele hohe Regierungsbeamte könnten weitaus mehr verdienen, wenn sie in die Privatwirtschaft gingen, aber die Privilegien, die mit einem hohen Regierungsamt verbunden sind, lindern den Schmerz über verlorenes Einkommen. Die Begeisterung darüber, dass man sein Büro mit Kunstschätzen schmücken kann, die der National Gallery gehören, und das tröstliche Wissen, dass Flaggen auf Halbmast gesetzt werden, wenn man stirbt, machen es einem leichter, den Gehaltsverlust zu akzeptieren. Ordnen Sie das Privileg dem jeweiligen Regierungsamt zu.

a. Fahrdienst von Tür zu Tür
b. Kostenloses Parken am Flughafen auf einem Parkplatz für VIPs
c. Postversand auf Kosten der Steuerzahler
d. Kostenlose Benutzung der Präsidentenloge im Kennedy Center

I. Gegenwärtiger Präsident
II. Berater des Weißen Hauses
III. Kongressabgeordnete, Richter, Diplomaten
IV. Finanzminister

e.	Eigene Unterschrift erscheint gedruckt auf Geldscheinen	**V.** Kongressabgeordnete
f.	Kostenlose Karten für Filmpremieren	**VI.** Oberster Richter, hochrangige Mitarbeiter des Weißen Hauses, Stabsoffiziere
g.	Lebenslanger Zuschuss zur Büromiete	**VII.** Frühere Präsidenten

Antworten: a-VI; b-III; c-V; d-II; e-IV; f-I; g-VII.

Machen Sie nicht den Fehler und denken, Sie würden Anerkennung und Respekt ernten, wenn Sie auf die Privilegien der Macht verzichten. Mit entsprechenden Statussymbolen verstärken Sie Ihre Ausstrahlung von Würde und Vornehmheit. Da die Menschen Führer lieben, die eine Aura von Größe und Geheimnis haben, sollten Sie sich eine gewisse Unnahbarkeit bewahren.

Ohne das »Drum und Dran« der Macht verlieren Sie auch einen Teil der Substanz der Macht. Im Zuge seines Kreuzzugs gegen die »imperiale Präsidentschaft« verzichtete Jimmy Carter (er wurde unter dem Namen Jimmy anstatt unter seinem Taufnamen »James« vereidigt) auf einige der traditionellen Rechte seines Amtes: Er ordnete an, dass das Lied »Hail to the Chief« – üblicherweise wurde es immer bei den festlichen Besuchen des Präsidenten gespielt – nicht mehr erklingen durfte; und er trug seinen Kleidersack selbst. Aber dieser Verzicht, mochte er auch noch so gut gemeint sein, schwächte seine Autorität. Carter meinte, die amerikanische Öffentlichkeit würde eine größere Nüchternheit und Bescheidenheit zu schätzen wissen, aber sie tat es nicht; Ronald Reagans Wiedereinführung von Prunk und Zeremoniell – er empfand einen solchen Respekt für das Oval Office, dass er in jenem Raum seinen Mantel nicht auszog – wurde allgemein begrüßt.

Bill Clinton wiederholte zunächst Carters Fehler, indem er versuchte, den Mann von nebenan zu spielen. Beispielsweise nahm er seinem Amt ein wenig von dessen Würde, indem er zum Joggen Shorts trug, so dass wenig schmeichelhafte Fotos, die ihn mit nackten Beinen zeigten, in den abendlichen Fernsehnachrichten erschienen. Schließlich erkannten seine Mitarbeiter, dass, wie sein Berater George Stephanopoulos es formulierte, »eine leicht königliche Aura im Amt beizubehalten ebenso effektiv ist wie der populistische Touch während einer Wahlkampagne«. Auch wurde wieder bei allen öffentlichen Feierlichkeiten »Hail to the Chief« gespielt. In seiner zweiten Amtsperiode ging es, was die Würde des Präsidentenamtes betraf, allerdings um sehr viel mehr als darum, wenig muskulöse Beine zu verstecken.

Auch wenn Sie nicht immer Erfolg haben, sollten Sie alles versuchen, um Ihre Rechte auszudehnen. Der Oberste

> ❝ *Die geistige Überlegenheit eines Menschen mag noch so unbestreitbar sein, sie wird sich nie handgreiflich Geltung verschaffen können, ohne sich hinter einer gewissen Macht zu verschanzen, die stets etwas Kleinliches und Erbärmliches an sich hat ... Diesen unwahren Äußerlichkeiten wohnt eine derartige Kraft inne, zumal wenn ihnen der Aberglaube der Masse staatliche Geltung verleiht, dass sie in einigen Fällen selbst Schwachsinnige mit königlicher Machtfülle ausgestattet haben. Wenn aber die Krone eines Reiches dieser Erde gleichzeitig einen wahrhaft fürstlichen Geist krönt, wie im Falle des Zaren Nikolaus, dann kriecht der Pöbel kleinlaut vor der gewaltigen Kraftmitte.*
>
> HERMAN MELVILLE,
> MOBY DICK

Richter Warren Burger unternahm große Anstrengungen, seine Privilegien zu vermehren. Es gelang ihm, einen Limousinenservice zu bekommen und die Bewachung des Supreme Court zu verbessern. Als er aber verlangte, die Air-Force-Maschinen des Präsidenten zu benutzen, wurde das Gesuch abgelehnt.

Was können Sie tun? Vielleicht können Sie keinen Firmenwagen beanspruchen, aber Sie können, wenn Sie befördert werden, in ein größeres Büro umziehen. Erklären Sie, dass Sie kein Fleisch essen und es, offen gestanden, auch nicht mögen, jemanden Fleisch essen zu sehen. Vielleicht könnten deshalb bitte alle

◎ **TIPP: Um sich ein Sonderrecht zu sichern, ohne allzu begierig zu erscheinen, versuchen Sie:**
● **jemand anderen dazu zu bewegen, es für Sie zu verlangen.** (»Mein Chef ist bestimmt nicht gerade begeistert, wenn er herausfindet, dass er den Ehrengast nicht vorstellen wird.«)
● **deutlich zu machen, dass es aus Gründen der Effizienz sinnvoll ist, Ihnen das Sonderrecht einzuräumen.** (»Mir ist es egal, ob ich ein Privatflugzeug nehme, aber vielleicht würden wir mit einer Linienmaschine zu viel Zeit verlieren.«)
● **sich auf Präzedenzfälle zu berufen.** (»Soweit ich weiß, ist es üblich, dass leitende Führungskräfte zusätzliche Mitarbeiter bekommen.«)
● **sich auf die Angemessenheit zu berufen.** (»Mir ist es gleichgültig, aber würde es nicht den falschen Eindruck erwecken, wenn ich selbst meine Telefonanrufe entgegennähme?«)

so freundlich sein, heute Mittag ebenfalls auf Fleisch zu verzichten? *Herzlichen Dank.*

Lassen Sie sich aber niemals dabei ertappen, dass Sie sich an bestimmte Privilegien klammern: Es ist ein Zeichen von Unsicherheit, wenn Sie sich zu sehr auf die Bedeutung Ihrer Stellung berufen. Der – frühere – Sprecher des Weißen Hauses, Newt Gingrich, machte sich zur lächerlichen Figur, als er sich beklagte, Präsident Clinton habe ihn auf dem Flug der Air Force One nach Israel – anlässlich Premierminister Yitzhak Rabins Beerdigung – vor den Kopf gestoßen. Der Grund, den Gingrich anführte? Er musste die hintere Treppe des Flugzeugs benutzen, und Clinton lud ihn nicht in den vorderen Kabinenteil ein, um sich mit ihm zu unterhalten. Es wurde für Gingrich auch nicht besser, als er gestand, dass er mit dem Gedanken spielte, Clinton für diese Kränkung zu bestrafen.

Wurde Ihnen jedoch ein Privileg gewährt, dann nehmen Sie es selbstbewusst in Anspruch. Setzen Sie sich an den besten Tisch, weigern Sie sich, Ihre Assistentin nach Hause gehen zu lassen, bevor Sie selbst es tun – Sie haben eben einfach nicht die Zeit, ein Dokument selbst auszudrucken. Anfangs wirkte Bill Clintons traditioneller militärischer Salut ein wenig unsicher; schließlich sprach Sicherheitsberater Anthony Lake ihn darauf an. Danach wurde seine Geste sichtlich selbstbewusster.

Ein ungemein befriedigendes Privileg

der Macht ist, dass Sie es nicht nötig haben, sich irgendwo vorzustellen. Keine Visitenkarten und Namensschilder – jedermann weiß, wer Sie sind. Tatsächlich hat Ihr Name einen so guten Ruf, dass viele Menschen Sie *nicht* mit Ihrem Namen, sondern mit Ihrem Titel anreden: »Chef«, »Herr Professor«, »Herr Ministerpräsident«, »Herr Bundeskanzler«. Oder Ihr Name ist so bekannt, dass nur die Initialen genannt werden (Beispiel: »B. B.«). Die Berater des Weißen Hauses sagen POTUS (President of the United States), wenn sie den Präsidenten meinen. (Natürlich signalisieren Abkürzungen oder Ersatzwörter anstelle des Namens zugleich eine gewisse Vertrautheit, was ein zusätzlicher Bonus ist.)

3. Verbrauch von Ressourcen

Verbrauchen Sie Ressourcen: Mitarbeiter, Büromaterial, anderer Leute Zeit. Viele Assistenten signalisieren Ihre Macht – sowohl, weil Sie damit zeigen, dass Sie mehr als andere verlangen und auch bekommen, und weil Sie (anscheinend) härter arbeiten und mehr produzieren als diese (deshalb auch die Materialschlacht). Der Schein ist alles, deshalb achten Sie darauf, dass Ihre Aktionen wahrgenommen werden.

Denken Sie daran: *bitten* Sie nicht, *sagen Sie, was zu tun ist*. Natürlich sind Sie höflich, aber Sie diktieren: »Ich benötige zu Hause einen Faxanschluss auf einer separaten Telefonleitung. Bitte sorgen Sie dafür, dass jemand ihn morgen installiert«, nicht: »Hat die Firma schon jemals für einen ihrer Angestellten zu Hause ein Fax anschließen lassen? Wenn ja, dann wäre das, glaube ich, auch für mich eine gute Sache.« Und vergessen Sie nicht zu betonen, dass Sie diese Dinge *brauchen*. Selbstdarstellung liegt Ihnen fern, Sie möchten nur das haben, was funktional und effizient ist.

Lassen Sie Ihrer Fantasie freien Lauf. Verlangen Sie ein Diktafon, ein Handy, einen Laptop, ein neues Computerprogramm, ein Ticket, das Ihnen Eintritt zu einer wichtigen Konferenz verschafft – wenn Sie der Einzige sind, der diese Dinge braucht, nun ja, dann arbeiten Sie sicher härter als alle anderen. (Sie sind immer auf dem neuesten Stand, geben Ihr Allerbestes.) Sie erklären, dass Sie ohne eine High-Speed-Internetverbindung in Ihrem Büro nicht auskommen. Ihre Mitarbeiter wundern sich; sie können sich nicht vorstellen, warum Sie auf so etwas angewiesen sind, und auf jeden Fall würden sie es niemals wagen, derartiges zu verlangen. Allein dadurch, dass Sie fragen, machen Sie einen guten Eindruck. Sie beglückwünschen sich insgeheim zu Ihrem Sieg, und jene dringend notwendige High-Speed-Internetverbindung ist in jedem Fall nicht schlecht: Sie können jederzeit nachschauen, wie Ihre Aktien in Ihrem privaten Depot stehen.

Checkliste:

Zunächst einmal vergewissern Sie sich, dass Sie mit Ihren Kollegen Schritt halten; danach versuchen Sie, zusätzliche Möglichkeiten herauszufinden, um Ressourcen zu verbrauchen. Einige Vorschläge:

- Gehalt, Vergünstigungen und Qualifikationen – bitten Sie um mehr Geld und Sondervergünstigungen, auch wenn Sie glauben, es steht Ihnen nicht zu. Ihre Forderungen sind die Verhandlungsbasis, und es entspricht ohnehin der menschlichen Natur, den Menschen den Vorzug zu geben, die sich selbst einen hohen Wert beimessen.

- Administrative Unterstützung – je größer Ihr Mitarbeiterstab, desto besser. Mit zusätzlichen Mitarbeitern können Sie mehr leisten, und bald werden Sie sogar noch weitere Mitarbeiter brauchen. Denken Sie daran, dass Ressourcen, die von Ihren Mitarbeitern verbraucht werden, als Ressourcen zählen, die von Ihnen benötigt werden; deshalb ermutigen Sie sie, ihre eigenen Forderungen zu stellen.

- Verschiedene Papiere mit Ihrem Namen und Titel – Visitenkarten, Notizzettel mit dem Aufdruck »mit den besten Empfehlungen«, Briefpapier mit Firmenlogo, Post-its mit Ihrem Namen darauf und *buck slips*«. (Sie kennen keine »buck slips«? Das sind lange, schmale Streifen aus sehr festem Papier, auf

- die unten Ihr Name und oben das Firmenlogo gedruckt sind, eine absolute Notwendigkeit in Hollywood.)

- Transportservice – Fahren Sie nicht mit dem Auto, wenn Ihre Kollegen in der Business Class oder in der First Class fliegen.

- Zugang zu Dingen oder Plätzen, die für einen bestimmten Personenkreis reserviert sind, beispielsweise der Fitnessraum, der Speiseraum für Führungskräfte, Eintrittskarten zu Basketballspielen, Unterhaltungsshows oder Weinproben – selbst, wenn Sie solche Vorrechte nicht nutzen, sollten Sie Ihren Anspruch darauf geltend machen. (Zusätzlicher Pluspunkt: Wenn Sie die entsprechenden Karten verschenken, dann zeigt das, dass Sie es sich leisten können, jene Angebote auszuschlagen, und dass Sie sogar noch Besseres zu tun haben.)

Verlangen Sie, dass Firmenabläufe entsprechend Ihren Vorstellungen verändert werden: Ihr Ablagesystem, die Reorganisation der Bürokratie, Ihre Methode, Ausgaben zu dokumentieren – alles muss Ihren Wünschen angepasst werden. Lassen Sie Ihr Büro renovieren, bestellen Sie zusätzliche Möbel (selbst, wenn es nur eine Schreibtischlampe ist) oder stellen Sie zumindest die vorhandenen Möbel um. Sie haben eben Ihre besonderen Vorstellungen. Wenn das, was Sie verlangen, die reinste Verschwendung ist, umso besser. Richard Nixon bestand darauf, dass auch an den heißesten Sommertagen der Kamin brannte. Während die Flammen loderten, lief die Klimaanlage auf vollen Touren.

> **TIPP: Julius Cäsar prägte Kalender, indem er die Anzahl der Tage und Monate eines Jahres veränderte. Auch Sie sollten großzügig denken. Je grandioser, teurer und lästiger die Veränderung, die Sie verlangen, desto größer die Macht, die Sie ausüben.**

Lassen Sie mehr Leute für sich arbeiten. Dadurch verbrauchen Sie Ressourcen und bekommen zugleich die Unterstützung, die Ihnen hilft, den Eindruck zu erwecken, übermenschliche Fähigkeiten zu besitzen. Sie haben jemanden, der unter Ihrem Namen einen über-

73

TIPP: Unpünktlichkeit ist zwar nach wie vor eine der beliebtesten Methoden, Macht zu demonstrieren, aber nicht unbedingt erfolgreich. Einerseits ist sie ein Mittel, Ressourcen zu verbrauchen – nämlich anderer Leute Zeit und Energie. Zudem erwecken Sie dadurch den Eindruck, äußerst beschäftigt und deshalb wichtig zu sein. Andererseits gilt sie als so offensichtliche Machtdemonstration und ist so lästig, dass Sie meist besser dastehen, wenn Sie pünktlich sind. Setzen Sie dieses Mittel also vorsichtig ein.

zeugenden Leitartikel schreibt, der Ihnen den ersten Entwurf Ihrer Rede vorlegt, der Ihnen Memos mit drei Handlungsoptionen unterbreitet. Jemand anders behält wichtige Daten wie Geburtstage im Auge, so dass Sie liebenswürdige Briefe verschicken können; oder stellt die Zahlen zusammen, so dass Sie ein instinktives Urteil fällen können, oder recherchiert für Sie, so dass Sie ständig auf dem Laufenden und umfassend informiert sind. Ein solches Vorgehen ist nicht neu: Römische Senatoren hatten ihre *nomenclatores*, deren Aufgabe darin bestand, ihnen die Namen der VIPs zuzuflüstern, die sich ihnen näherten.

4. Freunde belohnen und Feinde bestrafen

Freunde zu belohnen sichert Ihnen deren Loyalität und Dankbarkeit, und indem Sie sie aufwerten, werten Sie sich selbst auf. Felix Frankfurter, der mächtige Mann der Roosevelt-Administration und Richter des Supreme Court, suchte sich viel versprechende Talente, die so genannten »hot dogs«, förderte sie und verschaffte ihnen Posten.

Feinde zu bestrafen schwächt Ihre Gegner und entmutigt sie, Schritte gegen Sie zu unternehmen. Der Direktor des FBI, J. Edgar Hoover, ahndete seine Feinde – d. h. jeden, dessen Nase ihm nicht passte – gnadenlos, auch wenn der Anlass völlig unbedeutend war. Es ist jedoch besser, einen Feind ungestraft davonkommen zu lassen, als mit einer Bestrafungsaktion zu scheitern. Wenn Sie gegen einen König aufbegehren, dann müssen Sie ihn töten.

5. Die Konkurrenz niederwalzen

Da Macht bedeutet, sich anderen gegenüber durchzusetzen, braucht Macht eine Hierarchie. Sie sollten in der Befehlshierarchie immer weiter aufsteigen. Hier sind zehn Techniken, Konkurrenten aus dem Feld zu schlagen:

- **Übernehmen Sie das Kommando.** Der Herausgeber der Zeitschrift *Newsweek*, Maynard Parker, war bekannt für seinen absoluten Autoritätsanspruch. Einmal, als er zu einer Dinnerparty zu spät gekommen war, setzte er sich ohne Zögern an das Kopfende des Tisches. Später merkte er, dass er sich auf den Stuhl seines Gastgebers gesetzt hatte, der aufgestanden war, um den Braten zu zerlegen.

- **Kontrollieren Sie die Atmosphäre.** Planen Sie spontane Begeisterungskundgebungen. Robert Moses sorgte dafür, dass bei Meetings seine Fans anwesend waren, damit sie die Stimmen derer, die seine Meinung nicht teilten, übertönten.

- **Entfesseln Sie einen Preiskrieg bei einer Auktion um sich selbst.** Nehmen wir einmal an, Sie hätten Jobangebote von mehreren renommierten Anwaltskanzleien. Um sich aus der Menge der anderen Bewerber hervorzuheben, tun Sie so, als könnten Sie sich zwischen zwei rivalisierenden Firmen nicht entscheiden. Die Abendessen, Mittagessen und Anrufe, die Ihnen helfen sollen, eine Entscheidung zu fällen, werden Ihr Ansehen in beiden Firmen heben.

- **Kleine Gesten erhalten die Freundschaft.** Ihr Geschenk oder Ihr persönliches Schreiben zeigt Ihr Interesse an jemandem

> ◎ **TIPP: Verbrauchen Sie an Ihrem Arbeitsplatz Ressourcen – bevor Sie überhaupt angestellt sind. Wenn man Ihnen bei einem Vorstellungsgespräch ein kaltes Getränk oder eine Tasse Kaffee anbietet, dann nehmen Sie dankend an. Leihen Sie sich einen Notizblock. Bitten Sie darum, das Telefon benutzen zu dürfen, wenn Sie zu früh erschienen sind oder wenn Sie gehen wollen.**

– immer ein kluger Schachzug – und signalisiert Intimität. Der frühere Präsident George Bush und der Generaldirektor Jack Welch von General Electric sind seit vielen Jahren Meister der handgeschriebenen Mitteilung. Geschenke sind übrigens in Hollywood außerordentlich wichtig.

TIPP: Ob es stimmt oder nicht – lassen Sie durchblicken, wie wenig Schlaf Sie brauchen. Man glaubt allgemein, dass erfolgreiche Leute, beispielsweise Bill Clinton, Bill Gates oder Martha Stewart nur drei oder vier Stunden Schlaf pro Nacht benötigen. Oder wenden Sie das »Prinzip des Unerwarteten« an (siehe Kapitel 3) und prahlen Sie damit – wie der Amazon-Gründer Jeff Bezos oder der Präsident von Netscape, Marc Andreessen, – dass Sie jede Nacht mehr als acht Stunden schlafen.

- **Profilieren Sie sich durch Ihr Expertenwissen.** Unterschätzen Sie nie die Macht, die darin liegt, am besten informiert und am besten vorbereitet zu sein. Bill Clinton verblüffte Unterstützer und Gegner gleichermaßen durch seine Detailkenntnisse.

- **Verwandeln Sie scheinbar machtlose Teams oder Organisationen in eine Machtbasis.** Zu Anfang seiner Karriere gestaltete Lyndon B. Johnson den dahinsiechenden »Little Congress«, der sich aus den Mitarbeitern des Kongresses zusammensetzte, in ein echtes Machtzentrum um.

- **Strahlen Sie Energie aus.** Außergewöhnliche Energie verleiht Ihnen eine Ausstrahlung von unermüdlichem Arbeitseifer mit hoher Effektivität, durch die Sie sich aus der Menge Ihrer Kollegen hervorheben. (Energie beinhaltet sowohl dynamische Aktivität als auch tiefste, innere Konzentration.) Denken Sie an den berüchtigten Junkbond-Händler, Michael Milken, der jeden Morgen im Pendlerzug das spöttische Lächeln einiger Mitreisender auf sich zog, weil er einen Bergmannshelm trug. Er benutzte die Helmlampe, um Firmenberichte zu studieren. Darüber hinaus zieht bei zwei gleich guten Leistungen die energischere Person größeres Interesse auf sich.

- **Stecken Sie Ihr Territorium ab.** Als Teil seiner Strategie, Nachfolger von Robert Gottlieb als Cheflektor vom Verlagshaus Simon and Schuster zu werden, erklärte der stellvertretende Lektor Michael Korda, dass er das Recht habe, Gottliebs leeres Büro zu benutzen, bis ein Nachfolger ernannt sei. Bevor bekannt war, wer den Job bekommen würde, hatte Korda das Büro bereits in Besitz genommen, es blau streichen lassen, ein blaues Sofa, eine passende blaue Auslegeware und sogar ein blaues Diktafon bestellt. Wenig später bekam er den Posten, der zu dem Büro gehörte.

- **Provozieren Sie Streit.** Heben Sie sich aus der Menge hervor, setzen Sie sich in Szene, indem Sie einen handfesten Streit vom Zaum brechen. Möglicherweise machen Sie sich unbeliebt oder geraten in den Ruf eines Unruhestifters, aber was macht das schon? Als Chefredakteurin des *New Yorker* provozierte Tina Brown ihre Leser mit umstrittenen Titelseiten: Ein Cartoon zeigte einen Osterhasen, gekreuzigt auf einem Steuerformular; eine Karikatur eines bärtigen Moslem, der eine schwarze Frau mit Dreadlocks küsst. Die Aufregung war gewaltig.

- **Vertrauen Sie Ihrem Glück.** Auch wenn die machtvollsten Persönlichkeiten bei näherem Nachdenken erkennen, welch enorme Rolle das Glück bei ihrem Aufstieg spielte, sollten Sie sich nicht auf das Glück verlassen. Wie Richard Nixon bemerkte: »Wenn Sie ganz große Risiken eingehen, sollten Sie stets parat sein, um das Glück greifen zu können.«

6. Reisen

In einem Privat- oder Regierungsflugzeug zu fliegen – oder zumindest Erster Klasse zu reisen – ist eine Machtdemonstration. Jack Welch, der Vorstandsvorsitzende von General Electric, ließ sich vertraglich zusichern, dass er bis zu seinem Tod das Firmenflugzeug benutzen kann. In New York City braucht man unbedingt einen Wagen mit Chauffeur, um von einem Ort zum anderen zu kommen; in Los Angeles fahren Sie Ihren Wagen selbst (Sie bekommen ein Dienstfahrzeug gestellt), aber jemand anderer sollte ihn einparken.

Verlangen Sie, dass andere Sie in ihrem Büro aufsuchen oder Ihnen zumindest auf halber Strecke entgegenkommen – dies ist besonders wichtig in Städten, in denen die Entfernungen sehr groß sind.

Perfekte Machtdemonstration:
John Sununu, der ehemalige Generalstabschef von George Bush, nutzte seine Macht, um in Militärmaschinen zum Zahnarzt und in Skigebiete zu fliegen. Als er zu einer Briefmarkenauktion nach New York fuhr, benutzte er eine Limousine des Weißen Hauses. (Sununu machte jedoch den Fehler, zu weit zu gehen, und diese Aktionen trugen schließlich dazu bei, dass er gefeuert wurde.)

Perfekte Machtdemonstration:
Hollywoodstars wie Madonna, Warren Beatty, Robert Redford und Arnold Schwarzenegger benutzen das Privatflugzeug eines Studios, um ihre Macht in Hollywood vorzuführen – und natürlich, weil es angenehm ist.

7. Zeit

Zeigen Sie, wie außerordentlich kostbar Ihre Zeit ist. Eine Assistentin wählt Ihre Gesprächspartner an, andere Mitarbeiter kümmern sich um die Verträge, buchen die Flüge, geben einen Überblick über verschiedene Optionen, sitzen am Steuer Ihres Wagens, bringen den Hund zum Tierarzt, fassen Zeitungsartikel und Memos zusammen, allein schon deshalb, damit Sie Ihre klugen Überlegungen rascher zu Papier bringen können. Die Menschen in Ihrer Umgebung verwenden unglaublich viel *ihrer* Zeit auf Maßnahmen, die dazu dienen, einen Bruchteil *Ihrer* Zeit zu sparen.

Perfekte Machtdemonstration:

James P. Rubin, ein Sprecher des State Department unter Clintons Außenministerin Madeleine Albright, machte es sich zur Gewohnheit, der letzte Teilnehmer zu sein, der sich in die Konferenzschaltung für die täglichen Anweisungen des State Department einschaltete. Dadurch zwang er mehrere hochrangige Beamte, einschließlich des Sprechers des Weißen Hauses, Michael McCurry, auf ihn zu warten.

Perfekte Machtdemonstration:

Anwalt Pete Peterson verlangte von seinen Partnern bei Lehmann Brothers, dass sie ihn in seinem Auto in die Außenbezirke der Stadt oder zum Flughafen begleiteten, um sie dann zu ignorieren, während er telefonierte oder Memos las.

Selbst dann, wenn Ihre Zeit nicht allzu sehr beansprucht wird, sollten Sie alles tun, um diesen Eindruck zu erwecken. Lassen Sie sich mitten in einem Meeting anrufen. Beenden Sie das Meeting in großer Eile, um zu demonstrieren, dass Sie dringendere Verpflichtungen haben.

Während Ihre Macht wächst, vergrößert sich Ihr Gefolge, das Ihnen immer mehr Aufgaben abnimmt; Sie werden derart entlastet, dass Sie nichts anderes mehr zu tun brauchen, als über wesentliche Probleme nachzudenken.

[
GOLDENE REGEL
Je mehr Macht Sie anhäufen,
desto weniger müssen Sie arbeiten.
]

Aber trotz allem sind Sie es, der alles unter Kontrolle hat. Ihre Mitarbeiter mögen den Auftrag haben, über jede Minute Ihrer Zeit zu wachen, aber *Sie* können Ihren Terminplan jederzeit über den Haufen werfen. Demonstrieren Sie Ihre Macht, indem Sie nach einem Meeting noch ein wenig plaudern und sich verspäten, so dass die Leute, die für Ihr nächstes Meeting bestellt sind, geduldig warten müssen, bis sie an die Reihe kommen. Nehmen Sie sich trotz aller Hektik die Zeit, ein langes persönliches Tele-

Schätzen Sie Ihre Macht ein:

Ihr Terminkalender dokumentiert, wen Sie sehen und wie Sie Ihre Zeit verbringen. Die Art, wie er organisiert wird, ist ein Indikator Ihrer Macht. Wo stehen Sie?

Geringe Macht:
Sie kümmern sich selbst um Ihre Termine.

Mittlere Macht:
Ein Mitarbeiter verwaltet Ihre Termine und vermeidet Überschneidungen.

Mittlere bis große Macht:
Ihre Assistentin arbeitet Ihren Terminplan für Sie aus, fügt zusätzliche Informationen hinzu, beispielsweise wichtige Telefonnummern, Beschreibungen von Ankunftsorten und Ereignissen, Tipps zum Packen, zu Parkmöglichkeiten und so weiter, so dass Sie auf jede Eventualität vorbereitet sind.

Große Macht:
Die zusätzlichen Informationen auf Ihrem Terminkalender entfallen; er enthält nur Stichpunkte (und spezielle Hinweise, beispielsweise die Öffnungszeiten des Fitnessraums in Ihrem Hotel). Sie brauchen kaum zu reisen, weil die Leute zu Ihnen kommen; wenn Sie doch reisen müssen, dann obliegt es anderen, Sie zum richtigen Ort zu bringen und Ihnen die richtigen Leute vorzustellen.
Oder aber Sie kümmern sich überhaupt nicht um einen schriftlichen Terminplan. Immer ist jemand in Ihrer Nähe, um Sie durch Ihren Tag zu führen.

Mega-Macht:
Ihr Terminplan wird den entsprechenden Leuten übergeben, die Sie durch den Tag geleiten; eine weitere Verbreitung wird streng kontrolliert, damit kein Unbefugter ihn in die Hände bekommt.

fongespräch zu führen, während Ihre Mitarbeiter unruhig auf ihren Stühlen hin- und herrutschen. (Beachten Sie jedoch, dass diese spezifische Machtdemonstration ihre Nachteile hat – lesen Sie den Tipp zu »Unpünktlichkeit« weiter oben in diesem Kapitel nach.)

Perfekte Machtdemonstration:
Bei seinem Staatsbesuch 1998 in China ließ Präsident Clinton sich während eines Aufenthalts in Xi'ang nicht davon abhalten, Fragen zu den antiken Terrakottasoldaten zu stellen, obwohl dadurch der Zeitplan für den ganzen Tag durcheinander zu geraten drohte.

8. Sicherheit

Sie sind zu wichtig, um schutzlos durch die Gegend zu laufen, deshalb sollte auf Ihre körperliche Unversehrtheit sorgfältig geachtet werden. Der Präsident der Vereinigten Staaten und ausgewählte Mitglieder des Kabinetts stehen ständig unter Bewachung; Führungskräfte zahlen in Amerika für Personenschutz rund um die Uhr 500 000 Dollar pro Jahr; Berühmtheiten Hollywoods werden ebenfalls Tag und Nacht bewacht. Auch Sie brauchen Schutz.

Wenn Sie sich für ein Sicherheitssystem entscheiden, dann überlegen Sie sich, ob Sie sich mit den tendenziell auffälligen Bodyguards umgeben möchten oder eher mit nahezu unsichtbaren Überwachern. Oder bevorzugen Sie eine schusssichere Kevlar-Weste? Oder einen winzigen elektronischen Ratgeber, der Ihnen die besten und sichersten Standorte vorschlägt?

Perfekte Machtdemonstration:
Bereits als ein »Nobody« machte sich der Geschäftsmann Ronald Perelman Sorgen über seine Sicherheit. Heute ist er dafür bekannt, dass er bewaffnete Vortrupps schickt, um Veranstaltungsorte zu durchsuchen und zu sichern. Sein Anwesen in den East Hamptons lässt er mit Wächtern umstellen, die Maschinengewehre tragen.

Perfekte Machtdemonstration:
In seiner Zeit als Hauptgeschäftsführer von Sunbeam schätzte Al »Chainsaw« Dunlap seine persönliche Sicherheit als so wichtig und so sehr gefährdet ein, dass er der Firma eine kugelsichere Weste, einen Leibwächter und eine Handfeuerwaffe für sich selbst in Rechnung stellte.

Wenn Sie für ein persönliches Team von Leibwächtern noch nicht ausreichend bedeutsam und berühmt sind, dann schaffen Sie sich ein symbolisches. Sekretärinnen dienen als Schutzschilder, indem sie den Zugang zu Ihnen kontrollieren. Umgeben Sie sich, wenn möglich, mit mehreren Sekretärinnen; vielleicht wünschen Sie auch einen Assistenten, um zu signalisieren, dass Sie männlichen Schutzes bedürfen (und auch, um Ihre Dominanz zu demonstrieren). Ergreifen Sie umfassende Maßnahmen, um sich vor diversen Dingen zu schützen – Sie sind so wichtig, dass weder ein Regentropfen noch ein lästiger Passant Sie stören darf.

Perfekte Machtdemonstration:
Der Handelsminister Robert Mosbacher, tätig in der Regierungszeit von George Bush, ließ einen der Eingänge eines Gebäudes nur für sich und seine Gäste reservieren und mit einem exklusiven roten Baldachin versehen, der von der Tür bis zum Bordstein reichte. Jedes Risiko, ob nun das Wetter oder der niedere Bürokrat, der mit dem Minister oder seinen Besuchern in Kontakt hätte kommen können, war damit ausgeschlossen.

Perfekte Machtdemonstration:
Anscheinend ebenso abgeneigt, sich einem Regentropfen auszusetzen, ließ Ivana Trump einen roten Baldachin von der Tür ihres Stadthauses in der New Yorker Upper East Side bis hin zur Bordsteinkante installieren. Einige ihrer Nachbarn – wie Pierre Cardin, David Geffen und Laurance Rockefeller – zeigten sich über diese Neuerung nicht amüsiert.

Nicht nur Sie selbst müssen geschützt werden, sondern auch Ihre Ideen. Vielleicht sollten Sie in Betracht ziehen, alle Menschen, mit denen Sie in Kontakt kommen – das können Freunde sein, mit denen Sie ausgehen, Jobsuchende, mit denen Sie ein Einstellungsgespräch führen, Bauherren, die Sie um eine Investition bitten oder auch nur Hilfen, die Sie dafür bezahlen, das Haus zu reinigen – einen Vertrag unterschreiben zu lassen, in dem er oder sie sich zum Schweigen verpflichtet. Ihr konzeptionelles Denken ist wichtig und muss geschützt werden.

9. Sprache

Machen Sie sich die selbstbewussten Kommunikationsmuster der Macht zu Eigen. Machtvolle Menschen nehmen sich für ihre Ausführungen Zeit, bestimmen die Themenfolge der Diskussion, lassen sich nicht unterbrechen, streiten, scherzen und lachen. Sie entwickeln Pläne oder schlagen Lösungen vor. Machtlose Menschen stellen viele Fragen, vermeiden Streit, zeigen Mitgefühl, nicken, lächeln und beenden ihre Sätze nicht.

Ausgehend von diesen Tatsachen sollte sich Ihr Gesprächsstil an den Ihrer spezifischen Firmenkultur anpassen. Die Angestellten von Microsoft imitieren die verbalen und physischen Eigenheiten von Bill Gates, vor allem in seiner Gegenwart – sie sitzen dann nach vorne gebeugt um den Konferenztisch herum, die Ellbogen auf den Knien, anscheinend jederzeit zum Sprung bereit; sie kopieren sein nervöses Schaukeln mit dem Körper. Schätzt man in Ihrer Firma kühne Thesen? Vorsichtige, besonnene Statements? Höfliche Unterwürfigkeit? Zweideutige Witze? Machen Sie sich den Kommunikationsstil zu Eigen, der zu Ihrer Situation passt (gewöhnlich ist es der Stil dessen, der die meiste Macht hat).

Demonstrieren Sie Ihre Macht ebenso durch das, *was* Sie sagen, wie dadurch, *wie* Sie es sagen. Meetings sind eine perfekte Gelegenheit, um sich eine günstige Ausgangsposition zu verschaffen. Überlegen Sie, wie Sie die oben genannten Beispiele umsetzen können, um Ihre Macht gegenüber Ihren Kollegen geltend zu machen. Sie brauchen dazu jedoch einiges Fingerspitzengefühl; als Elefant im Porzellanladen erregen Sie Ärger und Widerstand.

Möglicherweise finden Sie heraus, dass es hilfreich ist, leise zu sprechen – Sie zwingen andere, Ihnen mit ungeteilter Aufmerksamkeit zuzuhören. Richard Nixon stellte fest, dass »lautes Reden einen Menschen eher weniger eindrucksvoll erscheinen lässt«. In Hollywood ist Michael Ovitz, ein ansonsten sehr energischer Mann, dafür bekannt, dass die Mitarbeiter sich enorm anstrengen müssen, um sein Gemurmel zu verstehen. Der New Yorker Immobiliengigant Jerry Speyer wiederum strapazierte die Geduld seiner Gesprächspartner durch beharrliches Schweigen.

Eine Auswahl von Sätzen, die Macht demonstrieren:

- *»Ich brauche nicht alle Details. Kommen wir zum Kern der Sache.«* (Sie lassen durchblicken, dass andere Erbsenzähler und Kleingeister sind, die es nicht schaffen, den Überblick zu behalten.)

- *»Wie auch immer, dies sind die Fakten.«* (Sie streichen heraus, dass für Sie die harten Fakten ausschlaggebend sind, während andere sich durch Vorurteile, Gefühle und Vermutungen ablenken lassen.)

- *»Sie könnten Recht haben.«* (Sie wirken aufgeschlossen, während Sie zugleich die Autorität und Glaubwürdigkeit Ihres Gesprächspartners untergraben.)

- *»Ich frage mich – Pat, bitte lassen Sie uns später darüber reden.«* (Sie demonstrieren, dass Sie wohl überlegte Entscheidungen treffen, während Sie Pat – die Ihnen unterstellt sein mag oder nicht – zwingen, die notwendige Arbeit zu tun und Ihnen darüber zu berichten.)

- *»Das haben Sie toll gemacht, Pat!«* (Sie demonstrieren Wohlwollen, während Sie zugleich signalisieren, dass Sie in der Lage sind, Pat zu beurteilen und herablassend zu behandeln.)

- *»Ich glaube, was Pat sagen will, ist…«* (Sie zeigen, dass Sie ein guter Zuhörer sind und anderen gebührende Anerkennung zollen, während Sie zugleich zu verstehen geben, dass Sie Pats einfachen Gedanken aufnehmen und weiterentwickeln können, besser als es Pat gekonnt hätte.)

- *»Ich kann verstehen, warum Sie so denken.«* Variante: *»So habe ich früher auch gedacht.«* (Sie klingen wohlwollend, während Sie durchscheinen lassen, dass Sie sehr viel mehr von der Sache verstehen.)

10. Büro

Um Ihre Macht einzuschätzen, wird Ihr Büro genauestens inspiziert – nicht nur Ihr Aufgabenbereich und die Art und Weise, wie Ihre Mitarbeiter Sie behandeln. Also, welche Punkte auf der folgenden Liste können Sie abhaken? Haben Sie:

- in Maßarbeit hergestellte Möbel?
- teure Kunstwerke?
- ein eigenes Konferenzzimmer?
- ein eigenes Esszimmer?
- ein eigenes Bad mit Dusche, Sauna?
- einen eigenen Aufzug?
- ein Büro an einer besonders exponierten, prestigeträchtigen Stelle des Gebäudes (häufig ein Eckzimmer)?
- einen atemberaubenden Ausblick?
- mehrere Blumenarrangements oder auffällig üppige Grünpflanzen?
- eine Phalanx von aufmerksamen und fürsorglichen Sekretärinnen, die Ihre Tür im Blick haben?
- Fotos von sich, die Sie Arm in Arm mit Stars oder Prominenten aus Politik und Wirtschaft zeigen?
- Trophäen früherer Siege wie Pokale, Diplome, Dankschreiben wichtiger Persönlichkeiten und dergleichen?

- mehrere Telefone, die über Ihr Büro verteilt sind, jedes mit einem Multiple-Anschluss?
- eine eigene High-Speed-Internetverbindung?
- einen Hund, den Sie jeden Tag von zu Hause mitbringen (oder, wenn Sie Ihre Unkonventionalität betonen wollen, einen Papagei oder ein Frettchen)?
- Aschenbecher für die Zigarren oder Zigaretten, die Sie rauchen, um dabei bewusst gegen das strikte Rauchverbot im gesamten Gebäude zu verstoßen?
- eine größere Privatsphäre als andere: ein »Puffer«-Büro zwischen Ihrer Tür und dem Flur oder, wenn Ihre Etage wie ein Großraumbüro gestaltet ist, einen abschließbaren Raum innerhalb der offenen Zone?
- irgendetwas in Ihrem Büro, das ein wenig verrückt, einzigartig, kreativ und teuer ist – beispielsweise einen Bücherschrank, der beim Öffnen eine gut gefüllte Bar zum Vorschein bringt, einen Flipper oder einen altmodischen Zahnarztstuhl?
- ein niedriges, weiches Sofa oder ein Podest, auf dem Ihr Schreibtisch steht, so dass Sie auf Ihre Besucher hinabschauen könnnen?
- *ausschließlich für Internet-Einsteiger:* ein Büro in derselben Größe wie das aller anderen, aber mit einem auffälligen, teuren, ergonomisch korrekten Bürostuhl sowie einem flachen Monitor und mit knallbunten, verrückt aussehenden Kunstwerken an den Wänden?
- *ausschließlich für Präsidentschaftskandidaten:* so viele Flaggen in Ihrem Raum, wie Sie rechtfertigen können – die Stars and Stripes, die Flagge der Institution, der Sie dienen, die des Bundesstaats, die der diversen Abteilungen, die Ihnen unterstellt sind?

Das Büro eines mächtigen Menschen fällt zudem durch das auf, was darin fehlt. Benutzen Sie einen Schreibtisch ohne Schubladen – oder überhaupt keinen. Verlegen Sie Ihren Bloomberg-Terminal auf den Schreibtisch Ihrer Sekretärin, wenn Sie nicht möchten, dass er das Ambiente Ihres Büros stört, oder stellen Sie ihn irgendwo in Ihrer Nähe auf, aber versteckt hinter einem Paneel aus edlem Holz, das zu Ihrem Schreibtisch passt. Weigern Sie sich, Aktenschränke in Ihrem Büro aufzustellen – jemand anderer, nicht Sie, ist für den Papierkram zuständig. Vergessen Sie Pinnwände, überquellende Papierkörbe, Papierbecher für Kaffee und Tee.

Die strategische Lage ist natürlich der wichtigste Aspekt eines Büros. Jede Firma hat ein Machtzentrum – ein bestimmtes Stockwerk, die großen Zimmer mit Blick ins Grüne oder das Büro einer wichtigen Person. Dort müssen Sie sitzen – oder wenigstens im Umfeld der großen Bosse. Hillary Clinton durchschaute dieses Prinzip perfekt; deshalb bezog sie ein Büro im Westflügel des Weißen Hauses, wo die Räume des Präsidenten und seiner führenden Mitarbeiter sind, anstatt im Ostflügel, der traditionell von den First Ladies genutzt wird.

Quiz für Platzhirsche:
Wo sitzt die Macht? Ordnen Sie zu:

a. Führende Mitarbeiter des Präsidenten
b. Premierminister von Großbritannien
c. Führende Persönlichkeiten des US-Außenministeriums
d. Der Leiter der Kulturkommission
e. Topmitarbeiter bei ABC World News Tonight
f. Die führenden Köpfe bei Microsoft

1. 7. Stockwerk
2. 8. Stockwerk
3. Westflügel
4. Number 10
5. Gebäude 8
6. Randlage

Antworten: a.-3, b.-4; c.-1; d.-2; e.-6; f.-5.

Wer die Zahl eines Stockwerkes angibt oder vom »blauen Zimmer« spricht, meint die Bewohner dieses Territoriums, die dort an den Schalthebeln der Macht sitzen: »Man wird die Sache vom vierundvierzigsten Stockwerk aus regeln müssen.«

Perfekte Machtdemonstration:

Im ersten Jahr der Nixon-Administration lehnte der damalige Berater Daniel Patrick Moynihan das Angebot, eine Suite außerhalb des Weißen Hauses zu beziehen, ab und entschied sich stattdessen für ein voll gestelltes Büro im Erdgeschoss des Westflügels. »Aus dem einfachen Grund«, erklärte er, »ich wollte sicherstellen, dass ich neben Haldeman in derselben Toilette pinkeln konnte.«

11. Telefon

Nutzen Sie das Machtpotenzial des Telefons:

- Lassen Sie sich von einer Sekretärin mit dem gewünschten Gesprächspartner verbinden.
- Weigern Sie sich, den Hörer abzunehmen, bevor Ihr Gesprächspartner am Apparat ist und auf Sie wartet.
- Rufen Sie vom Auto oder vom Flugzeug aus an, um zu demonstrieren, wie beschäftigt Sie sind.
- Rufen Sie von eindrucksvollen Orten aus an, beispielsweise aus dem Weißen Haus (oder – noch besser – aus der Air Force One, dem Dienstflugzeug des amerikanischen Präsidenten).
- Umgeben Sie sich mit mehreren »goldenen« Rolodex-Telefonverzeichnissen.
- Sorgen Sie dafür, dass Sie überall ein Telefon in der Nähe haben – in der Wildnis, am Swimmingpool, im Flugzeug und auf der Toilette.
- Der Ansagetext auf Ihrem Anrufbeantworter oder Ihrer Handymailbox sollte von Ihrer Assistentin, nicht von Ihnen selbst gesprochen sein.
- Statten Sie Ihr Büro mit mehreren Telefonen aus, die jeweils eine eigene Rufnummer haben.
- Weigern Sie sich, Ihr Telefon auf Lautsprecher zu stellen, so dass niemand mithören kann, was Ihr Gesprächspartner sagt.
- Lassen Sie Ihre Anrufe von Ihrer Sekretärin entgegennehmen.
- Lassen Sie Ihre Anrufer von Ihrer Sekretärin in die Warte-

schleife setzen, so dass Sie keine Minute verlieren – wenn Sie abnehmen, warten bereits mehrere Anrufer auf Sie.

- Zeigen Sie Respekt für einen Mailbox-Anrufer, indem Sie auf seine Nachricht sofort antworten, oder demonstrieren Sie Respektlosigkeit, indem Sie mit dem Gegenanruf warten oder einen Anruf überhaupt nicht erwidern.
- Rufen Sie zu einer unchristlichen Zeit an.
- Weigern Sie sich, mit einer Person, die eine untergeordnete Position innehat, zu telefonieren. Lassen Sie stattdessen eine Sekretärin Ihre Botschaft übermitteln – selbst, wenn das bedeutet, dass Sie ihr ins Diktiergerät sprechen müssen, was sie sagen soll.

Beweisen Sie auch im Umgang mit dem Telefon Kreativität. Sagen Sie beispielsweise Ihrer Sekretärin (die sich in Hörweite Ihres Kollegen befindet) kurz vor Beginn eines Meetings: »Ich bin für niemanden erreichbar – außer wenn Steven Spielberg anruft, den können Sie durchstellen.«

Wenn Sie während eines Meetings Ihren Gesprächspartner brüskieren wollen, dann sollten Sie Anrufe planen, die mit dem Anliegen ihres Gegenübers nichts zu tun haben.

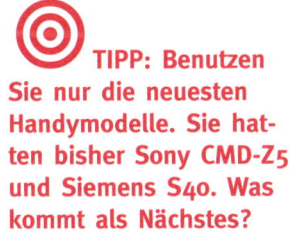

TIPP: Benutzen Sie nur die neuesten Handymodelle. Sie hatten bisher Sony CMD-Z5 und Siemens S40. Was kommt als Nächstes?

Perfekte Machtdemonstration:

Die Telefone des Washingtoner Luxushotels »The Jefferson« (mindestens 440 Dollar pro Nacht) haben die Verbindungsnummern von »Rezeption« und »Zimmerservice« eingespeichert. Zugleich schmeichelt die Hoteldirektion aber auch den Gästen mit speziellen Kurzwahltasten für das Weiße Haus, das Außenministerium und die Verwaltungsgebäude, um zu demonstrieren, dass man von den Gästen selbstverständlich erwartet, dass sie diese Nummern brauchen.

Richtig piepsen!

Nicht ganz einfach ist es, einen Piepser wirkungsvoll einzusetzen. Es bedarf dazu einiges an Feingefühl, da ein derartiges Gerät entweder Ihre Macht oder Ihren Mangel an Macht symbolisieren kann – abhängig von Ihrer Stellung in einer Hierarchie.

TIPP: Wenn Sie Ihr Handy benutzen möchten, um einflussreich zu erscheinen, dann sagen Sie zu Ihrem Gesprächspartner: »Ich möchte dies nicht am Handy diskutieren. Rufen Sie mich auf einer abhörsicheren Leitung zurück, wenn ich wieder im Büro bin.« Eine solche Aussage unterstreicht die Wichtigkeit Ihres Gesprächs und lässt durchblicken, dass Außenstehende genügend Interesse daran haben könnten, es abzuhören.

Wenn Sie noch nicht der ganz große Boss sind, dann sollten Sie den Piepser unter allen Umständen bei sich tragen. Ein Piepser im permanenten Einsatz zeigt, dass Sie eine wichtige Rolle spielen und ständig gebraucht werden. Aber wenn Sie nahezu an der Spitze angekommen sind, sollten Sie, wenn möglich, einen Piepser ablehnen. So tragen Sie gekonnt zur Schau, dass ohne Ihre Einwilligung sowieso nichts passieren kann, und zwingen Ihre Mitarbeiter, Ihnen ständig auf der Spur zu bleiben.

Wenn Sie megamächtig sind, aber dennoch einen Piepser tragen müssen (oder es gar auf eigenen Wunsch tun), dann lassen Sie ihn ständig eingeschaltet. So geben Sie zu verstehen, dass es Ihnen, gleich, wo Sie sind oder was gerade geschieht, nicht das Geringste ausmacht, wenn Sie eine Störung verursachen. Alle lauschen andächtig der Rede des Gouverneurs, im Saal herrscht ein ehrfürchtiges Schweigen; Sie zeigen nicht einmal eine Spur von Unmut, als es aus Ihrer Jackentasche zu piepsen beginnt. Sie greifen gelassen hinein und ziehen das Gerät hervor; dasselbe gilt auch für Handys.

12. Bargeld

Lassen Sie die Finger von Bargeld. Andere müssen sich um das lästige Bezahlen kümmern; Sie selbst leisten allenfalls eine Unterschrift.

Perfekte Machtdemonstration:
Der Filmproduzent Robert Evans ließ in diversen Restaurants in Los Angeles alles, was er konsumierte, auf seine Rechnung setzen. Er stand nach dem Essen einfach auf, ging hinaus, nicht einmal ein Trinkgeld hinterließ er; sämtliche Unkosten wurden später vom Konto abgebucht.

Perfekte Machtdemonstration:
Ähnlich wie die Königin von England beauftragte Nancy Reagan in ihrer Funktion als Präsidenten-Gattin eine Beistands-Dame, ihre Handtasche zu tragen.

Perfekte Machtdemonstration:
Der britische Medientycoon Robert Maxwell hatte niemals Geld bei sich. Dafür Bedienstete, die ihn bei Bedarf mit Bargeld versorgten; Maxwell streckte nur die Hand aus und nahm sich, was er wollte. Einmal, bei einem Footballspiel, musste ein Programmdirektor von Maxwell sein Kleingeld aus den Taschen holen, damit sein Arbeitgeber Münzen in die Menge werfen konnte.

13. Meisterstreich der Macht

Die perfekteste Demonstration der Macht ist der Meisterstreich, die geniale Geste, die der Situation hundertprozentig angemessen ist und Ihnen Gelegenheit bietet, sich eindrucksvoll zu profilieren. Halten Sie nach Möglichkeiten Ausschau, einen Meisterstreich zu landen – oder aber einen Meisterstreich zu vereiteln, der auf Ihre Kosten gehen sollte.

Ein Meisterstreich muss stimmig sein, um Erfolg zu haben. Sich beispielsweise an Namen und Gesichter zu erinnern ist ein beliebter, aber nicht ganz risikoloser Schachzug. »Hallo, Pat«, sagen Sie zu einem Gesicht, das Ihnen vage bekannt vorkommt. »Wir haben uns letzten Juli auf der Tagung getroffen.« Pat wird sich gewiss über Ihr Interesse freuen. Und eine solche Leistungsschau wird umso eindrucksvoller, je mehr Menschen wissen, dass Sie ganz viele Personen kennen. Aber Sie dürfen, was Namen betrifft, *keinerlei* Risiken eingehen. Bei einem Empfang im Weißen Haus ergriff Ronald Reagan die Hand von Sam Pierce und sagte: »Schön, Sie wiederzusehen, Herr Bürgermeister.« Fehlgriff! Pierce war mehr als ein Jahr lang Minister für Wohnungsbau und Stadtentwicklung in Reagans Kabinett gewesen.

⊚ **TIPP: Sie wollen sich selbst behaupten? Dabei lautet eine der Grundregeln, dass Sie einen festen Händedruck haben sollten. Aber in einigen Kreisen in Los Angeles, die in Fragen der Macht äußerst sensibel sind, gilt anderes. Das powervolle Händeschütteln fällt dort eher schlaff aus, und man zieht die Hand rasch wieder zurück. Ein derartiger Händedruck lässt die Person, die Sie grüßen, bemüht und übereifrig erscheinen und zeigt, dass Sie das »Geheimnis des Handshakes« von L. A. kennen.**

Perfekte Machtdemonstration:

Der Autor Larry Ferguson hatte gehört, dass der Filmproduzent Don Simpson sich manchmal recht einschüchternd gebärdete – und tatsächlich: bei ihrem ersten Treffen lag eine Pistole deutlich sichtbar vor Simpson auf dem Schreibtisch. Ferguson ergriff die Waffe und entsicherte sie wortlos. Simpson verstand die Botschaft – ein triumphaler Abwehr-Meisterstreich von Ferguson.

Ein Meisterstreich braucht nicht auffällig zu sein. Machen Sie sich beispielsweise bewusst, welche Wirkung es haben kann, schlichtweg keinen Mantel zu tragen: Als er auf dem Pariser Flughafen Orly landete, sah Präsident Nixon, dass der französische Präsident Charles de Gaulle ohne Mantel war, kurzerhand streifte Nixon auch seinen ab. Nixon erinnerte sich in diesem Augenblick möglicherweise an den tiefen Eindruck, den sein Rivale John F. Kennedy durch die simple Geste erzielt hatte, seine Antrittsrede trotz der bitteren Kälte ohne Hut und Mantel zu halten (sein Geheimnis: Thermounterwäsche). Präsident Bill Clinton kopierte Kennedys Meisterstreich und trug bei seiner Vereidigungszeremonie im Jahr 1992 ebenfalls keinen Mantel.

Manchmal können Sie Ihrer Macht am besten dadurch Ausdruck geben, dass Sie Erwartungshaltungen durchbrechen. Denken Sie an jenen berühmten Aktienanalysten, der, nachdem er zusammen mit zwei weniger prominenten Kollegen von einer neuen Bank angeworben worden war, darauf bestand, dass die Angaben zu seiner Person in einer separaten Pressemitteilung veröffentlicht wurden. Um von seinen zukünftigen Kollegen nicht als Ehrgeizling eingeschätzt zu werden, entschuldigte er sich mit den ungewöhnlichen Worten: »Bitte verzeihen Sie mir diesen kleinen Anflug von Eitelkeit.« Nett gesagt.

TIPP: Sie reden mit jemandem, der Ihnen bekannt vorkommt oder den Sie kennen sollten, können aber den Betreffenden nicht einordnen. Was also tun? Eine gute Frage ist in einer solchen Klemme: »An welchem Projekt arbeiten Sie zur Zeit?« Das Wort »Projekt« kann sich auf vielerlei Dinge beziehen, und die Worte »zur Zeit« deuten darauf hin, dass Sie über vorausgegangene Aktivitäten informiert sind.

Diejenigen, die die Kunst der Machtausübung bereits beherrschen, können subtilere und charmantere Techniken anwenden, die weniger raffinierten Taktikern instinktlos erscheinen mögen:

- **Teilen Sie das Lob**. Machen Sie nicht den Fehler und denken, Sie stünden besser da, wenn Sie das Lob für eine gut gemachte Arbeit für sich allein beanspruchen; vielmehr sollten Sie es immer mit anderen teilen. Sie wecken dadurch Entgegenkommen, demonstrieren sympathische Bescheidenheit und sichern sich Unterstützung für Ihr nächstes Projekt.
- **Stehen Sie dazu, wenn Sie einen Fehler gemacht haben.** Wenn Sie bereit sind, die Tatsache zu akzeptieren, dass Sie Mist gebaut haben, dann werden die Menschen Ihnen bereitwillig Verantwortung – und das heißt: Macht – übertragen. Darüber hinaus beweisen Sie, dass Sie ehrlich sind und Ihre Fehler erkennen. Diese Eigenschaften machen Sie zu einem geeigneten Kandidaten für mehr Macht.

- **Bitten Sie andere um einen Gefallen.** Benjamin Franklin empfahl: »Wenn du einen Freund suchst, dann bitte jemanden, dir einen Gefallen zu tun.« Bitten Sie um Hilfe, um Rat, um Beiträge. Dadurch verpflichten Sie sich Ihren Helfern, was zu einer positiven Stimmung Ihnen gegenüber führt. Und mit dieser Unterstützung pflastern Sie den Weg Ihres Erfolges.
- **Betonen Sie das Negative.** Wenn Sie versuchen, Ihr Gegenüber von einer Idee zu überzeugen, dann sollten Sie zunächst die Schwächen Ihrer Argumentation herausstellen. Danach erklären Sie, dass Sie trotz dieser offensichtlichen Rückzieher dennoch an Ihrem Standpunkt festhalten. Ihr Eingeständnis entwaffnet Ihre Gegner, zeigt, dass Sie sämtliche Schwachpunkte im Blick haben, und ist ein Beweis für Ihre Vernunft und Einsichtsfähigkeit.
- **Stellen Sie Ihre Mängel heraus.** Nehmen Sie anderen Ihre Kritikmöglichkeiten, indem Sie zeigen, dass Sie sich Ihrer Fehler bewusst sind. Machen Sie sich über sich selbst lustig – über Ihr fortgeschrittenes Alter, Ihre Angewohnheit, Ihre Schlüssel zu verlieren, Ihre Koffeinabhängigkeit.
- **Haben Sie Durchhaltevermögen.** Mobbing und Intrigen im großen Ausmaß sollten Sie niemals dulden. Aber über Kritik und kleine Affronts sehen Sie hinweg. Eine starke und selbstbewusste Persönlichkeit lässt sich durch solche Dinge nicht verunsichern.
- **Zeigen Sie, dass Sie beeindruckt sind.** Beeindruckt zu sein ist ebenso wichtig, wie andere zu beeindrucken: »Ihr Gedächtnis ist wirklich klasse.« »Ich glaube, damit treffen Sie den Nagel auf den Kopf.« Machen Sie sich eine Notiz, wenn jemand Ihnen etwas Wichtiges mitteilt. Ihre Anerkennung gibt anderen das Gefühl, geschätzt zu werden – von Ihnen.

Das Prinzip des Unerwarteten

Solange andere wissen, dass Sie in der Lage sind, Macht auszuüben, können Sie paradoxerweise Ihre Macht beweisen, indem Sie darauf verzichten, sie zu demonstrieren. Wollen Sie Ihre Position aber mehr herausstellen, wenden Sie das *Prinzip des Un-erwarteten* an: Das funktioniert prächtig, wenn Sie die üblichen Erwartungen enttäuschen. Tun Sie also Unübliches. Wenn Sie auf das ganze Drum und Dran der Macht verzichten, wird Ihre Ausstrahlung von Bedeutsamkeit nur umso intensiver.

Wie setzen Sie das Prinzip des Unerwarteten in die Tat um? Identifizieren Sie in Ihrem Umfeld eine gängige Methode, Macht zu demonstrieren. Und dann wenden Sie sie selbst nicht an. Wenn Ihre Kollegen ihre Büros mit schicken, teuren Apparaturen voll stellen, dann möblieren Sie Ihr Büro demonstrativ schlicht und ohne technische Raffinessen. Wenn die Meute der Mächtigen ein deftiges Frühstück liebt, dann knabbern Sie an einem trockenen Weizentoast; wenn Obstsalat angesagt ist, frühstücken Sie Speckomeletts. Während die Menschen in Ihrer Umgebung ihre Unentbehrlichkeit permanent vor sich her tragen, indem sie ständig mit ihren Piepsern und verschiedenen Handys jonglieren und dauernd ihr Büro anrufen, um durchzugeben, wo sie sich gerade befinden, machen Sie selbst sich unerreichbar.

> 99 *Zum ersten Mal hörte ich den Ausdruck »Baby«, mit dem ein Junge den anderen ansprach, im Jahre 1951 in Warwick ... Es war, als würde man sagen: »Mann, sieh mich an. Ich bin ein Mann und nicht zu knapp.« Und gleichzeitig sagte man damit der ganzen Welt: »Ich gehöre zu den schnellen Jungs, zu den selbstbewusstesten Jungs überhaupt. Ich kann ›Baby‹ zu einem anderen sagen, und er kann ›Baby‹ zu mir sagen, und wir können es beide mit Kraft in der Stimme sagen.« Wer es sagen konnte, war seiner selbst und seiner Männlichkeit wirklich sicher.*
>
> CLAUDE BROWN,
> IM GELOBTEN LAND

Wenden Sie das Prinzip des Unerwarteten auf Ihr Büro an. Der Entertainmentmogul David Geffen und das Investmentgenie Warren Buffett weigerten sich trotz ihrer Milliarden, in protzigen Büros zu arbeiten. John Dean, der berüchtigte Berater des Weißen Hauses schmückte sein Büro mit Fotos, auf denen er zusammen mit Präsident Nixon zu bestaunen war, ganz im Gegensatz zu seinen Machtmitstreitern, H. R. Haldeman und John Ehrlichman, die solche selbstverherrlichenden Abzeichen der Intimität ablehnten.

Oder benutzen Sie Ihre Kleidung, um Ihre Botschaft zu übermitteln. Der Staranwalt David Boies trägt Anzüge von Sears statt der Designerklamotten, die von seinen Kollegen bevorzugt werden. Führende Köpfe von Silicon Valley wie Andy Grove und Marc Andreessen tragen Freizeitoutfits und laufen barfuß herum, statt sich, den Erwartungen entsprechend, in einen uniformierten Zwei- oder Dreiteiler zu werfen. Da konnte der milliardenschwere Softwaremogul Larry Ellison wiederum nur einen Anti-Kurs fahren: Da im Tal der Bits und Bytes der Lässiglook vorherrschend ist, erscheint er in eleganten Zweireihern, französischen Hemden und mit knöchelgroßen Manschettenknöpfen. Ganz offensichtlich war bei der Fusion von AOL und Time Warner im Januar 2000 das Prinzip des Unerwarteten mit im Spiel: Der New-Media-Mogul Steve Case von AOL trug einen Anzug und einen Schlips, während der Old-Media-Mogul Gerald Levin von Time Warner mit Baumwollhosen und einem offenen Hemd bekleidet war. Die Tatsache, dass mehrere Kommentatoren über diese beiden Ensembles spotteten und sie als vortäuschend und gekünstelt bezeichneten, zeigt, wie wichtig es ist, den Schein von Lässigkeit zu wahren. Wer bewusst das Unerwartete tut, sollte niemals affektiert wirken.

TIPP: Je selbstverständlicher die Erwartung den Mitmenschen erscheint, desto besser ist die Wirkung. Denken Sie an das vermutlich universale Bedürfnis, für seine Arbeit möglichst gut bezahlt zu werden. Steve Jobs tat das Unerwartete, indem er ein Gehalt von nur einem Dollar pro Jahr für seinen Vorstandsposten bei Apple Computer annahm. Indem er das tat, gab er kund, dass das Vermögen, das ihm dadurch entging, für ihn keine Bedeutung hatte.

Wenn Sie sich für das Unerwartete entscheiden, dann sollte dies nur Ihren persönlichen Stil oder Ihre äußere Erscheinung betreffen. Keinesfalls darf Ihre Effektivität darunter leiden. Beispielsweise kann es in einigen Situationen sehr wirkungsvoll sein, den Computer bewusst nicht zu benutzen, aber unter anderen Umständen wäre es das Ende Ihrer Karriere. Beachten Sie, dass das Prinzip des Unerwarteten auf der symbolischen Ebene wirksam ist und sparsam angewandt werden sollte. Wenn jeder vollkommen verrückt ist nach den neuesten Automodellen, dann fahren Sie eine alte Schrottkiste – aber das bedeutet nicht, dass Sie außerdem auch in einem bescheidenen Haus leben und sich im Billigkaufhaus einkleiden müssen.

Ihre Mitarbeiter auf unterer Ebene brüsten sich mit ihren überfüllten Terminkalendern und ihren ständig klingelnden Telefonen; Sie selbst haben das nicht nötig. Sie sind niemals gestresst, niemand unterbricht Sie, Sie erwecken immer den Eindruck, dass Sie nichts Dringenderes anzupacken haben als das, was Sie im Augenblick tun.

Da das Prinzip des Unerwarteten als Machtstrategie wenig bekannt ist, bringt es häufig einen doppelten Vorteil, da weniger Gewitzte seine Anwendung als Bescheidenheit und Natürlichkeit interpretieren. Ein solcher Mensch, so denken sie, braucht keinen imposanten Machtapparat. Sie erkennen nicht, dass es schon an sich eine Machtdemonstration ist, die üblichen Regeln der Macht zu brechen. Ein verblüffter Journalist berichtet von einem Generaldirektor, der auf Socken in seinem Büro herumlief – der Autor hielt den Manager für einen sympathischen, bescheidenen Typ. Nicht eine einzige Sekunde lang hat er darüber nachgedacht, ob er selbst oder die Sekretärin oder wenigstens der Zweite in der Befehlshierarchie es jemals wagen würde, im Büro seine Schuhe auszuziehen. Mit Sicherheit nicht. Hinter jener kleinen Geste verbarg sich höchste Selbstsicherheit.

> 99 *Eine dem Auge sichtbare Geschwindigkeit zu fordern, ist nicht der wahre Weg der Schwertkunst. Befindet man sich im richtigen Rhythmus, haben andere den Eindruck, man bewege sich völlig normal; nur wenn der Rhythmus verfehlt wird, wirkt man entweder schnell oder langsam. In welcher Kunst auch immer – ein Meister erscheint nie schnell in seinen Bewegungen … Natürlich ist es ebenfalls nicht gut, zu langsam zu sein. Wirklich geübte Leute wirken in allem gelassen und kommen nie aus dem Takt.*
>
> MIYAMOTO MUSASHI,
> DAS BUCH DER FÜNF RINGE

[
GOLDENE REGEL
Einfachheit und Bescheidenheit können das
wirksamste Mittel sein, höchsten Triumph
zu demonstrieren.
]

Wenn Sie aus möglichst vielen Quellen der Macht schöpfen und dann Ihren Handlungsspielraum benutzen, um mehr Macht zu gewinnen, wird Ihre Position sich kontinuierlich festigen. Machterwerb birgt gewisse Risiken, deshalb seien Sie vorsichtig; wenn Sie sich von Taten und Kampagnen berauschen lassen, dann könnten Sie genau das zerstören, wofür Sie so hart gearbeitet haben.

KAPITEL VIER
Gefahren der Macht

Macht verändert die, die sie besitzen: einige Eigenschaften verstärken sich, während andere verkümmern. Wenn Sie nicht wachsam sind, könnten Sie eines Tages feststellen, dass Ihre Fähigkeiten durch die charakterlichen Schwächen, die die Macht oft hervortreten lässt, unterminiert werden. Häufig sind Verführbarkeit durch Schmeichelei, Arroganz und die Illusion der Unverletzlichkeit unangenehme Begleiterscheinungen von Menschen, die meinen, in der Welt einen besonderen Platz einzunehmen. Passen Sie auf, wenn Mitarbeiter der unteren Ebene beginnen, Sie mit Schmeicheleien zu manipulieren: »Sie wussten über das Thema viel mehr als alle anderen«, flüstern sie Ihnen dann ins Ohr. »Sie waren der Einzige, der fähig war, das Projekt durchzuziehen.« »Sie sind derjenige, dem alles Lob gebührt.« »Es gibt niemanden, der Sie ersetzen könnte.« *Wie wahr*, denken Sie selbstgefällig. Es ist richtig, dass die Bewunderung der anderen Sie aufbaut und stärkt, aber wenn Sie es ohne Nachdenken akzeptieren, dann bedroht es Ihre Position, weil es Sie zu falschen Schlüssen verleitet.

Verführbarkeit und Schmeichelei

Sie beginnen alle Komplimente, die die Leute Ihnen machen, zu glauben. Scharfsichtige Beobachter nehmen sich Ihrer Eitelkeit an und schlagen daraus Kapital; sie bemühen sich, Ihre Sympathie zu gewinnen, indem sie Ihre bewussten – und unbewussten – Sehnsüchte befriedigen.

Ihre Claqueure finden alles, was Sie machen, und sei es noch so banal, bedeutungs- und verdienstvoll. So geriet beispielsweise ein Mitarbeiter des Weißen Hauses ins Schwärmen, weil Ronald Reagan sich in einem wichtigen Augenblick dazu herabließ, eigenhändig eine Telefonnummer zu wählen: »Es war interessant, dass er die Nummer selbst wählte. Kein Assistent. Kein Telefonist. Nur Ronald Reagan, der die Hand zum Telefon ausstreck-

99

te.« Schmeichler haben eine nahezu perverse Fähigkeit, sogar jeden unattraktiven Charakterzug bedeutungsvoll zu finden (oder zumindest so zu tun). In seinen *Conversations with Kennedy* führt Autor Ben Bradlee aus, wie sehr ihn John F. Kennedys vulgäre Sprache faszinierte: Kennedys heftige Ausdrucksweise war das Ergebnis seiner Erfahrungen in der Armee – so wie bei vielen Männern seiner Generation, deren erster ernsthafter Job der Krieg war. Er sprach Worte wie ›fuck‹ und ›bastard‹ und ›son of a bitch‹ mit einer Selbstverständlichkeit aus, die seine gute Erziehung Lügen strafte. Doch niemals wirkte es anstößig, oder zumindest erschien es mir nicht anstößig.« Kennedy war mit Sicherheit davon angetan, dass seine Gossenausdrücke gut ankamen. Wenn Sie das Lob, mit dem man Ihnen schmeichelt, wie ein Schwamm aufsaugen, machen Sie sich allenfalls lächerlich. Der Kunstsammler und Gründer von CBS, William Paley, schrieb in seinen Memoiren: »Ich hatte Matisse mehrere Fotoserien gezeigt, die ich aufgenommen hatte, während ich in Paris war, und er gab mir den väterlichen Rat: Was auch immer Sie (beruflich) machen – geben Sie es sofort auf und beschäftigen Sie sich fortan nur noch mit der Fotografie.« Paley dachte ernsthaft darüber nach, kam aber zu folgendem Entschluss: »Ich bewunderte ihn als Künstler enorm, aber ich sah davon ab, seinen Rat anzunehmen.« Anscheinend kam es Paley nie in den Sinn, dass Henri Matisse möglicherweise nicht ganz aufrichtig war.

Vielleicht lässt exzessive Bewunderung Sie kalt. Aber wenn Sie, wie viele andere, sich doch am Ende von Ihren Schmeichlern überzeugen lassen, dann könnte es sein, dass Sie Ihre Grenzen und die Risiken, mit denen Sie in der Folge konfrontiert werden, nicht mehr klar erkennen.

> *Augustus' Augen waren hell und leuchtend und er wollte nur zu gern glauben, dass von ihnen ein göttlicher Schimmer ausging: es bereitete ihm eine große Lust, Menschen sofort zu beeindrucken, indem er seinen Kopf in den Nacken fallen ließ und so tat, als sei er von der Sonne geblendet.*
>
> SUETON,
> DIE ZWÖLF CÄSAREN

Arroganz

Sie beglückwünschen sich, weil Sie intelligenter sind als andere, schärfere Instinkte, ein besseres politisches Verständnis und einen hervorragenden Geschäftssinn haben. Eine solche Arroganz ist, sollte sie unbegründet sein, gefährlich; sie trübt Ihren Blick für die Fakten. Als jemand ihm riet, das Angebot, (ein machtloser) Vizepräsident zu werden, zurückzuweisen, um seinen (politisch einflussreichen) Posten als Parteiführer zu behalten, erwiderte Lyndon B. Johnson selbstbewusst: »Macht ist dort, wo Macht hingeht.« Aber Johnson musste zu seinem Kummer entdecken, dass selbst er nicht fähig war, seine Macht in das bedeutungslose Büro eines Vizepräsidenten mitzunehmen.

> 99 GLENDOWER: Ich kann Geister aus tiefsten Tiefen rufen. HOTSPUR: Das kann ich auch, wie auch jeder andere Mensch. Fraglich ist nur, ob sie auch kommen.
>
> WILLIAM SHAKESPEARE, HEINRICH IV.

Arroganz verführt Sie dazu, übers Ziel hinauszuschießen. Der Regisseur Steven Spielberg war sich derart sicher, dass er als Regisseur des Films *Der weiße Hai* für einen Oscar nominiert werden würde, so sicher, dass er ein Kamerateam des Fernsehens einlud, seine Reaktion auf die Nominierung zu filmen. Dann aber wurde ihm seine Wunschvorstellung wider Erwarten nicht erfüllt. Die Kameras surrten, während er mit in den Händen vergrabenem Gesicht stöhnte: »Ich kann es nicht glauben. Sie haben nicht mich, sondern Fellini genommen!« Nachdem auf Präsident Reagan geschossen worden war, gab Außenminister Alexander Haig zu verstehen: »Ich habe jetzt hier im Weißen Haus die Kontrolle, bis der Vizepräsident eintrifft.« Aber Haig war nicht richtig informiert. Nicht er war der Nächste in der Machthierarchie. Haigs Aktionen an jenem Tag und vor allem seine anmaßenden Worte schädigten seinen Ruf.

Ihre Hybris reizt Ihre Mitmenschen, Ihnen Ihre Grenzen zu zeigen. Über die anmaßenden Forderungen von Charles Wick, der in den achtziger Jahren Direktor der U. S. Information Agency war, wurde sogar auf den ersten Seiten der *Washington Post* berichtet: Als er darum bat, vom Flughafen in Japan von einer gepanzerten Limousine und einer Polizeieskorte abgeholt zu werden, erteilte man ihm eine höfliche Absage; und nachdem er der Regierung 31 700 Dollar für ein kompliziertes Sicherungssystem seines Hauses und zwei private Telefonanschlüsse in Rechnung gestellt hatte, verlangte man von ihm, für die Kosten selbst aufzukommen. Die Regierung, so schien es, schätzte Wicks Bedeutung ein wenig niedriger ein als er selbst.

> *(Der Zeitungsherausgeber) Julian war die Inkarnation eines Autodidakten. Er erzählte einem Botschafter, wie das Leben eines Botschafters aussieht, einem Bauherrn alles über Baugeschäfte; das Flüchtlingsproblem erklärte er einem Flüchtling ... Niemand widersprach seinen besserwisserischen Meinungen, was ungehörig gewesen wäre, aber äußerst sinnvoll.*
>
> DAWN POWELL,
> A TIME TO BE BORN

Nicht vergessen, dass der Nachweis besonderer Leistungen in einem bestimmten Bereich Sie nicht automatisch zu einem Universalgenie macht. Der Öl-Multi Ross Perot und der Medienmacher Steve Forbes zweifelten keinen Augenblick daran, dass sie das Zeug dazu hätten, Präsident zu werden – die Wähler waren sich da nicht so sicher. Immer wieder glauben irgendwelche Geschäftsleute, sie könnten heute Fernsehshows produzieren und morgen ein Internet-Kaufhaus gründen.

Nicht vergessen, dass Ihre Intelligenz möglicherweise nicht der einzige Faktor war, der Ihren Erfolg begründete. Vielleicht hatten Sie einfach nur Glück. Oder vielleicht hatten Sie nur eine einzige gute Idee und danach kommt nichts mehr. Wie schon Jonathan Swift schrieb: »Auf die Macht des Glücks berufen sich nur die Unglücklichen, denn die Glücklichen führen all ihren Erfolg auf Umsicht und Verdienst zurück.« Es ist schmerzlich, sich einzugestehen, dass Glück im Leben eine wichtige Rolle spielt und dass Ereignisse durchaus auch einen anderen Verlauf hätten nehmen können.

Seien Sie vor allem dann wachsam gegenüber Anflügen von

Arroganz, wenn Sie insgeheim unter Minderwertigkeitsgefühlen leiden. Die Kombination von Unsicherheit und Machthunger ist hochexplosiv – jede Kritik bringt Sie auf die Palme, Sie feuern gute Mitarbeiter, weil Sie fürchten, diese könnten Sie in den Schatten stellen, Sie tun, als wären Sie allwissend, anstatt jemanden um Rat zu bitten. Sie haben Angst, Urlaub zu nehmen, weil sich herausstellen könnte, dass Sie nicht wichtig sind. Sie sind unhöflich zu denen, die Sie unterstützen, weil Sie glauben, dies sei die Art, wie sich überlegene Menschen verhalten.

Wichtigtuerei

Beeindruckt von Ihrem Titel spielen Sie sich plötzlich schrecklich auf. Sie vergessen, dass ein Großteil Ihrer Macht mit Ihrer Position – als ein Mann mit politischem Einfluss, als eine Frau, die ein großes Vermögen besitzt, als eine Berühmtheit, mit der alle ausgehen wollen – in Zusammenhang steht, nicht mit Ihrer Persönlichkeit.

Das Gefühl Ihrer eigenen Wichtigkeit verunsichert Sie. Ihre Gesten werden theatralisch, weil Sie meinen, die Menschen würden Sie beobachten (und vielleicht tun sie das tatsächlich). Wenn irgendwo Ihr Spiegelbild auftaucht, können Sie nicht anders, als verstohlen einen Blick darauf zu werfen. Sie benehmen sich kumpelhaft gegenüber Leuten, die Sie nicht kennen – Sie führen ein Gespräch »von Mann-zu-Mann« mit Ihrem Fahrer oder überfallen Fremde mit einem jovialen »Hallo«, weil Sie sich einbilden, dass diese hocherfreut sein werden, mit Ihnen zu reden. (Ich hab eine so verdammt nette Art mit einfachen Leuten, so klopfen Sie sich selbst auf die Schulter.)

Sie ärgern sich über jeden, der Ihr genialisches Talent in Zweifel zieht oder Ihren Rat ignoriert. Folgende Anekdote ist wahrscheinlich erfunden, trifft aber den Kern: Der Washingtoner Staranwalt Clark Clifford bekam einst einen Anruf von einem Kollegen, der ihn fragte, was seine Kanzlei in einer bestimmten Steuerangelegenheit unternehmen solle. Nachdem einige Wochen verstrichen waren, rückte Clifford mit einer klaren Antwort heraus: »Nichts.« Außerdem schickte er eine Rechnung über 20 000

Dollar. Als man ihn drängte, seine Antwort zu begründen, reagierte Clifford mit einem schroffen: »Es reicht doch, wenn ich es gesagt habe« – das kostete übrigens 5000 Dollar extra.

Das Gefühl der Unverletzlichkeit

Sie haben mehr Macht als die Menschen in Ihrer Umgebung. Man geht ständig auf Ihre Bedürfnisse ein, Sie werden permanent gelobt und um Rat gefragt. Sie beginnen, sich unverletzlich zu fühlen – aber Sie sind es nicht.

Dick Morris meinte, er sei so großartig, so dass er sich nicht an die üblichen Moralvorschriften zu halten habe. Er irrte sich. Morris wurde aus Präsident Clintons innerem Kreis hinausgedrängt, nachdem die Prostituierte Sherry Rowlands die Geschichte ihrer 2000-Dollar-pro-Stunde-Beziehung zu Morris an die Sensationspresse verkauft hatte – einschließlich diverser Sexspiele und Lauschangriffe auf Telefonate des Präsidenten. Wie Raymond Chandler schrieb: »Es gibt keine Falle, die tödlicher ist, als die, die Sie sich selbst stellen.«

Wenn Sie sich in Ihrer eigenen Machtposition sicher fühlen, dann denken Sie möglicherweise, es spiele keine Rolle, wie schlecht Sie andere Menschen behandeln. Also bestehen Sie darauf, dass die Assistentin Ihres Büros für Sie einen Platz in der ersten Klasse bucht, entgegen der offiziellen Firmenpolitik. Bei einem großen Meeting machen Sie sich über die niedriger gestellten Mitarbeiter lustig. Sie beleidigen die Männer im Postraum oder die Frauen von der Abrechnung. Seien Sie vorsichtig. Sie wissen nicht, wann ein scheinbar Machtloser die Chance bekommt, Sie zu stürzen – vielleicht, ohne dass Sie es jemals erfahren. (Was würde dabei herauskommen, wenn ein potenzieller Arbeitgeber, bevor er Sie einstellt, die Sekretärinnen in Ihrem vorigen Job anriefe, um sich über Sie zu informieren?)

Das Blatt kann sich jederzeit wenden, und jemand, dem Sie Unrecht getan haben, kann morgen an die Macht kommen. Nehmen Sie sich die Warnung zu Herzen, die Lord Chesterfield seinem Sohn mit auf den Weg gab: »Es gibt keine Menschen, die so unbedeutend und so unwichtig sind, dass es nicht irgendwann einmal in ihrer Macht steht, dir nützlich zu sein; was sie gewiss nicht sein werden, wenn du ihnen einmal Verachtung gezeigt hast.«

Und selbst wenn Sie tatsächlich beträchtliche Macht erlangt haben, und selbst wenn Sie es geschafft haben, sich deren schädlichsten Wirkungen zu entziehen, könnten Sie trotzdem entdecken, dass der *Macht-Blues* von Ihnen Besitz ergriffen hat.

KAPITEL FÜNF

DER KATZENJAMMER DER MÄCHTIGEN

Sie haben Macht, immer mehr. Sie haben den beneidenswerten Zustand erreicht, wo eine Auszeichnung, eine großartige Chance, eine tolle Position die andere ablöst. Sie werden immer prominenter, während jede neue Anerkennung Sie auf die nächste vorbereitet. »Eine Ehrung«, so führte La Rochefoucauld aus, »ist die Gewissheit für mehr.« Sie sind zum Nutznießer der Platinregel geworden: Wer viel hat, bekommt noch mehr.

Dennoch haben Sie den Blues. Sie waren völlig davon überzeugt, Macht würde Sie zu einer grandiosen Persönlichkeit machen, Ihnen ermöglichen, Ihre eigene Größe zu fühlen, aber in Wirklichkeit werden Sie immer noch von Ihren Ängsten bestimmt. Ihre Position hat Ihnen eine neue äußere Hülle verpasst, aber Sie können nicht über Ihr Grundwesen hinauswachsen. Jetzt – genau in dem Moment, in dem Sie alles erreicht haben – entdecken Sie, dass das Leben eine Rutschbahn ist.

Sie haben darum gekämpft, den Gipfel zu erklimmen, wo Sie von Giganten umgeben sein würden. Jetzt erkennen Sie, dass ein Großteil der Menschen auf jenem Gipfel nicht anders als der Durchschnitt ist. Ihr Streben war es, mit den Besten verkehren zu wollen. Aber, so fragen Sie sich, was zeichnet diese eigentlich aus?

Sie erkennen mit einer gewissen Beunruhigung, dass es gar keinen Club der großartigen Meister gibt. Eigentlich hoffen Sie noch immer auf ein Wunder. Sie wollen auf dem Gipfel keine menschlichen Ungleichheiten dulden und möchten diese zum Verschwinden bringen. Allein brillante, hart arbeitende und integere Personen dürften Zugang zum beruflichen Universum haben. Doch haben Sie nur allzu gut begriffen, dass miese Tricks und egoistische Zänkereien auch in den Meetings und Entscheidungen auf höchster Ebene zu Hause sind.

Und so ernüchternd es auch sein mag, an der Spitze der Hierarchie zu stehen, der Verlust jener Macht könnte Sie aber bis in Ihre Grundfeste erschüttern. Sie werden möglicherweise dagegen ankämpfen, aber schließlich müssen Sie zugeben – und sei es auch nur vor sich selbst –, dass Ihre Macht zu Ende geht.

Wenn die Zeit gekommen ist, dann müssen Sie entscheiden, ob Sie antreten wollen, sich den Kräften zu widersetzen, die Ihnen die Macht entreißen wollen (Ihr Alter, die neue Verwaltung, die Technologie, die Sie überflüssig macht, die Senkrechtstarter, die ungeduldig darauf warten, Ihren Platz einzunehmen), oder ob Sie sich der Zeit und dem Wandel mit Würde beugen. Vielleicht versuchen Sie zumindest die Illusion Ihrer Macht aufrechtzuerhalten – mit geschäftigen, arroganten Assistenten, Besuchern, die sich im Zwanzig-Minuten-Takt ablösen, einem Büro mit aufwendigem Equipment, einem Bodyguard und einem Fahrer – mit anderen Worten durch Maßnahmen, die Sie mit Blick auf eine Zuschauerschaft ergreifen.

> „ *Die Grenzen des Glücks, so dachte Charles, veränderten sich fortwährend. Man hat etwas erreicht und schon möchte man etwas anderes, hat ein größeres Ziel, wünscht sich noch glänzendere Gesellschaft. Charles wusste noch genau, wie geschmeichelt er war, als Mr. Forbush ihn bat, doch ab und zu vorbeizukommen und an den Besprechungen teilzunehmen. Es bedeutete ein Lob, und dass er zu einem kleinen Zirkel gehörte. Nie wäre er auf die Idee gekommen, dass Mr. Forbush oder auch Mr. Swiss primitiv sein könnten …*
>
> J. P. MARQUAND,
> POINT OF NO RETURN

Sie stellen fest: Jetzt wählen Sie Ihre Gesprächsteilnehmer selbst an, und die Nachfragen, die Sie auf den Anrufbeantworter gesprochen haben, werden nicht sofort erwidert. Sie sitzen im Empfangsbereich eines Mächtigen und blättern eine Zeitschrift nach der anderen durch, während die Minuten sich unendlich zu dehnen scheinen. Die kleinen Verbindlichkeiten, die Sie für so selbstverständlich erachteten, als etwas, was Ihnen gebührte, werden Ihnen nicht mehr zugestanden.

Oder vielleicht leiden Sie, weil Sie wissen, dass Sie die Macht, die Sie ersehnten, niemals völlig erreichten. Ihre Träume, Ihre Pläne … irgendwie haben Sie Ihr Potenzial niemals ganz ausgeschöpft. Und was die Einsicht nicht gerade leichter macht: Sie sehen andere Machtbesessene (nicht so intelligent, nicht so fleißig) höher aufsteigen als Sie selbst. Fühlt man sich da als Versager?

Sic transit gloria mundi.

reich

reich

KAPITEL SECHS
WAS IST GELD?

Geld. Es eröffnet unendlich viele Möglichkeiten. Kann man mit Geld Glück kaufen? Nein – aber man kann mit einer Kreditkarte Dinge kaufen, die erheblich zum Glück beitragen. Beispielsweise ein neues Auto der S-Klasse, Schuhe aus feinem Leder, einen super gestylten Haarschnitt, so dass Sie sich nicht zu schämen brauchen; sie müssen sich auch keine Sorgen machen, ob Sie den Vermieter oder den Arzt oder den Kammerjäger bezahlen können. Sie essen in einem netten Restaurant und bestellen ein Dessert. Sie kündigen den langweiligen Job. Sie betrachten mit Vergnügen die Zahlen auf Ihren monatlichen Kontoauszügen. Sie sind endlich abgesichert.

Und natürlich verschafft Geld – wenn Sie genug davon haben – Ihnen die Achtung und Aufmerksamkeit der Menschen in Ihrer Umgebung. Jetzt, da Sie Ihr Glück gemacht haben, sind Sie so unendlich interessanter. Sie streben danach, Reichtum anzuhäufen und Sie möchten den größtmöglichen Nutzen daraus ziehen. Aber wie? Machen

> *Denn oft musste Sir William hundert und auch mehr Kilometer aufs Land hinausfahren, zu den Reichen, den Leidenden, die es sich leisten konnten, das sehr hohe Honorar zu zahlen, das Sir William sehr angemessen für seinen ärztlichen Rat verlangte. Ihre Ladyschaft wartete, zurückgelehnt, die Decken um die Knie, eine Stunde oder länger, und dachte manchmal an den Patienten, manchmal, verzeihlicherweise, an die Mauer von Gold, die mit jeder Minute des Wartens höher wurde, an die immer höher werdende Mauer von Gold zwischen ihnen beiden und allen Wechselfällen und Sorgen (sie hatte sie tapfer getragen; beide hatten sie zu kämpfen gehabt), bis sie sich eingeschlossen fühlte auf einem stillen Meer, wo nur würzige Winde wehten; geachtet, bewundert, beneidet; wo ihr kaum etwas zu wünschen übrig blieb, wenn sie auch ihre Korpulenz bedauerte.*
>
> VIRGINIA WOOLF,
> MRS. DALLOWAY

113

Sie das folgende Quiz und Sie werden herausfinden, was Sie für Ihr großes Geld bekommen wollen. Beim Weiterlesen widmen Sie dem Kapitel, in dem Ihr Geldverhalten am besten zum Ausdruck kommt, besondere Aufmerksamkeit.

Quiz: Warum wollen Sie Geld haben?

Gehen wir davon aus, dass Sie das, was Sie Ihrer Meinung nach zum Leben brauchen, bereits haben. Wenn man Ihnen jetzt zehn Millionen Dollar gäbe, die Sie nach eigenem Gutdünken ausgeben könnten, was würden Sie dann als Erstes tun?

A. Mein Haus gründlich renovieren lassen und dann eine Party geben, um damit anzugeben.

B. Einen Butler einstellen, damit ich jeden Morgen mein Frühstück und meine Zeitungen ans Bett gebracht bekomme.

C. Sofort einige wertvolle Stücke für meine Uhrensammlung aus dem neunzehnten Jahrhundert kaufen.

D. Das Geld auf verschiedene Bankkonten überweisen und in Fonds investieren, und dann wiederholt anrufen, um zu hören, wie der Banker mir meine Millionen-Mark-Auszüge vorliest.

E. Verschiedenen Politikern Geld spenden, in der Hoffnung, dass ich für einen wichtigen Regierungsposten ernannt werde.

F. Einem Museum Geld für den Bau eines neuen Flügels zur Verfügung stellen, unter der Bedingung, dass mein Name (in Lettern, die nicht zu übersehen sind) an prominenter Stelle angebracht wird.

Wenn Sie A geantwortet haben ...
Sie möchten Geld, um zu signalisieren, um Ihre Position und Ihren Charakter deutlich nach außen darzustellen. Lesen Sie be-

sonders aufmerksam das Kapitel über »Geld, um zu signalisieren«.

Wenn Sie B geantwortet haben...

Sie möchten Geld, um die egoistischen Freuden zu genießen, die Sie sich damit kaufen können. Lesen Sie besonders intensiv das Kapitel über »Geld, um sich selbst zu verwöhnen.«

Wenn Sie D geantwortet haben...

Sie möchten Geld, weil Sie es genießen, Geld anzuhäufen. Sie leiden unter der Sucht des Geizigen, immer mehr haben zu wollen. Lesen Sie dazu das entsprechende Kapitel.

Wenn Sie E oder F geantwortet haben...

Sie möchten Geld, um Macht oder Ruhm zu erwerben. Lesen Sie aufmerksam das gleichlautende Kapitel.

Wenn Sie so sind wie die meisten Leute, dann werden Sie feststellen, dass Ihre Liebe zum Geld nicht ausschließlich auf eine Kategorie beschränkt ist, sondern verschiedene Ausrichtungen enthält.

> **99** *...deshalb muss sich jeder entscheiden, ob Geld Geld ist oder ob Geld kein Geld ist, und früher oder später beschließt man immer, dass Geld Geld ist.*
>
> GERTRUDE STEIN,
> JEDERMANNS AUTOBIOGRAPHIE

KAPITEL SIEBEN

GELD, UM ZU SIGNALISIEREN

Wenn Sie Geld benutzen wollen, um anderen zu imponieren, dann sehnen Sie sich nach Objekten und Aktivitäten, die den entsprechenden Eindruck hervorrufen. Nennen wir dieses Tun *Signalisieren* – Sie zeigen, was Sie haben, um anderen Ihren erlesenen Geschmack, Ihren Status, Ihr Wissen und Ihr Glück zu beweisen. Jeder Mensch signalisiert mehr oder weniger (dies ist unvermeidlich), aber Sie ganz persönlich sehen den *wesentlichen* Nutzen des Geldes darin, die erwünschten Signale auszusenden.

Objekte haben bestimmte, genau definierbare Bedeutungen. Aber begehen Sie nicht den Irrtum, anzunehmen, dass der Signalwert eines Objekts ausschließlich von seinem Preis oder Aussehen abhängt. Faktoren wie Umfeld, Herkunft, Authentizität und Mode spielen bei der Bestimmung des Signalwerts eines Objekts ebenfalls eine wichtige Rolle. Da das System der Signale komplex ist, müssen Sie ein wenig Zeit und Mühe investieren, um es zu beherrschen.

Eine Kultur, die auf Besitz und Selbstdarstellung basiert, hat den Vorteil, flexibel zu sein: Jedermann hat die Chance, die Position zu wechseln, während eine Gesellschaft, die das Schwergewicht auf Herkunft oder Religion legt, eher stagniert. Zugleich jedoch erzeugt eine Kultur, die dem Signalisieren eine große Bedeutung beimisst, materielles Denken und Protzerei.

Sieben Regeln für effektives Signalisieren

Um mit Ihrem Geld die größte Signalwirkung zu erzielen, halten Sie sich an die folgenden sieben Regeln:

Erste Regel: Signalisieren ist relativ.
Zweite Regel: Nur sichtbare Objekte senden ein Signal.
Dritte Regel: Sie sind, was Sie kaufen.
Vierte Regel: Manipulieren Sie Signale, um die Position zu wechseln.
Fünfte Regel: Sie müssen signalisieren.
Sechste Regel: Im Zweifel kaufen Sie Kunst.
Siebte Regel: Kleine Unterschiede spielen eine große Rolle.

ERSTE REGEL: Signalisieren ist relativ.

Beachten Sie: Was zählt, ist die Meinung Ihrer Kollegen und Ihrer Sozialgruppe. Auf welcher sozialen Stufe Sie auch stehen, es geht immer darum, sich die Besitztümer und Gewohnheiten anzueignen, die anderen, Gleichgestellten, zu verstehen geben, dass Sie ein Mensch von Bedeutung sind. Subtile Unterschiede in der Nachbarschaft spielen eine weitaus größere Rolle als extreme Divergenzen zwischen Menschen, die kaum Kontakt miteinander haben.

[
GOLDENE REGEL
Vergleich fördert den Wettbewerb.
]

Ihre Bedürfnisse formulieren sich im Hinblick auf den Status der Menschen in Ihrer Umgebung. Das *Prinzip der Relativität* erklärt, wieso der Rechtsanwalt, der ein Vier-Millionen-Mark-Haus besitzt, ernsthaft glaubt, er lebe bescheiden: Er vergleicht sich mit den Menschen, die er als ebenbürtig betrachtet. Von denen besitzt jeder eine Villa, die mehr als sechs Millionen Mark wert ist, und außerdem ein Ferienhaus außerhalb der Stadt. Das Prinzip der Relativität erklärt zudem, warum Millionäre des Informationszeitalters so viel Neid erregen. Nur wenige Menschen vergleichen sich mit einem fünfundsechzigjährigen Generaldirektor, der sein Leben damit verbracht hat, in seiner Firma Karriere zu machen, oder dem Investmentbanker, der seit Jahren fünfzehn Stunden pro Tag vor einem Computer gesessen hat. Aber wenn ein vierundzwanzigjähriger Studienabbrecher der

117

Business-School Multimillionär wird, indem er eine Firma verkauft, die er vor fünf Monaten gegründet hat, oder wenn eine Programm-Managerin schwerreich ihren Job aufkündigt, weil Microsoft sie über Nacht zur Millionärin gemacht hat – nun, dann entstehen starke Neid- und Rivalitätsgefühle. »Warum nicht ich?«, murren Sie. »Ich bin genauso intelligent. Ich habe das gleiche Recht, das Geld dieser Leute zu besitzen, wie diese selbst.«

Seien Sie nicht überrascht, wenn Ihre Ansprüche steigen, sobald Sie sich in einem neuen Umfeld etablieren. Jetzt, da Sie sehen, was andere haben, wollen Sie es auch. Die *Spirale der steigenden Erwartungen* ist die Ursache für Ihre chronische Unzufriedenheit: Sehnsüchte, einmal erfüllt, öffnen das Tor zu weiteren Sehnsüchten, denn täglich sehen Sie, was die Welt bereithält und was andere besitzen. Karl Marx schrieb: »Unsere Wünsche und Freuden haben ihren Ursprung in der Gesellschaft; wir messen sie in einem bestimmten Bezug; wir messen sie nicht im Verhältnis zu den Objekten, die dazu dienen, diese zu befriedigen. Da sie von einer sozialen Natur sind, sind sie von einer relativen Natur.«

Signale erhalten ihre Bedeutung durch den Kontext. Ein Terminkalender aus Straußenleder, in den das Wort »Concorde« geprägt ist, könnte als ein äußerst wertvolles Signal dienen: Es weist möglicherweise darauf hin, dass Sie einmal den astronomisch teuren Flug mit der Concorde nach Amerika gebucht haben. Aber dem Geschäftsmann, der häufig mit der Concorde fliegt, würde es niemals einfallen, dies als Signal zu nutzen. Seit dem Absturz der Concorde auf dem Pariser Flughafen Charles de Gaulles im Juli 2000 ist es sowieso vorbei mit dem Luxuspassagierjet. Beim Fliegen müssen sie sich neue Signale einfallen lassen.

ZWEITE REGEL: Nur sichtbare Objekte senden ein Signal.

Wenn Sie sparen müssen, dann knausern Sie bei Dingen, die andere nicht sehen. Folgen Sie dem Beispiel der Herzogin von Windsor, die immer das Beste kaufte, aber nur in den Bereichen, wo man es sehen konnte: Outfits, Nahrungsmittel und Einrichtungsgegenstände. Da Hollywood-Berühmtheiten selten persönliche Einladungen zu Partys erhalten (Assistentinnen bekommen gemeinhin ein Fax), verfällt niemand, der zu einer Celebrity-Party einlädt, auf den Gedanken, Geld für teure Karten auszugeben. Warum auch? Die Gäste, auf die es ankommt, sehen die Einladungen ohnehin nie.

Deshalb sollten Sie Ihr Geld für Sachen ausgeben, die eine erstklassige Signalwirkung haben, selbst wenn das bedeutet, dass Sie jedes Mal, wenn Sie mit Ihrer Kreditkarte bei Gucci einkaufen, ganz fest die Daumen drücken müssen, da Sie nicht sicher sind, ob das Geld noch abgebucht werden kann. Wenn Sie sich den allerbesten privaten Fitnesstrainer nicht leisten

> 99 *Natürlich war der hauptsächliche Zweck des Anwesens, dass es teuer war. Sein Preis war symbolisch, bedeutete es ein glückliches Paradies für Menschen, die es zu etwas gebracht haben. Sylvia begriff nie, warum es Freude machte, Geld zu zeigen.*
>
> J. P. MARQUAND,
> SINCERELY, WILLIS WAYDE

können, dann machen Sie nur alle zwei Wochen einen Termin mit ihm aus, aber vergessen Sie nicht, Ihre »Superbeziehung« häufig zu erwähnen. Essen Sie zu Hause Butterbrote, damit Sie dreißig Mark für einen Drink in der heißesten Bar der Stadt ausgeben können.

DRITTE REGEL: Sie sind, was Sie kaufen.

Ihre Kaufentscheidungen bestimmen über die Signale, die Sie aussenden. Mit dem, was Sie zum Abendessen servieren oder was Sie im Bett tragen, ergreifen Sie Partei für die Welt der Blasierten, der Blaublütigen, derjenigen, die alles mitmachen, was gerade »in« ist, der skrupellosen Geschäftsleute, der Intellektuellen oder der Tennisspieler. William James schrieb: »Es ist klar, dass zwischen dem, wenn ein Mann ›ich‹ oder wenn er ›mein‹ sagt, die Grenze schwer zu ziehen ist.«

Denn Ihre Vorlieben sind im Grunde unoriginell und vorher-

> *Donny könnte sich auf die Fidschi-Inseln oder an die Côte d'Azur zurückziehen, wenn er wollte, oder eine Million für einen Pissarro ausgeben. Er könnte für einen dämlichen Louis-XIV-Schreibtisch bei Sotheby's bieten, drei Millionen für ein beschissenes Möbelstück ausgeben. Herzlichen Dank! Irgendetwas, nur, um seine Kollegen neidisch zu machen, wo sie doch ständig auf seltene Anlagemöglichkeiten aus sind.*
>
> BRUCE WAGNER, I'M LOSING YOU

sehbar, und Sie imitieren Ihre Nachbarn in fast allem, was Sie erstehen und wie Sie Ihr Leben gestalten. Ihre Entscheidungen mögen Ihnen zwar individuell und spontan vorkommen, aber nur deshalb, weil die ewigen Einflüsterungen, denen Sie ausgesetzt waren, Sie zu dem Glauben verleitet haben, Sie hätten letztendlich einen eigenen Geschmack und eigene Interessen entwickelt. Sie haben die Signale der Äußerlichkeiten derart verinnerlicht, dass Sie nicht erkennen können, warum Sie wollen, was Sie wollen.

Tatsächlich sind die Muster, nach denen Signale wirksam funktionieren, so beständig, dass sie beim Marketing von Produkten erfolgreich eingesetzt werden. Die Marketingexperten von »Claritas« haben nach ihnen bestimmte Lifestyle-Gruppen erarbeitet. Sie werden sich bestimmt in irgendeiner dieser Kategorien erkennen:

- »Kids und Einzelhäuser in Vororten« – Sie geben Geld für Disneyworld, Privatschulen und Lebensmittel aus; Sie hören anspruchsvolle Radiosendungen, trinken koffeinfreie Diätcola, grillen im Garten und fahren Volvo- oder Audi-Kombi, häufig in Fahrgemeinschaften.
- »Geld und Gehirn« – Sie leben mit einem Partner zusammen, haben ein doppeltes Einkommen, Sie reisen gerne, hören CDs mit klassischer Musik, spielen Schach und sammeln Briefmarken.
- »Schrotflinten und Pick-ups« – Sie benutzen häufig Kettensägen, Schnupftabak, Konserven, gefrorene Kartoffelprodukte und Sprühsahne.
- »Pelze und Kombiwagen« – Sie sind wahrscheinlich zum

zweiten Mal verheiratet, kaufen kistenweise Wein, lesen Design-Zeitschriften, fahren einen BMW, essen Austern und Pumpernickel und schauen sich die *Harald-Schmidt*-Show an.

Sie denken, Sie würden durch Ihre Einkäufe Ihre Individualität betonen, aber genau genommen sind Ihre Ausdrucksmöglichkeiten extrem begrenzt. Sie glauben, Sie würden sich durch den Kauf einer Windeltasche in Neongrün, Pink oder Karamel als interessante, kreative Denkerin profilieren, aber Sie haben die Tasche, ebenso wie all die anderen Mütter in Ihrer Nachbarschaft, bei Baby-Dior gekauft.

Betonen Sie bestimmte persönliche Qualitäten, indem Sie etwas Besonderes erwerben, was Ihrem Charakter genau entspricht. Bill Gates investierte 31 Millionen Dollar, um den Hammerkodex zu kaufen; indem er diese Notizbücher von Leonardo da Vinci erwarb, signalisierte Gates (bisher als langweilig, eigenbrötlerisch und monomanisch verschrien) seine Identifikation mit einer Ikone aus der Renaissance, einem überragenden Genie auf den Gebieten der Kunst und der Technik.

VIERTE REGEL: Manipulieren Sie Signale, um die Position zu wechseln.

Da Sie sind, was Sie kaufen, können Sie die Möglichkeit des Signalisierens nutzen, um sich selbst neu zu erschaffen. Clevere Strategen manipulieren Identität und Herkunft durch Besitz. Der Musikmogul David Geffen kaufte das berühmte Gebäude der Warner Brothers, um seine Identität von Brooklyn nach Hollywood zu verlagern. Aber welches Signal ist für Sie perfekt? Eine Yacht oder die seltene Erstausgabe eines Romans oder ein Urlaub in der Karibik? Vielleicht wird der Kauf eines Basketballteams Ihr im Grunde schüchternes Selbst in einen draufgängerischen Macho verwandeln.

Bei der Wahl Ihrer Signale sollten Sie sich an Menschen orientieren, die Ihnen so ähnlich sind, dass Sie sich ohne Schwierigkeiten mit Ihnen vergleichen können. Sie können sich allerdings

reich

121

auch nach denen richten, die weniger haben – wie jene Kinder von Reichen, die eine Atmosphäre von Macht und Vermögen bewusst meiden. Diese Abtrünnigen leben in Städten wie Boulder oder Berkeley, in denen sich massenhaft Studienabbrecher tummeln, und haben häufig einfache, wenig kostspielige Hobbys (Töpfern, Kochen, Trommeln, Herstellen von Silberschmuck, Karate), die weder Kultiviertheit noch Bildung signalisieren. Wie auch immer – die Wahl Ihrer äußeren Selbstdarstellung liegt in Ihrer Hand. Der Junge aus Greenwich, Groton oder Yale stellt seine Muskeln und seine Pistole mit dem gleichen Stolz zur Schau wie das Mädchen aus Südjersey seine Perlenketten und sein Abonnement des *New Yorker*.

Wenn Sie in einer neuen Umgebung, in einer neuen Stellung sind, dann werden Sie den starken Wunsch verspüren, Ihre Signale zu verändern, sich anzupassen. Nehmen wir an, Sie treten einen neuen Job an. Zunächst verspüren Sie die vage Angst des Menschen, der sich neu orientieren muss und der sich fragt, was die anderen Kollegen in ihrer Lunchbox haben, ob Hosenträger oder Fliegen angesagt sind? Aber nach etwa einer Woche schleicht sich ein anderes Gefühl ein. Jene süße Sehnsucht nach etwas Neuem hat Sie gepackt – nach den französischen Hemden und den Trenchcoats und den Palm Pilots, die Sie überall in Ihrer Umgebung entdecken. Jetzt wollen Sie die auch haben. Der neue Job verlangt nun mal nach einem neuen Tennisschläger; jung Verheiratete entscheiden sich aus demselben Grund für ein Sammelservice; Erstsemester verstecken die CDs, die sie von zu Hause mitgebracht haben, und erwerben neue – indem Sie die entsprechenden Dinge kaufen, zeigen Sie, dass Sie dazugehören.

Die klassischen Signale sind äußerst zählebig, selbst bei denen, die entschlossen sind, sich der Konvention zu widersetzen. Darum ist es auch so schwierig, die Identität zu wechseln. Sogar die exzentrische Popdiva Madonna entschloss sich bei ihrer ersten Heirat zum Kauf zweier Tiffany-Porzellanservice: die traditionsreichen Serien »Karneval« und »Monet«. Und selten können wir locker mit den Signalen anderer Menschen umgehen. Oder wie reagieren Sie, wenn Sie an einem Mädchen vorbeigehen, das eine gepiercte Nase hat, verfilztes, gefärbtes Haar, eine zerlumpte Jacke und schwere schwarze Stiefel trägt? Oder würden Sie sich in einem ähnlichen Outfit präsentieren?

Neureiche gehen mit ihrem Geld so verschwenderisch um, weil sie sich durch bestimmte Gegenstände, die sie kaufen, so schnell wie möglich in einem neuen Umfeld etablieren möchten. Leider outen Sie sich häufig durch genau die Signale, die ihre Zugehörigkeit demonstrieren sollen, als Außenseiter. Wenn Sie ein Neuankömmling sind, der mit seinem Reichtum angeben möchte, ohne zugleich vulgär zu erscheinen, dann sollten Sie eine atemberaubende Summe für ein Krankenhaus, eine Universität oder eine Bücherei spenden, anstatt ein Propellerflugzeug oder noch ein weiteres Landhaus zu kaufen. (Der Wohlstand der großen karitativen Organisationen resultiert übrigens weitgehend aus ihrem Wert als Geldwäscher für protziges Neugeld.)

[GOLDENE REGEL
Signalisieren ist dann am wichtigsten,
wenn Sie in ein neues Territorium kommen.]

Das Wissen, wie Sie Ihre Signale richtig einsetzen, wurde Ihnen nicht in die Wiege gelegt, deshalb sollten Sie sich ständig über neue Trends informieren. Lassen Sie sich nicht entmutigen – Signalisieren ist kompliziert, aber kein Buch mit sieben Siegeln. Jeder Mensch kann den Umgang mit Signalen lernen und so seine gesellschaftliche Position verändern. Sie können es auch.

Belegen Sie einen Kurs – über Wein, Zigarren, Gartenbau, Golf oder Pilates. Orientieren Sie sich an Martha Stewart (aus Jersey City, New Jersey), die ihr Imperium darauf gründete, Lifestyle-Orientierungshilfen zu bieten, oder an Ralph Lauren (geborener Ralph Lifschitz aus der Bronx), der sich im Stil der englisch-amerikanischen Noblesse kleidet und einrichtet. An Kiosken und in Bücherläden findet man reichlich Ratgeber zu diesem Thema. Das *Wall Street Journal*, jenes »Tageblatt des amerikanischen Traums«, hält seine Leser darüber auf dem Laufenden, wie man Geld ausgibt: die richtigen Urlaubsorte, das Allerneueste, was man unbedingt haben muss, wie Grillgeräte oder Jeeps, die Wohngegenden, die am begehrtesten sind. Der lachsfarbene

> *(Der müßige Herr) muss seinen Geschmack pflegen, denn es gehört nun zu seinen Obliegenheiten, genau zwischen edlen und gemeinen Konsumgütern zu unterscheiden. So wird er zum Kenner der verschiedenen verdienstlichen Speisen und Getränke, der Kleidung und Architektur, der Waffen, Spiele, Tänze und Narkotika ... Eng verbunden mit der Forderung nach dem uneingeschränkten Konsum der richtigen Güter ist die weitere Forderung nach der, wer ein Herr ist, wissen muss, wie diese Güter geziemend zu verbrauchen sind.*
>
> THORSTEN VEBLEN,
> *THEORIE DER FEINEN LEUTE*

New York Observer gibt einschlägige Tipps zu den Signalisierungspraktiken in den Bereichen Geld, Macht, Ruhm und Sex. Sie setzen alles daran, dass Sie es dabei zu großer Meisterschaft bringen werden. Wirtschaftsmagazine veröffentlichen häufig Artikel, wie Sie das Geld, das Sie verdient haben, ausgeben können. In einem Artikel des *Fortune*-Magazins hieß es: »Wir glauben an ein Leben nach dem Business ... Und so feiern wir das ›Business Life‹, indem wir Ihnen Zugang in das Zuhause außergewöhnlicher Menschen verschaffen, zu faszinierenden Orten, die es zu erkunden gilt, und zu außergewöhnlichen Dingen, die Sie besitzen können.«

Zeitschriften wie der *Architectural Digest, Town and Country* und *New York* geben Ihnen wertvolle Hinweise, und auch Bücher können Ihnen weiterhelfen. Die Romane von Tom Wolfe, Judith Krantz, Terry McMillan, Bret Easton Ellis und Dominick Dunne sind Lebensbibeln für Signal-Taktiker – wichtige Markennamen inklusive.

FÜNFTE REGEL: Sie müssen signalisieren.

Vielleicht beschließen Sie, das Thema Signalisieren einfach zu ignorieren – Sie haben keine Lust, sich die Mühe zu machen, die richtigen Signale zu lernen oder Sie haben Angst, einen Fehler zu begehen, oder Sie geben Ihr Geld lieber für andere Dinge aus. Aber Sie kommen um das Signalisieren nicht herum. Jeder Gegenstand, den Sie benutzen, macht eine Aussage über Sie.

Selbst etwas so Schlichtes wie ein schrumpeliger Bioapfel hat eine Signalwirkung.

Betrachten Sie einmal die Anhänger eines Anti-Materialismus: Sie machen sich die Mühe, handgefertigte Kerzen zu kaufen, oder sie bestehen darauf, ihr Bier von einer winzigen Ökobrauerei zu beziehen, oder sie kaufen ihre Kleidung in Secondhand-Läden, um ihrer Verachtung für die Mainstreamprodukte Ausdruck zu geben. Aber auch Nicht-Materialisten stehen unter dem Zwang, die Identität ihrer Lebensweise durch das zu signalisieren, was sie kaufen (oder nicht kaufen). Eigentlich ein Paradoxon.

TIPP: Wer sich nicht intensiv mit dem Signalisieren befassen will, kann sich an folgende Strategie halten: Sie kleiden sich lässig und nicht zu teuer, tragen dazu aber ein einziges edles Teil oder Schmuckstück – so demonstrieren Sie, dass Ihr Stil eine Frage der persönlichen Entscheidung, nicht der Notwendigkeit ist.

Sie können sich jedoch auch an das Prinzip des Unerwarteten halten. Obwohl Sie sich neue Designerklamotten leisten können, tragen Sie ausgefranste, abgewetzte Jeans, die zeigen, dass Sie sich nicht dem Zwang unterwerfen, mit teurer Kleidung das perfekte Signal zu setzen – um die Wirkung noch zu verstärken, können Sie ausgeblichene, mit Perlen besetzte Jeans tragen, die Insider als eine 3800-Dollar-Kreation von Gucci erkennen werden.

SECHSTE REGEL: Im Zweifel kaufen Sie Kunst.

Möchten Sie ein Statement machen, sind aber nicht sicher, wie Sie es anstellen sollen? Luxusgüter sind ein ergiebiges Kommunikationsmedium, allerdings kann man sich dabei leicht vergreifen. Kunst ist dagegen ein sicheres Mittel und zudem sehr wirkungsvoll. Am besten also eine Schenkung an ein Museum machen oder sich selbst ein teures Gemälde kaufen oder sich zumindest mit Kunstschaffenden auseinander setzen.

Gewiss, der Wert von Kunstwerken schwankt ständig, und es ist schwierig, sachkundige Entscheidungen zu treffen. Eine entsprechende Diebstahlversicherung ist teuer, und es kann schwie-

125

rig sein, ein bestimmtes Kunstwerk in den Stil Ihrer Einrichtung zu integrieren. Aber Kunst ist als Signal außerordentlich effektiv. Ein Kunstwerk ist das unersetzbare, einzigartige Produkt eines Genies und Sie, der Eigentümer, erwerben durch den Besitz dieses Kunstwerks ebenfalls eine gewisse Einzigartigkeit. Dies umso mehr, wenn es zuvor einer VIP-Person gehörte. Sie können sich selbst eine gewisse Berühmtheit verschaffen, indem Sie das Kunstwerk einem Museum überlassen, wo ein Schildchen mit dem Namen des Schenkers die Welt wissen lässt, dass Sie der Besitzer dieses künstlerisch wertvollen Objekts waren und es sich leisten konnten, es zu stiften.

TIPP: Schenken Sie niemals anonym.

Ein Kunstwerk bietet zudem eine gute Möglichkeit, gekonnt ein Signal zu setzen – es ist teuer, bekannt und vorzeigbar. (Die superteuren Armbanduhren Ende der neunziger Jahre besaßen eine ähnliche Qualität – Sie können einen Rolls-Royce nicht in ein Meeting mitnehmen, aber Sie können eine Breguet oder eine Patek Philippe tragen. Oder Sie konnten die Uhr durch die richtige Sonnenbrille ersetzen – denken Sie nur an die goldenen, rechteckigen Cartier-Brillen für 3000 Mark, mit denen sich die Rapper Bobby Brown und L. L. Cool J. ausstaffierten.)

Wenn Sie sich teure Kunstwerke nicht leisten können, dann sammeln Sie Kunst in weniger kostspieliger Form – zeitgenössische Fotografien, klassische Filmposter, afrikanische Skulpturen. Wenn Sie sich auch das nicht leisten können, dann demonstrieren Sie Ihr Interesse an Kunst, indem Sie Zeitschriften wie *Art* abonnieren und erwähnen, dass Sie häufig im artnet.com herumsurfen.

SIEBTE REGEL: Kleine Unterschiede spielen eine große Rolle.

Begehen Sie nicht den weit verbreiteten Fehler, anzunehmen, es würde ausreichen, eine Menge Geld auszugeben. Ganz und gar nicht. Wenn Sie Ihr Geld nutzen wollen, um andere zu beeindrucken, dann müssen Sie wichtige Unterscheidungsmerkmale kennen. Signale müssen stimmen – das richtige Restaurant, der richtige Sport, die richtige Adresse, die richtige Firma, sogar die richtige Figur. Halten Sie sich, wenn Sie nach Unterscheidungsmerkmalen suchen, an folgende Aspekte:

1. Wählen Sie immer »das Beste«.
2. Achten Sie auf die Herkunft.
3. Wählen Sie nur das Authentische.
4. Kaufen Sie auf Bestellung oder nach Maß.
5. Seien Sie ein Fashion-Freak.
6. Gehen Sie mit Ihrer *Zeit* ebenso sorgfältig um wie mit Ihrem *Geld*.
7. Geben Sie sich gelassen.
8. Setzen Sie auf Understatement.

Wählen Sie immer »das Beste«

Indem Sie »das Beste« wählen, demonstrieren Sie, dass Sie die kleinen Unterschiede kennen und in der Lage sind, sich das anzuschaffen, was Sie sich wünschen. Sie wollen Teppiche der Marke Aubusson oder Bettwäsche von Léron (früher wollten Sie Halstücher von Hermès, heute sind diese für Sie eine Selbstverständlichkeit).

Wie aber erkenne ich, was die »besten« Dinge sind? Sie sind meistens selten, altmodisch, aus natürlichen Materialien hergestellt, schwer zu bekommen, kaum zu pflegen, handgemacht und teuer. Die Schönheit und der Wert eines Objekts hängen von diesen Qualitäten ab. Orchideen sind besser als Gänseblümchen; Afghanen sind besser als Schäferhunde. Die Bettwäsche muss mit der Hand gebügelt oder, wenn das nicht möglich ist, in eine gute Wäscherei gegeben werden. Sogar Dinge, die zunächst preiswert und nichts Besonderes waren (wie mundgeblasene Wirtshausgläser, viktorianische Brettspiele oder Teppichklopfer), werden hoch geschätzt, sobald sie antik und selten geworden sind.

TIPP: Beweisen Sie Ihren guten Geschmack, indem Sie sich weigern, sich mit weniger als dem von Ihnen Gewünschten zufrieden zu geben. Sie trinken nur eine spezielle Sorte Mineralwasser oder benutzen stets eine seltene, importierte Zahnpasta.

127

Paradoxerweise enthält »das Beste« häufig kleine Unvollkommenheiten, weil es nicht industriell gefertigt wurde. Silberne Bestecke, ein Quilt, Zigarren, Glaswaren weisen minimale Fehler auf, wenn sie in Handarbeit hergestellt wurden – aber die Unvollkommenheiten dürfen nicht so eklatant sein, dass man dahinter eine schlampige Arbeit vermuten könnte.

Finden Sie Möglichkeiten, um mit »dem Besten« in Kontakt zu kommen, selbst wenn Sie es nicht in vollem Umfang haben können, wie Sie es eigentlich möchten. Wenn Sie es sich nicht leisten können, sich die Haare im besten Salon schneiden zu lassen, dann lassen Sie sich dort wenigstens die Wimpern färben – so können Sie zu Ihren Kollegen sagen: »Ich bin nach meinem Termin bei Bumble & Bumble wieder zurück.« Wenn Sie sich nicht den teuersten Anzug leisten können, dann rauchen Sie eine Cohiba-Zigarre. Wenn Sie es sich nicht leisten können, bei Tiffany einzukaufen, benutzen Sie wenigstens jene unverwechselbare rotkelcheneiblaue Tiffany-Tragetasche, um Ihre Einkäufe vom Supermarkt darin nach Hause zu tragen.

Sie verlangen immer »das Beste«, ob es sich nun um eine Dienstleistung oder einen Gegenstand handelt. Das bedeutet auch, dass Sie sich von einer Person, nicht von einer Maschine bedienen lassen. Wenn Sie in erstklassigen Hotels übernachten, dann erwarten Sie, dass Sie telefonisch geweckt werden, natürlich nur durch einen Hotelangestellten, niemals durch einen automatischen Weckdienst. Sie benutzen einen Kurierdienst, nicht die normale Post.

Achten Sie auf Herkunft

Einige Dinge – beispielsweise Immobilien, Schmuck oder Antiquitäten – erwirbt man zusammen mit einer Art Stammbaum, einem Register vorangegangener Besitzer. Als jüngstes Glied der Kette erkaufen Sie sich Ebenbürtigkeit.

Beispielsweise kaufte Julia Koch, als sie im Kreis der oberen Zehntausend ihre Position noch darstellen musste, das Appartement von Jacqueline Onassis – und damit die Garantie, dass die Koch-Wohnung ein angemessenes Signal aussandte.

Perfekte Stammbäume sind der Grund für die erstaunlichen

Erfolge der Auktionen, in denen ganz und gar alltägliche Habseligkeiten von Berühmtheiten versteigert werden; die Preise spiegeln die Bedeutung der vorigen Besitzer, nicht die des Objekts wider. So bezahlte 1999 ein Bieter 1,15 Millionen Dollar für das »Haut-und-Perlen«-Kleid, dass Marilyn Monroe trug, um Präsident Kennedy ihr »Happy birthday, Mr. President« vorzusingen; und ein anderer 240 000 Dollar für ihren gebrauchten Make-up-Koffer. Ein paar Jahre zuvor hatte ein Bieter 29 900 Dollar für einen winzigen, mit Schleifen verzierten Karton bezahlt, in dem sich ein Stück des Hochzeitskuchens des Herzogs und der Herzogin von Windsor befand; und als der Schmuck der Herzogin bei Sotheby's versteigert wurde, belief sich der Verkaufswert auf 50,3 Millionen Dollar, weitaus mehr, als die geschätzten sieben Millionen.

Clevere Berühmtheiten profitieren von dem Prestigewert ihres eigenen Stammbaums. Barbara Streisand sicherte sich Spitzenpreise für den Verkauf ihrer Besitztümer, indem sie ihr eigenes (retuschiertes) Foto auf das Titelbild des Verkaufskatalogs setzte, und Cher schlug aus ihrem Bekanntheitsgrad Kapital, indem sie systematisch Häuser in Los Angeles kaufte, instand setzte und dann wieder veräußerte – zu Höchstpreisen natürlich.

Der Stammbaum ist nicht nur bei Objekten, sondern auch bei Menschen wichtig. Der Broadwayproduzent Leland Hayward sagte einst, er liebe »die Vorstellung, dass er und alle anderen sehr reichen, mächtigen und talentierten Männer sich seine Frau Pamela Harriman teilen würden. Sie alle hätten etwa gemeinsam … den Pamela Club.« Und als Pamela Harriman Washington verließ, um Botschafterin in Frankreich zu werden und die ambitionierte Arianna Huffington ihren Society-Platz in Washington einnahm, stellte Huffington Harrimans früheren Koch und ihren Butler ein – deren beruflicher Hintergrund hatte für eine Frau, die sich zu Harrimans rechtmäßiger Nachfolgerin ernennen wollte, einen unwiderstehlichen Reiz.

Neue Besitztümer müssen auch in den richtigen Läden erworben werden. Kaufen Sie nicht bei »Douglas« oder »Aldi« oder »C&A« – oder wenn Sie es doch tun, dann lassen Sie sich wenigstens nicht mit deren Tragetaschen am Arm blicken. Men-

129

schen, denen das Signalisieren extrem wichtig ist, packen ihre Einkäufe von den »falschen« Tüten in die »richtigen« um – aus Angst, dass man sie auf der Straße mit einem anstößigen Markennamen erwischen könnte. Es spielt ja keine Rolle, was sich in der Tasche verbirgt; Hauptsache, das äußere Erscheinungsbild ist korrekt.

Wenn Sie keinen »echten Stammbaum« kaufen können, dann versuchen Sie, einen »assoziativen Stammbaum« zu erwerben. Sie kaufen ein Appartement – in demselben Gebäude, wo auch Woody Allen wohnt, möglichst genauso groß. Sie ersteigern einen Stuhl – der einzige, der nahezu identisch aussieht, befindet sich in der Sammlung der Königin von England. Der Architekt, der ihre Büroräume entwarf, entwarf auch die von SAP.

Wählen Sie nur das Authentische

Echtheit ist entscheidend, ob Sie nun Porzellan, orientalische Teppiche oder einen Queen-Elizabeth-Anker kaufen. Das ist der Grund, warum Zirkonium, obwohl es von einem echten Diamanten kaum zu unterscheiden ist, nur einen Bruchteil davon wert ist.

Auch Imitationen müssen gekonnt aussehen, die Trompe-l'œils müssen professionell erscheinen, die Kunstseide nahezu ununterscheidbar von echter Seide, der Kunstpelz muss von allerbester Qualität sein.

TIPP: Wenn Sie einen maßgeschneiderten Anzug tragen, dann sollten Sie das letzte Knopfloch am Jackettärmel nicht offen lassen. Das würde bedeuten, dass Sie sich zu sehr anstrengen, um Überlegenheit zur Schau zu stellen.

Kaufen Sie auf Bestellung oder nach Maß

Wenn möglich, dann lassen Sie die Dinge, die Sie erwerben wollen, nach Ihren eigenen Angaben und Wünschen herstellen (Golfschläger, Hemden, Schuhe, Tapeten, Sofas), selbst wenn ein solcher Gegenstand *fast* nicht unterscheidbar ist von einem, der in Massenproduktion hergestellt wurde, selbst wenn die Sonderanfertigung seine Verwendbarkeit nicht verbessert.

Solche feinen Unterschiede beweisen Ihren exzellenten Geschmack – und Sie sind offensichtlich bereit, den Preis für bessere Qualität zu zahlen. Sie wollen nur das Beste.

Versuchen Sie diese Strategie in einem Restaurant anzuwenden:

Verlangen Sie, dass ein Gericht nach Ihren Wünschen zubereitet wird – ein Schachzug, der besonders eindrucksvoll ist, wenn Sie eine sehr raffinierte Speise wählen und verlangen, dass sie Ihnen »ohne alles« serviert wird (es ist Ihnen egal, ob Sie im teuersten Restaurant und beim besten Koch essen; sie möchten gedünsteten Fisch ohne irgendeine verfeinernde Zugabe). Gehen Sie sogar noch weiter, bestellen Sie etwas, was überhaupt nicht auf der Speisekarte steht – eine Forderung, die außerdem dazu dient, Ihre Macht zu signalisieren, weil schließlich nicht jeder den Koch dazu überreden kann, ein Gericht zu kreieren, auf das Sie gerade Appetit haben.

> *Richtige Knopflöcher. Darum geht es! Der Mann kann mit Daumen und Zeigefinger den Ärmel an seinem Handgelenk aufknöpfen, weil diese Art Anzug richtige Knopflöcher hat. Tom, mein Junge, es ist einfach schrecklich. Wenn du das einmal erfasst hast, lässt es dich nicht wieder los. Du siehst ständig dort hin! Es gibt zwei Klassen von Männern in der Welt, Männer mit Anzügen, deren Knöpfe auf den Ärmeln nur als eine Art billiger Dekoration angenäht sind, und – jawohl! – Männer, die den Ärmel am Handgelenk aufknöpfen können, weil er richtige Knopflöcher hat, die Ärmel wirklich aufknöpfbar sind.*
>
> TOM WOLFE,
> »DAS HEIMLICHE LASTER«,
> DAS BONBONFARBENE
> TANGERINROTGESPRITZTE
> STROMLINIENBABY

Seien Sie ein Fashion-Freak

Mode ist eine wunderbare Illusion. Sie glauben, dass Sie mit bestimmten Outfits Ihre Individualität zum Ausdruck bringen können. Wo immer Sie sind, suchen Sie die Trendläden auf und halten nach den neuesten Fashion-Hits Ausschau.

Sie sind modisch topaktuell, weil Sie zum Ausdruck bringen

wollen, dass Sie die Trends erkennen und dass Sie es sich leisten können, die hippen Klamotten zu kaufen. Sie wissen nur zu genau, dass es nicht ausreicht, allgemein eine Vorliebe für Trüffeln zu haben; in diesem Jahr sind nämlich schwarze Trüffeln aus Frankreich *out* und weiße Trüffeln aus Italien *in*. Ebenso ist Ihnen zu Ohren gekommen, dass bei jeder Party die Torte eine besondere Hauptattraktion ist, also suchen Sie nach einer Supersüßigkeit, Kostenpunkt 2000 bis 3000 Mark, vielleicht aus Frankreich eingeflogen. Ihr exklusiver Geschmack kann Ihre Weltgewandtheit, Ihre Originalität, Ihre Belesenheit, Verrücktheit, was auch immer Sie wollen, demonstrieren, Sie müssen nur die richtige Wahl treffen. Ihr Image steigt dann enorm. (Wie war das gleich mit den schwarzen und weißen Trüffeln?)

TIPP: Wenn etwas völlig außer Mode ist, dann wird es modern.

Die Menschen sind süchtig nach Neuem. So kann das Bedürfnis, alle Modetorheiten mitzumachen, auch komische Seiten hervorbringen. In der *New York Times* erschien ein Artikel über »Das Heißeste in der Herbstsaison« – es ging dabei um *Kaminhaken*. Offensichtlich wollte man auf diese Weise die Schar der Kaminzubehör-Käufer in die Höhe treiben.

Auch im Bereich der Mode ist es herausfordernd, das Prinzip des Unerwarteten anzuwenden und die neuesten Trends völlig zu ignorieren. Dadurch sichern Sie sich einen weitaus größeren Triumph, als wenn Sie bloß ein Fashion-Victim sind. Setzen Sie sich über sämtliche Konventionen hinweg – so wie jene Erbin aus einer Künstlerfamilie, die ihre Wände mit Gemälden auf schwarzem Samt oder Bildern von Geisteskranken dekoriert.

Gehen Sie mit Ihrer Zeit ebenso sorgfältig um wie mit Ihrem Geld

Womit beschäftigen Sie sich eigentlich in Ihrer Freizeit? Treffen Sie eine gute Wahl. Ihre Aktivitäten haben Signalcharakter. Wenn möglich, wählen Sie ein Hobby, das trainingsintensiv ist, eine teure Ausrüstung braucht, das originell ist, vielleicht auch ein wenig archaisch.

DO	DON'T
Skilaufen	Schneemobil fahren
Squash	Krocket
Fliegenfische angeln	Bungeespringen
Segeln	Jet-Ski
Reiten	Motorradfahren
Ein Blumenbeet mit den Händen jäten	Den Rasen mit einem Rasenmäher trimmen

Geben Sie sich gelassen

Beim Signalisieren ist Gelassenheit angesagt. Glauben Sie nicht, dass Sie instinktiv immer die richtige Entscheidung treffen – meistens haben Sie viel Zeit und Energie investiert, um zu einem bestimmten Wissen zu gelangen. Lassen Sie aber niemanden diese Mühe spüren. Denken Sie an die Szene in dem Mega-Film-Hit *Pretty Woman*, wo die kulturell unterbelichtete Prostituierte, dargestellt von Julia Roberts, sich bei einem Opernbesuch ungemein für die Musik begeisterte. (»Es war so gut; ich hätte fast in die Hose gepinkelt!«) Ihre spontane Reaktion zeigte immerhin, dass die schöne Julia frei von angestrengten Gedanken war.

Leugnen Sie Mühen und Kosten. Erwähnen Sie beiläufig, dass Sie nie eine Tennisstunde genommen haben, zum günstigsten Haarschneider gehen, kaum Make-up benutzen. Geben Sie niemals zu, dass Sie sich einer Schönheitsoperation unterzogen haben, streng Diät halten oder Sprechunterricht genommen haben, um jenen früher so peinlichen Akzent loszuwerden. Tun Sie so, als achteten Sie nicht auf Ihr Gewicht – bestellen Sie nach jeder Mahlzeit ein Dessert und essen Sie dann nur ein paar Löffel davon; damit zeigen Sie, dass Sie mit Kalorien und Cash gleichermaßen locker und sorglos umgehen können.

[GOLDENE REGEL
Natürlichkeit entwickelt sich selten natürlich.]

133

TIPP: Achten Sie darauf, dass das, was Sie tun, selbstverständlich wirkt. Wenn Sie sich überlegen, ob Sie es wagen sollen, ein Halstuch umzubinden, derart, wie man es beim Pferderennen in Ascot trägt, dann denken Sie an folgende Ascot-Regel: Wenn Sie nicht dort gewesen sind, dann vergessen Sie es.

Ihre Sorglosigkeit zeigt, dass Sie Ihr Leben spielerisch meistern. Angenommen, Sie haben einen Kochkurs absolviert und nun möchten Sie Gäste zu einem Essen einladen. Sagen Sie beim Servieren niemals: »Ich hab drei Monate lang gebraucht, um zu lernen, wie man das Fleisch richtig zerlegt.« Oder: »Ich musste drei verschiedene Delikatessenläden aufsuchen, um diese Zutaten zu bekommen.« Stattdessen beantworten Sie das Staunen der Gäste mit einem: »Ach, das? Ich hab' einfach ein paar Zutaten zusammengeworfen. Und das ist dabei rausgekommen – ich habe noch nicht einmal ein Rezept benutzt.«

Bleiben Sie locker. Sie streben nach einer Mitgliedschaft im Golf Club, aber Sie sind klug genug, Ihren Wunsch zu verbergen: Durch ein allzu offensichtliches Bemühen disqualifizieren Sie sich selbst. Ein tadelloser Geschmack zeigt sich auch, wenn Sie nonchalant etwas Ungewöhnliches tun, was für andere anstrengend wäre: Vielleicht lieben Sie Schmelzkäse oder lesen gern Schelmenromane oder hören gern gälische Musik. Kultivieren Sie Ihre Eigenarten mit viel Charme.

Setzen Sie auf Understatement

Kaufen Sie teure Dinge, denen man ihren Preis nicht sofort ansieht. Jedes exklusive Designerlabel (Donna Karan, Giorgio Armani, Calvin Klein) hat eine Reihe von Outfits, wo die Markenerkennung fehlt – kaufen Sie also die Gucci-Brieftasche ohne das *G* und das Ralph-Lauren-Hemd ohne den Polospieler.

Zügeln Sie Ihren Hang zur Protzerei. Im Jahr 1895 schrieb Consuelo Vanderbilt in Monaco über die rivalisierenden Schönheiten der Demimonde La Belle Otero und Liane de Pougy: »Es war nicht überraschend, dass Otero ihre Rivalin (Pougy) herausforderte. Eines Abends erschien sie von Kopf bis Fuß mit unschätzbar wertvollen Juwelen bedeckt im Casino. Es war eine atemberaubende Zurschaustellung, aber bei dem Versuch, ihre Rivalin auszustechen, hatte Otero den guten Geschmack geopfert und sich lächerlich gemacht.« Es kursierten die wildesten Spekulationen, wie Pougy auf diese Provokation reagieren würde. Ganz einfach: »Am nächsten Abend trat sie in einem schlichten weißen Kleid ohne ein einziges Juwel auf die Bildfläche. Allein ihre Zofe trug Schmuck, der so hinreißend war, dass er den von Otero weit in den Schatten stellte.«

TIPP: Kultivieren Sie ein Vokabular der Untertreibung – machen Sie es den Besitzern der eleganten »Hütten« in Newport nach.

Wenden Sie auch hier das Prinzip des Unerwarteten an und unterstreichen Sie Ihren Reichtum, indem Sie sich weigern, ihn auf die übliche Weise zur Schau zu stellen. Erklären Sie, dass Sie billigen Wein herrlich finden oder benutzen Sie Dinge – Khakihosen, Tischtücher, ein Auto – die verwaschen oder verrostet sind. Folgen Sie dem Beispiel der Milliardäre in Silicon Valley, die damit rivalisieren, auf protzige Art nicht protzig zu sein (wenn natürlich in Ihrer Gruppe Understatement vorherrschend ist, dann erfordert das Prinzip des Unerwarteten, dass Sie in Saus und Braus leben).

Anmerkung zur Vorzeigefrau

Sind Sie ein vermögender Mann? Wenn ja, dann haben Sie vielleicht schon einmal darüber nachgedacht, sich eine repräsentative Frau zuzulegen. Solche *Vorzeigefrauen*, neuerdings gerne Models, werden gewöhnlich als Sextrophäen betrachtet, aber das ist nicht ihr eigentlicher Zweck. Die wahre Funktion einer klassischen *Vorzeigefrau* ist es, die Aussendung der gemeinsamen Signale zu überwachen.

Das Phänomen der *Vorzeigefrau* erreichte seinen Höhepunkt in den achtziger Jahren, als die Devise lautete: »Schaut her, seht, wie viel Geld ich habe.« Sensationelle Medienberichte über göttliche Wesen, die auf die Erde hinabgestiegen waren, wie Patricia Kluge, Ivana Trump und Susan Gutfreund füllten die Gesellschaftsseiten; Carolyne Roehm prangte sogar auf dem Cover von *Fortune*.

Während die Position und das Einkommen des Mannes den all-

135

Im folgenden Frühjahr, so sind sich fast alle einig, muss (Julia Koch) Ihr Apartment in der Fifth Avenue der Öffentlichkeit zeigen. Das heißt nicht, dass sie jede sensationslüsterne kleine Zeitschrift in Amerika hereinbitten muss, sie sollte aber auch nicht erklären, wie sie es gegenüber dem Fashion-Blatt W tat, dass sie überhaupt keine Fotos zulassen werde, da sie nicht möchte, dass die Leute ein Urteil über Ihren Geschmack fällen. Das geht so nicht. Schließlich lebt sie in einer Welt, wo Geschmack ihr Geschäft ist, ihre Daseinsberechtigung.

ELISABETH BUMILLER, »WOMAN ASCENDING A MARBLE STAIRCASE«, NEW YORK TIMES MAGAZINE, 11. JANUAR 1998

gemeinen Lebensstandard definieren, ist es die Ehefrau, die die Feinheiten der sozialen Stellung kontrolliert: sei es bei der Inneneinrichtung, den kulturellen und lokalpolitischen Aktivitäten oder bei der Wahl der Kleidung. (Der Körper einer Frau ist ein einziges Signal – Pelze, Juwelen, überhaupt die gesamte Erscheinung – eignen sich ideal zur Schaustellung. Ein Mann dagegen hat weitaus weniger Möglichkeiten.) Wenn also ein Mann einen glamouröseren Lebensstil wünscht, dann braucht er eine Frau, die weiß, was zu tun ist – gewöhnlich hat ein Mensch entweder die Zeit, Geld zu *machen* oder es *auszugeben*, beides gleichzeitig zu können, ist nahezu unmöglich.

Die Vorzeigefrau setzt ihren Ehrgeiz darein, die Welt des Signalisierens zu erobern und zu beherrschen – eine Herausforderung, für die ihr Mann entweder zu beschäftigt oder zu unsicher ist, um sich allein damit auseinander zu setzen. Sie bestimmt, was man kaufen, wohin man gehen soll. Die erste Ehefrau war diesbezüglich keine Hilfe – sie war durch die Kinder und die Erinnerungen an bescheidenere Tage blockiert; sie kannte sich nicht aus mit den neuen Partys, den richtigen Läden, den hippen Outfits, die nach Meinung des Mannes ihm jetzt gemäß sind.

[
GOLDENE REGEL
Eine erste Frau heiratet man für gute und für schlechte Zeiten.
Eine Vorzeigefrau für die besseren.
]

Und so ist die Gier der *Vorzeigefrau* nach Geld und gesellschaftlichem Status Teil ihrer Faszination. Sie erfüllt ihren Teil des Deals, indem Sie eine beträchtliche Energie investiert, genau die richtigen Signale zu schaffen.

Ein Politiker braucht keine geldigen Frauen. Seine Position – selbst die eines reichen Politikers – leitet sich von der politischen Macht, nicht vom Geldvermögen ab. Er braucht keine Vorzeigefrau, die ihm hilft, durch Konsum eine erwünschte soziale Position zu erreichen. Darüber hinaus ist es eines der wesentlichen Anliegen der Politiker, den Durchschnittswähler anzusprechen, weshalb eine Ehefrau, die Diamanten und Pelze an ihrem Körper ausstellt, rasch zu einer Belastung werden könnte.

TIPP: Wenden Sie das Prinzip des Unerwarteten auf die Ehe an. Das *Wall Street Journal* berichtete, dass »eine lang anhaltende Ehe zu einem Statussymbol geworden« sei, weil so viele Ehen mit einer Scheidung endeten.

Natürlich ändert sich die Mode ständig, und bei der Wahl der Ehefrauen trifft dieses ebenfalls zu. Viele spektakuläre Vorzeigefrauen wurden in den neunziger Jahren in die Wüste geschickt – ebenso unmodern geworden wie die ersten Ehefrauen, die sie einst ersetzt hatten. Der Geschmack der heutigen Männer tendiert mittlerweile mehr zu Frauen mit größerer Eleganz, einer besseren Ausbildung und einem eigenen beruflichen Dasein, selbst wenn die Neue nach der Hochzeit ihren Job an den Nagel hängt. Nach seiner Scheidung von Anna, der Frau, mit der er mehr als dreißig Jahre lang verheiratet war, ehelichte der Medienmagnat Rupert Murdoch, 69, Wendi Deng, eine zweiunddreißigjährige TV-Starjournalistin. Murdochs Kommentar: »Sie könnte überall einen Job bekommen, aber Fakt ist, dass sie nicht arbeiten und gleichzeitig mit mir reisen kann.«

Die Vorzeigefrauen der jüngsten Zeit (es gibt sie immer noch) ziehen nicht mehr so viel Aufmerksamkeit auf sich wie die früherer Zeiten. Der »Trophäen«-Aspekt wird heruntergespielt, entsprechend der eher professionellen Orientierung der Post-Achtzigerjahre. In einigen Kreisen sind die Leute derart damit beschäftigt, Geld zu machen, dass sie sowohl für das Signalisieren

137

wie auch für die Anforderungen einer Ehe keine Zeit haben; entsprechend ist dort die Mode der repräsentativen Ehefrau gänzlich verschwunden.

Auch wenn Vorzeigefrauen unmodern sein sollen, ihre Praxis ist noch lange nicht von der Bildfläche verschwunden.

Hier ist ein Anforderungskatalog, um als klassische Vorzeigefrau im Stil der achtziger Jahre durchzugehen:

Qualifikationskatalog für *Trophy Wifes*

Um sich als Trophäen-Frau auszuweisen, müssen Sie die folgenden sechs Bedingungen erfüllen. (Häufig wird behauptet, dass Vorzeigefrauen größer sein müssen als ihre Männer, aber dies ist keine Bedingung.)

- Sie müssen die zweite oder dritte Ehefrau sein. Nicht eine erste Ehefrau, denn diese ist keine »Trophäe«; sie ist nur Begleiterin des Mannes zu Beginn seiner beruflichen Laufbahn. Eine Trophäen-Frau gewinnt ihre Bedeutung durch die Tatsache, dass ihr Ehemann auf triumphale Weise im Wert gestiegen ist. Aber eine Trophäen-Frau ist niemals eine vierte, fünfte oder sechste Ehefrau, denn eine solche Position gilt als geschmacklos.
- Sie müssen mindestens acht Jahre jünger sein als Ihr Ehemann. Jugend ist wesentlich für eine »Trophäe«. Lenken Sie die Aufmerksamkeit auf diesen Altersunterschied – Ihr Ehemann erwähnt eine Person oder ein Ereignis aus der Vergangenheit (Tommy Dorsey, die Tet-Offensive) und Sie demonstrieren eine bezaubernde Unkenntnis. »Aber John, vergiss nicht, das passierte lange bevor ich überhaupt geboren war!«
- Sie müssen ein intensives Interesse an Äußerlichkeiten haben – das versteht sich von selbst, da Ihre Hauptbeschäftigung darin besteht, auf sich selbst und Ihren Mann hinzuweisen.
- Ihr Mann hat Sie nicht trotz Ihres Bedürfnisses, sein Geld auszugeben, geheiratet, sondern wenigstens zu einem Teil

wegen dieses Bedürfnisses. Der Mann einer Trophäen-Frau möchte, dass sie alles Notwendige daran setzt, um ein glänzendes Image zu kreieren.

- Sie müssen bereit sein, den Wunsch nach Kindern aufzugeben, wenn Ihr Mann keine will. Seine Fortpflanzungsbedürfnisse hat er sich wahrscheinlich bereits mit seiner ersten Ehefrau erfüllt und er hat genug von kleinen Kindern im Haus.

- Wenn Sie arbeiten – und es ist völlig okay zu arbeiten, solange Sie dies nicht an der Erfüllung Ihrer Pflichten als Aufmerksamkeit erzeugende Ehefrau hindert – sollten Sie sich mit etwas Weiblichem beschäftigen, vorzugsweise in einem Bereich, der Ihre Präsentationspflichten ergänzt: beispielsweise Geschäftsführerin in einer Kosmetikfirma, ein Job in der Modebranche oder im Bereich Innendekoration oder Journalistin für unterhaltsame Themen oder Mitglied philanthropischer Komitees.

Mit Geld Zeichen setzen ist die am weitesten verbreitete Möglichkeit, es zu nutzen; fast genauso beliebt ist das *Sich-selbst-Verwöhnen*. Wenn Sie tendenziell dazu neigen, dann machen Sie es sich komfortabel, ganz gleich, ob Sie dabei Zuschauer haben oder nicht. (Allerdings vertieft es häufig Ihre Befriedigung, wenn Publikum da ist.)

KAPITEL ACHT

GELD, UM SICH SELBST ZU VERWÖHNEN

Wenn Sie Ihr Geld benutzen wollen, um sich mehr Annehmlichkeiten und Genuss zu verschaffen, dann sind Sie vor allem daran interessiert, sich selbst jeden Wunsch zu erfüllen. Das eigene Verwöhnen bezieht sich im Wesentlichen auf drei Bereiche: *Freizeit*, *Kalkulation*, und am aufwendigsten *Luxus*. Als Bonus kommt hinzu, dass Sie mit Ihren egoistischen Vergnügungen zugleich auch effektive Signale setzen, da die Menschen erkennen, dass diese die Privilegien des Geldes sind.

Freizeit

Warum sollten Sie Ihr Geld benutzen, um Freizeit zu gewinnen? Allein deshalb, weil Freizeit bedeutet, dass ein anderer mühselige Arbeiten für Sie erledigt. Endlich keine frustrierenden Stunden mehr, die man damit verbringt, sich seinen Pass erneuern zu lassen; Schluss damit, sich den ganzen Vormittag mit Hausarbeiten zu beschäftigen, nie wieder eine Fahrt zur Drogerie oder zu einer Reparaturwerkstätte.

[
GOLDENE REGEL
Soll sich ein anderer
um die Kleinigkeiten kümmern –
und es sind doch alles nur Kleinigkeiten.
]

Durch Freizeit gewinnen Sie mehr Zeit, sich zu amüsieren – und Sie werden genussfähiger. Das Leben macht mehr Spaß, wenn sämtliche Unordnung beseitigt ist. Plötzlich brennt ein gemütliches Feuer im Kamin, und ein paar Stunden später verschwindet die Asche wie durch Zauberhand. Jeden Nachmittag stehen frische Blumen auf dem Schreibtisch. Der Herzog und die Herzogin von Windsor kamen in Österreich, dem Ziel ihrer Hochzeitsreise, an – 266 Gepäckstücke, einschließlich 186 Schrankkoffer warteten schon auf das frisch vermählte Paar. Elizabeth Taylor und Richard Burton waren ähnlich anspruchsvoll – in ihre Flitterwochen nahmen sie 156 Koffer, vier Kinder, eine Erzieherin, drei männliche Sekretäre, ausstaffiert mit Nerzjacketts, eine Friseuse, eine Krankenschwester, vier Hunde und zwei Siamkatzen, die Diamanthalsbänder trugen, mit. Da fragt man sich, warum man denn nicht gleich alles dabei hat?

Mit Geld können Sie sich auch vom Geld freikaufen. Ein anderer kümmert sich um die lästige Tatsache, dass es existiert, und übernimmt die leidige Aufgabe, es anzulegen und zu vermehren. Bei John F. Kennedy, Yoko Ono und Eddie Murphy gab es immer Assistenten, die sich um die Rechnungen kümmerten.

> *Jeder würde gern ab und zu eine Party schmeißen, wenn er Millionär wäre. – »Antoine, ich werde heute Abend zwanzig Leute zum Essen einladen«. »Kein Problem, Madame.« Danach muss kein Wort und kein Gedanke mehr über diese Angelegenheit verschwendet werden. Man braucht sich nur noch in Schale zu werfen, die Treppe hinunterzusteigen und als Gast mit an den eigenen Tisch zu setzen. – »Guiseppe, wir wollen am nächsten Wochenende eine Party geben, fünfhundert Einladungen, hier ist die Liste.« Schließlich ist es so weit. »Madame, erinnern Sie sich, heute Abend ist Ihre Party?« – »Muss ich das? Ich gehe doch davon aus, dass alles perfekt ist, die Suppe, das Dessert?« – »Es ist alles so angerichtet, wie es sein soll, Madame.« – »Schicken Sie mir Victorine!« »Victorine, für den Abend brauche ich eine komplette Ausstattung – Rosarotes, Diamanten und Smaragde. Den Coiffeur um sieben. Jetzt aber schnell.« – Ein Dasein als Millionär ist ein gesegneter Zustand.*

OLIVER WENDELL HOLMES,
ELSIE VENNER:
EIN SCHICKSALSROMAN

141

[GOLDENE REGEL
Je mehr Geld man hat, desto weniger
braucht man sich damit zu befassen.]

Bald gibt es nur noch wenig, was Ihnen zu tun übrigbleibt. Sie möchten Ihre kostbare Zeit nicht darauf verwenden, Künstler persönlich zu fördern, so wie es die Reichen früherer Zeiten taten, deshalb unterstützen Sie einen Galeriebesitzer, der das für Sie regelt. Sie bezahlen eine Assistentin dafür, Einladungen zu beantworten und Rechnungen zu begleichen, und einen Shopping-Berater, der an Ihrer statt die Geschenke kauft. Ein Techniker ist sofort zur Stelle, wenn der Videorecorder und die Stereoanlage neu eingestellt werden müssen oder die Fernbedienung nicht funktioniert. Sogar um Freundschaftsgesten kümmern sich Ihre Bediensteten. Sagte einst eine Angehörige der oberen Zehntausend über eine andere: »Sie war eine wunderbare Freundin. Sie wusste, dass ich selbst gemachte Chips liebe, also ließ sie mir von ihrer Köchin welche rüberschicken.« Und wenn es nur der Gedanke war, der zählte.

TIPP: Wenn Sie ein Status-Auto zur Verfügung stellen, können Sie Ihren Angestellten ein geringeres Gehalt zahlen. Die Bundesregierung der USA, die ihren Mitarbeitern vergleichsweise niedrige Gehälter zahlt, bietet wichtigen Staatsdienern besondere Vorrechte an: Parkplätze, die für die VIPs reserviert sind, auffällige dunkle Sedan-Dienstwagen mit Chauffeur, Polizeieskorten mit Sirenen und Flaggen, die sich ihren Weg durch den Verkehr bahnen, und Direktflüge in Militärmaschinen.

Ihre Hausangestellten können einfach alles erledigen. Die Schriftstellerin Edith Wharton beschrieb eine Mrs. Beaufort, eine Romanfigur, die »ihren Ball immer nach ihrem Opernauftritt gab, um zu betonen, dass sie sich nicht im Geringsten um den Haushalt kümmern musste und einen Stab von Hausangestellten besaß, der fähig war, in ihrer Abwesenheit jedes festliche Detail zu organisieren.« Wenn Sie ein Hausmädchen, eine Sekretärin, eine Köchin, einen Fahrer, ein Kindermädchen und einen Hausmeister haben, können Sie frei über Ihre Zeit verfügen; jetzt können Sie, frei von jeglicher Notwendigkeit, sich *entscheiden*, den Wagen zu waschen, Holz für den Kamin zu hacken, den Tisch zu decken oder Brot zu backen. Die nicht berufstätigen Ladys von Greenwich, Connecticut, gehen aus dem Haus, das komplett von ihren Angestellten versorgt wird und wo die Gärtner sich um die Ligusterhecken kümmern, um den Nachmittag im »*Hortulus*«, dem Gartenclub, zu verbringen. Aufgaben erscheinen mühselig, bis man sie freiwillig übernimmt.

Freie Zeit hat oftmals einen angenehmen Nebeneffekt: Bequemlichkeit. Termine, die Sie nicht delegieren können, werden so arrangiert, dass sie Ihren Bedürfnissen entsprechen. Die Fuß- und Handpflegerin und der Masseur kommen zu Ihnen ins Haus. Die Läden des Friseurs und des Schuhputzers befinden sich in der Eingangshalle Ihres Bürogebäudes. Ihr persönlicher Trainer eilt morgens mit federnden Schritten in den Fitnessraum Ihres Wohnhauses.

Die wertvollste Annehmlichkeit sind bequeme und rasche Transportmöglichkeiten. Da jedermann sich wünscht, schnell und ohne große Anstrengung von einem Ort zum anderen zu kommen, wird dieses Privileg in Arbeitsstrukturen häufig missbraucht und im Übermaß beansprucht. David Watkins, einst unter Präsident Clinton Verwaltungsdirektor des Weißen Hauses, wurde 1994 gefeuert, nachdem er einen Marine-One-Helikopter benutzt hatte, um einen Golfplatz für den Präsidenten »auszukundschaften«. William Aramony wurde als Präsident von United Ways geschasst, als man unter anderem herausfand, dass er das Geld des Wohlfahrtsverbandes für private Taxifahrten und Flugreisen ausgab.

Um so angenehm wie möglich zu reisen, sollten Sie darauf bestehen, dass man Ihnen die Sorge um das Gepäck abnimmt. Nehmen Sie die Dienste eines Transportunternehmens wie Federal Express in Anspruch, so dass Ihnen Ihr Gepäck von der Haustür ins Hotelzimmer gebracht wird. Während des Fluges haben Sie nur das Nötigste dabei. Unter Vielfliegern gilt es als Statussymbol, mit Minimalgepäck zu fliegen.

Mit Geld können Sie sich Spontaneität kaufen. Sie brauchen nicht mehr drei Wochen im Voraus zu reservieren oder Gutscheine auszuschneiden oder auf die Preisnachlässe nach Weih-

reich

143

nachten zu warten. Sie können es sich leisten, impulsiv zu sein. Wenn der Partner am Freitag meint: »Du, lass uns am Wochenende wegfahren«, dann antworten Sie: »Tolle Idee. Bestimm das Ausflugsziel und los geht's.« Eine Sekretärin und ein Travelagent kümmern sich um die Reiseorganisation. »Beeil dich!«, drängeln Sie, wenn es Zeit ist, zum Flughafen zu fahren. »Bist du immer noch nicht fertig? Wenn wir etwas vergessen haben, können wir es ja dort kaufen.« Sie beglückwünschen sich im Stillen zu Ihrer Fähigkeit, sich für das Leben zu begeistern. Manche Leute behaupten, Spontaneität sei eine ihrer Tugenden; sie ist allerdings eine ziemlich teure Tugend.

Sie genießen den Komfort sofortiger Bedürfnisbefriedigung und weigern sich, auf das, was Sie haben wollen, zu warten. Ein Mann aus Bridgehampton ärgerte sich, dass seine Auffahrt zum Haus zu schmal war; er brauchte mehr Platz, um seinen Ferrari zu wenden. Deshalb rief er einen Bauunternehmer an und fragte, ob er die Auffahrt um knapp vier Meter erweitern könnte. Ach ja, und es käme ihm sehr gelegen, wenn die Sache bis zum Abend erledigt sei. Kein Problem. Mit der entsprechenden Menge Geld erreicht man alles.

Die Kehrseite der Freizeit

Freizeit ist nur möglich, wenn man dafür seine Privatheit opfert. Ihre Angestellten überwachen Ihre Gewohnheiten und Reiserouten, sie bringen den Müll hinaus, sie hören Gespräche mit an. Sie selbst wissen mittlerweile nicht mehr, wie viele Leute einen Schlüssel zu Ihrem Haus haben und Ihren Sicherheitscode kennen. Natürlich merken Sie es nicht, aber Ihre Mitarbeiter in Ihrem Büro grinsen, wenn Sie Ihre Geliebte anrufen – sie wissen, was Sie vorhaben, weil dies der einzige Anlass ist, wo Sie selbst die Telefonnummer wählen. Ihre Sekretärin sortiert, das Gesicht eine diskrete Maske, Ihre Quittungen, Gutscheine und die Notizzettel mit Bemerkungen wie »während Sie nicht da waren …«. Ihre Kompagnons benutzen alle dasselbe private Taxiunternehmen und sie können über Funk die Ansage hören, woher Sie kommen und wohin Sie fahren, ebenso, wie Sie selbst diese Informationen speichern können. Seltsam, fragen Sie sich, warum muss Ihr Kollege von der Handelsbank wohl um drei Uhr nachmittags beim Ritz-Carlton abgeholt werden? Portiers wissen übrigens genauestens darüber Bescheid, wer hereinkommt und hinausgeht. Die Frau in der Wäscherei sieht jeden Flecken, auch die von diversen Lippenstiften.

[
GOLDENE REGEL
Weniger Mühe bedeutet weniger Privatheit.
]

Kalkulation

Warum sollten Sie Ihr Geld benutzen, um Unvorhersehbarkeiten zu vermeiden? Erstaunlicherweise erweist sich dieses scheinbar langweilige Vergnügen von allen Annehmlichkeiten, die man mit Geld kaufen kann, als eines, das am meisten geschätzt wird. Sie wohnen ohne Ausnahme in besten Hotels und in Gegenden, die sicher sind, haben tadellos saubere Badezimmer und werden prompt bedient.

Ein Freund aus einer anderen Stadt besucht Sie, und Sie bestellen zum Abendessen einen Tisch in Ihrem Lieblingsrestaurant. Der Besitzer begrüßt Sie mit Ihrem Namen und führt Sie zu »Ihrem« Tisch. (Zur Kalkulation gehört das Vergnügen, dass man Sie kennt.) Sie brauchen sich die Speisekarte nicht anzuschauen. Nach dem Abendessen schlagen Sie vor: »Lass uns einen privaten Autoservice rufen.« »Wir können ja draußen ein Taxi heranwinken«, erwidert Ihr Freund. Sie schütteln den Kopf. Warum? Das Vergnügen an der *Bequemlichkeit* erklärt, warum ein Taxi so viel angenehmer ist als ein Bus oder die U-Bahn, aber ein Vergnügen an der *Kalkulation* sagt aus, warum ein Fahrdienst (Car Service) so viel angenehmer ist als ein Taxi. Zwar können Sie mit beiden Autos von Tür zu Tür fahren, aber der Fahrdienst bietet Ihnen zudem zuverlässig Sauberkeit, Kompetenz und Komfort. (Außerdem brauchen Sie sich nicht mit Bargeld abzugeben.)

Klare Berechenbarkeit hat einen hohen Preis, aber das ist es wert: private Sicherheitsdienste, private Schulen, private Müllentsorgung und private Bibliotheken sind vergleichsweise prunkreicher oder besser ausgestattet, ebenso die Privatstationen in Krankenhäusern, wo man sich ständig um den Komfort der »Gäste« bemüht.

Um Kalkulation und ihre Nebenschauplätze – *Zugehörigkeit* und *Exklusivität* – kümmern sich Institutionen wie Schulen, Clubs und Firmen. Geld lässt die Welt auf den Kreis der »richtigen« Leute zusammenschmelzen, die alle einen bestimmten »Qualitätsnachweis« erbracht haben: Es ist nicht nötig, sich über die anderen Kinder in der Schule, die anderen Leute auf dem Tennisplatz, die anderen Kunden im Delikatessenladen Gedanken zu machen. Da Ihr Lieblingsrestaurant, Le Bilboquet, nicht im Telefonbuch steht und keine Werbung macht, wissen Sie, dass die »falschen« Leute es nicht finden können. Haben Sie Erbarmen mit dem armen Kapitalisten, der sich durch feindselige Firmenübernahmen bereichert: Er hat viele Millionen Dollar, aber die Eigentümerversammlung seiner Wohnanlage würde ihn wegen seiner ökonomischen Unmoral nicht akzeptieren.

[
GOLDENE REGEL
Schirmen Sie sich ab,
schirmen Sie sich ab,
schirmen Sie sich ab.
]

Gekonntes Kalkulieren ist nicht immer einfach. Als Julian Davies 1922 starb, fürchteten seine Gangsterfreunde, dass der Haus- und Grundbesitz von Davis in die falschen Hände geraten oder gar aufgeteilt werden könnte. Gemeinsam verwandelte die Gang das Anwesen in einen privaten Club, den »Timberpoint Club«, zu dem nicht mehr als hundert Mitglieder Zutritt hatten. Die Davis-Clique engagierte den berühmtesten Landschaftsarchitekten für Golfplätze, einen bekannten Profigolfer, der Unterricht gab, die besten Köche und sie ließ einen Pool bauen, so groß, um darauf Boot zu fahren. Als ein angrenzendes Grundstück zum Verkauf stand, wurde es von den Timber Pointers gekauft. Sie setzten Wild und Fasanen auf dem Gelände aus – nur, um weniger als zehn Tage pro Jahr jagen und sicher sein zu können, dass sie niemals einen Fremden zu Gesicht bekämen. Sie zahlten eine atemberaubende Summe für eine Normalität – die Nachbarn zu kennen.

Eine der Voraussetzungen für Berechenbarkeit ist Exklusivität. Der eigentliche Reiz bestimmter Orte – beispielsweise Jupiter Island in Florida – besteht nicht in ihrer besonderen Attraktivität, sondern in ihrer Noblesse. Tatsächlich existieren einige Institutionen nur deshalb, um die Exklusivität einer kleinen Gruppe zu schützen. Zwar bieten die meisten Clubs einige Annehmlichkeiten, um ihre Existenz zu rechtfertigen – Bibliothek, Bar, Fitnessraum, Golfplatz –, aber die anspruchsvollsten haben nicht einmal das nötig. In Washingtons Alfalfa Club gibt es kaum Attraktivitäten, und der eigentliche Grund, dazugehören zu wollen, besteht darin, die Tatsache zu genießen, dass man Mitglied ist. Man ist dort stolz darauf, »unter sich« zu sein (allerdings lässt nach ein paar Jahren der Reiz der Unzugänglichkeit nach, und man erkennt, dass man unter Menschen ist, die genauso sind wie man selbst).

Ein entscheidender Aspekt exklusiver Clubs und Institutionen besteht darin, dass eine Mitgliedschaft häufig nicht mit Geld zu erkaufen ist. Einem Menschen, der »alles hat«, zu erklären, dass etwas unerreichbar ist, ist eine todsichere Möglichkeit, Wünsche zu wecken. Einige findige Eventveranstalter haben sich einfallen lassen, für ein Ereignis, das in Wirklichkeit für jedermann zugänglich ist, Einladungen an eine ausgesuchte Gruppe von Personen zu schicken. Die Tatsache, dass einige wenige Auserwählte ausdrücklich gebeten wurden, zu kommen, bringt alle anderen dazu, sich um die Karten zu raufen.

Institutionen steigern ihr Ansehen durch Exklusivität. Studentenverbindungen haben oftmals komplizierte Auswahlkriterien, um die »richtigen« Anwärter für eine Mitgliedschaft auszuwählen. Nachtclubs erhöhen ihr Prestige, indem die Türsteher nur die »richtigen« Leute an der Samtkordel vorbeiwinken. Restaurants verteilen eine geheime VIP-Telefonnummer, damit die Leute, auf die es ankommt, ganz sicher ihre Reservierung bekommen. Bei Ereignissen mit sozialer Ausrichtung wie einer Ga-

147

laveranstaltung, einem Wohltätigkeitsball, einer Verkaufsvernissage für behinderte Kinder oder einem festlichen Dinner anlässlich einer Spendensammlung gibt es häufig ein Mammutprogramm, zu dem jedermann eingeladen ist, und eine Veranstaltung im kleinen ausgesuchten Kreis, die diesem Programm vorangeht oder darauf folgt. Sorgen Sie dafür, dass Sie zu beiden eingeladen werden (wenn nicht, gehen Sie am besten überhaupt nicht hin).

Nutzen Sie die Vorteile der Exklusivität. Extravagante Modehäuser bieten zumeist einen besonderen Service: Während der normale Kunde nur die Outfits in den Verkaufsräumen zu sehen bekommt, wird die Berühmtheit, geschützt vor neugierigen Blicken, in einen hinteren Raum hineinkomplimentiert, der mit seiner luxuriösen Ausstattung auch eine Auswahl von Fashion-Modellen präsentiert, die noch nicht in der Boutique hängen. Zu der Vorzugsbehandlung gehören selbstverständlich ein Glas Champagner und kleine Präsente.

Die ultimative Exklusivität besteht natürlich darin, die Mitgliedschaft auf sich selbst zu begrenzen. Der milliardenschwere Unternehmer Wayne Huizenga ist einziges Mitglied eines Golfclubs mit 18 Löchern, einem riesigen Clubhaus und 46 Golfwagen. Natürlich braucht er sich keine Sorgen zu machen, ob jemand seinen guten Abschlag beobachtet und kommentiert oder er mit jemandem spielen muss, der kein guter Verlierer ist.

Perfektes Kalkulieren ermöglicht es Ihnen, stressfrei Entscheidungen zu fällen. Sie wissen, was man von Ihnen erwartet. In den Ferien fahren Sie nach Aspen, Palm Beach, Hobe Sound, Hilton Head, Martha's Vineyard, Fire Island oder Sun Valley. Achten Sie darauf, dass Sie ständig auf dem Laufenden sind. Sollte Ihre Ranch in Montana oder Wyoming sein?

Die Kehrseite der Kalkulation

Wer alles genauestens plant, muss damit rechnen, dass die ritualisierten Umgangsformen, die Notwendigkeit, einen schwarzen Schlips oder die allermodernsten Sonnenbrillen zu tragen, zur Last werden können. Gelegentlich breitet sich in Ihrer Gruppe das Gefühl aus, eingeengt und isoliert zu sein; aber Sie sind viel zu sehr in ihrer Welt verwurzelt, um wieder in die der Durchschnittsmenschen hinauszutreten. Sie fühlen sich gezwungen, bestimmte Standards aufrechtzuerhalten, selbst dann, wenn Sie dafür einen hohen persönlichen Preis zahlen müssen.

Und falls Sie gern anonym bleiben würden, ist es kein Vergnügen, bekannt zu sein. Das Hotel »Four Seasons« ist stolz darauf, seine Gäste mit Namen anzureden, niemals mit einem unverbindlichen »Sir« oder »Madam«. Wollen Sie, dass das Hotelpersonal Ihren Namen nicht kennt, sollten Sie umziehen.

LUXUS

Luxus beinhaltet das Vermögen, jedes Bedürfnis, wie ausgefallen es auch ist, zu befriedigen, ohne auf die Kosten zu achten. Der Preis ist niemals ein Thema, und deshalb ist nichts außer Reichweite. Als Candy Spelling, Ehefrau des Fernsehproduzenten Aaron Spelling, beim Bau der neuen Villa entdeckte, dass man von ihrem Schlafzimmerfenster aus auf ein Neonschild blicken würde, veranlasste sie, dass ein neues Fundament ausgehoben wurde, um das Haus um drei Meter zu senken. James Gordon Bennett Jr., der Erbe des *New York Herald,* konnte einmal keinen Tisch in seinem Lieblingsrestaurant in Monte Carlo bekommen. Deshalb kaufte er auf der Stelle das Restaurant, ließ einen Gast nicht hinein, so dass er nun einen Platz hatte und seine bevorzugten Speisen zu sich nehmen konnte. Bennett hatte bekommen, was er wollte.

Die, die sich wahren Luxus leisten können, haben die Möglichkeit, ihren ästhetischen Sinn bis ins kleinste Detail auszudehnen. Sie brauchen sich nicht mehr mit angeschlagenem Porzellan oder mit Armbanduhren, denen ein Stein fehlt, abzufinden. Sie ziehen es vor, mit einem Mousepad aus Leder zu arbeiten. Sie haben Spitzendessous aus Seide und bewahren sie in einer mit getrockneten Rosenblüten ausgelegten antiken Kommode auf. Sie tragen kaschmirgefütterte Handschuhe. Sämtliche Familienmitglieder bekommen morgens ihr eigenes Exemplar der Tageszeitung. Sie haben es nicht mehr nötig, die Shampoos

reich

149

der Hotels einzustecken und warten nicht mehr, bis das gewünschte Buch als Paperback erscheint. Jaqueline Kennedy ließ nicht nur jeden Morgen die Betttücher wechseln, sondern auch jeden Nachmittag, nachdem sie ihren Mittagsschlaf gehalten hatte. Man kann es verstehen, frische Laken sind auch einfach ein unglaublicher Genuss.

Sie gönnen sich auch die Erfüllung scheinbar unbedeutender Bedürfnisse. Der Modedesigner Calvin Klein schickte einmal von seinem Zweitwohnsitz in den Hamptons eine Limousine zum Appartement seiner Mutter in Riverdale; dort holte der Fahrer Suppe in einer Tupperware-Box ab, die dann auf dem Rücksitz in die Hamptons transportiert wurde. Auf Mutters gute Suppe wollte der Sohn auch nicht in den Ferien verzichten. Terri Hollady heiratete Cecil Chao, einen berüchtigten Playboy aus Hongkong, der mehr als doppelt so alt war wie sie. Sie vermisste in Hongkong die Dunkin' Donuts ihrer Kindheit aus einem Vorort von Miami; es gab sie einfach nicht in der Asienmetropole zu kaufen. Sie löste das Problem, indem sie die mit Honig glasierten Schokoladendonuts als Expressgut nach Hongkong einfliegen ließ. Auch Christina Onassis hatte Schwierigkeiten, bestimmte amerikanische Delikatessen in Europa zu bekommen. So schickte sie während eines längeren Aufenthalts in Frankreich jede Woche ihren zehnsitzigen Düsenjet nach New York, der hundert Flaschen von einer speziellen Diätcoke nach Paris einflog. Als Yves, der in ihrem Appartement in der Avenue Foch, Helene

> ,, *Winsett selbst hatte einen unbändigen Widerwillen gegen gesellschaftliche Vorschriften: Archer, der sich abends umzog, weil er sich so sauberer und behaglicher fühlte, und dem dabei immer bewusst war, dass Sauberkeit und Behaglichkeit bei einem bescheidenen Einkommen einen kostspieligen Luxus darstellen, sah in Winsetts Haltung nur die langweilige Pose der »Bohemiens«, welche die wahrhaft Vornehmen, die sich umkleideten ohne viel zu reden und ständig die Zahl ihrer Diener herauszustreichen, so viel einfacher und natürlicher erscheinen ließen.*
>
> EDITH WHARTON,
> *ZEIT DER UNSCHULD*

fragte, warum Mrs. Onassis bei ihrer Rückkehr in die Staaten die tausend übrig gebliebenen Coke-Flaschen nicht mitgenommen hätte, erklärte Helene: »Weil Madame keine alte Diätcola mag.« Jede Flasche brachte dann auf einer Versteigerung dreihundert Dollar. Also – niemals auf die einfachen Freuden des Lebens verzichten!

[GOLDENE REGEL
Kein Bedürfnis ist zu groß oder zu klein,
um es zu befriedigen.]

Luxus auf höchster Ebene: der Exzess

Während sich immer mehr Möglichkeiten, immer mehr Genüsse auftun, verändern sich Ihre Bedürfnisse. Die alten Ziele sind längst erreicht, die alten Wünsche längst befriedigt, aber größere, bislang unbekannte Sehnsüchte wachsen nach, um ihren Platz einzunehmen. Um wahre Befriedigung zu erlangen, müssen Sie Ihre Wunschfantasien ins Maßlose steigern. Da die Begierden der meisten Leute durch ihre Ressourcen gezügelt werden, wird ihr geheimes Verlangen nach einem Exzess niemals stimuliert. Aber wenn Sie wirklich von allen Zwängen befreit sind, dann können Sie Ihr Geld benutzen, um sich den Luxus der Ausschweifung zu gönnen – ein grandioses, ungehemmtes Vergnügen.

Sie träumen davon, etwas Beispielloses, Überspanntes zu tun. Aber wie? Ein Preisschild mit vielen Nullen reicht allein nicht aus, um Ihre Sehnsucht nach Haltlosigkeit zu stillen. Tun Sie keinesfalls das Vernünftige – Ihre Geste sollte ausufernd, nicht dringend erscheinen. Lila Acheson Wallace hatte die richtige Idee. Sie spendete vier Millionen Dollar für Schnittblumen für die Eingangshalle des Metropolitan Museum – eine überspannte Geste, in der Tat.

Ihre Maßlosigkeit demonstriert, dass Sie von *ausgeglichenen Konten* nichts halten. Sie konsumieren ohne irgendeine Erfordernis, die Kosten kalkulieren zu müssen. Sie häufen Dinge an, die Sie gar nicht wirklich besitzen wollen, Sie haben auch keine Verwendung für sie. Die meisten Menschen müssen mit ihren

reich

151

Kreditkarten vorsichtig umgehen, günstige Alternativen in Erwägung ziehen, ihre Einkäufe im Hinblick auf den Kontostand tätigen – *Sie* nicht. Sie ignorieren die Notwendigkeit.

[
GOLDENE REGEL
Je größer das Privatflugzeug,
desto weniger Passagiere sitzen darin.
]

Ihre Missachtung gegenüber ausgeglichenen Konten weckt in anderen Menschen gemischte Gefühle – sie wirkt zwar faszinierend, aber auch bedrohlich: Willkür, Maßlosigkeit, Ausschweifung und Kontrollverlust lauern im Hintergrund. Und ohne jegliche Rechtfertigung ist der Exzess von großer Abgründigkeit: zu schockierend, um von der Mehrheit toleriert zu werden. Deshalb sollten Sie nach Ausdrucksmöglichkeiten suchen, die Ihnen – vielleicht – erlauben, Geld auszugeben, ohne die Kritik Ihrer Mitmenschen herauszufordern.

Wie also können Sie dazu beitragen, Ihren Exzess akzeptabel zu gestalten? Wie können Sie Ihre Verschwendung als *unerhört extravagant* erscheinen lassen, aber dennoch als vertretbar, weil sie sich durch irgendeinen Zweck – praktischer oder ästhetischer Natur – rechtfertigen lässt? (Sie werden später sehen, diese Rechtfertigungen verfehlen ihre Wirkung, wenn der Exzess wirklich haarsträubend ist.) Hier Ihre Möglichkeiten:

Sieben Strategien für akzeptierten Exzess

1. Einfachheit. Erklären Sie, dass Sie minimalistische Arrangements vorziehen. (Ihre Räume sind so schlicht möbliert, dass Sie jetzt eine Hausangestellte brauchen, um gegen die Überflutung durch Postwurfsendungen, Zeitschriften und Wechselgeld anzukämpfen.)

● Was das Haus betraf, das er außerhalb von San Francisco bauen wollte, so entschied sich der Gründer von Oracle, der Milliardär Larry Ellison, für ein Gebäude in authentisch japanischem Stil – aus Holz, mit Lehmfugen, wenig Nägeln und glatt gehobelten Wänden. Ellison erklärte, er wolle seinen Gästen »die Atmosphäre eines Lebensstils ohne Reizüberflutung« bieten. Die geschätzten Kosten einer derartigen Schlichtheit? Vierzig Millionen Dollar.

● Ganz im Sinne einer simplen Eleganz wollte Modedesigner Calvin Klein alte, dunkle, breite Holzdielen für den Bodenbelag seines Hauses in den Hamptons. Als er keine finden konnte, die seiner Vorstellung entsprachen, beauftragte er Agenturscouts, die im Nordosten der USA nach dreihundert Jahre altem Holz suchen sollten. Nachdem man auf einer alten Farm in Vermont das richtige Holz entdeckt hatte, wurden die Bohlen in ein Lagerhaus gebracht, wo sie einzeln nummeriert und fotografiert und von Klein persönlich auf ihre Schönheit und Brauchbarkeit geprüft wurden. Die Planken mussten anschließend einzeln mit der Hand abgebeizt werden, um jenen Farbton einer Aubergine zu bekommen, der dem Designer so genau vorschwebte. Schließlich, nachdem die Bohlen perfekt waren, mussten im Ferienhaus hölzerne Toilettensitze passend eingefärbt werden.

● »Denken Sie sich was im Sinne der minimalistisch orientierten Shaker-Philosophie aus«, lautete die Anweisung der Society-Lady Annette de la Renta (und Ehefrau des Fashion-Designers Oscar de la Renta) an den Ereignisplaner Robert Isabell, der die Hochzeit der La Renta-Tochter auf dem ländlichen Familienbesitz in Kent im Bundesstaat Connecticut ausrichten sollte. Das Ergebnis war eine Feier mit mehr als fünfhundert Gästen, drei Zelten, Sisalteppichen in einem Mitternachtsblau, einem Catering von »Glorious Food«, Fotografen der *Vogue*, die das Ereignis für ihre Leser festhielten, und, wie sollte es auch anders sein, mit glamourösen Roben von Oscar de la Renta. »Einfachheit ist eben schwierig zu gestalten«, rechtfertigte sich Isabell.

2. Sachzwänge. Investieren Sie außergewöhnlich viel Geld und Aufmerksamkeit in ganz normale Dinge; oder erwerben Sie Unmengen gewöhnlicher Besitztümer.

153

- Um einer Einladungskarte die entsprechende Wirkung zu verleihen, schreiben Sie diese nicht mit der Hand oder lassen Sie sie drucken; engagieren Sie lieber einen professionellen Kalligraphen, ebenso einen Boten, der sie persönlich überbringt. Aber manchmal kann auch der normale Postweg für Extravaganzen benutzt werden. Babe Paley, eine Jet-Set-Koryphäe mit hohem Anspruch, wies ihre Sekretärinnen an, die gezackten Ränder von Briefmarken abzuschneiden, wenn sie Umschläge für Einladungen frankierten.
- Sich ein Haus zu bauen ist ein verständliches Bedürfnis. Die Milliardärin Ira Rennert trieb es jedoch auf die Spitze: Sie plante ein Anwesen in den Hamptons mit neunundzwanzig Schlafzimmern, dreißig Badezimmern, elf Wohnzimmern, zwei Bibliotheken, einer Kunstgalerie, einer Garage für mindestens hundert Autos und einem gigantisch großen »Spielhaus« mit zwei Bowlingbahnen, Squashcourts, Tennisplätzen, einer Basketballhalle, einem Casino, Billiardzimmer, einem Fitnessraum und vier Badezimmern.
- Es genügte Playboy-Chef Hugh Hefner nicht, eine DC-9 zu erwerben, wie sie alle Businessgrößen besitzen. Sein Privatflugzeug »Big Bunny«, das einzige schwarze der Welt (außer dem weißen Bunny-Logo auf der Heckflosse) hatte eine Tanzfläche, eine eingelassene römische Badewanne und ein elliptisches Bett, bezogen mit schwarzem Ziegenleder aus dem Himalaya, dazu weiße Seidenbettwäsche. »Jet Bunnies«, in Miniröcken und kniehohen Lederstiefeln, kümmerten sich um die Bedürfnisse der Fluggäste. Hefner sprach von seiner Maschine als von »einer kleinen Lebenserleichterung«.
- In seinem Lieblingshaus (einem von vieren) ließ Elton John jeden Raum mit frischen Blumen schmücken – mehr als einhundert Arrangements in einer einzigen Woche, genug, um zwei Floristen zu beschäftigen.

3. Angemessenheit. Kaufen Sie etwas, das Ihren individuellen Geschmack befriedigt; oder tun Sie alles, um die Dinge so auszurichten, dass sie genau Ihren Bedürfnissen entsprechen.

- Susan Gutfreund, ein Mitglied der gesellschaftlichen Spitze, war derart eigenwillig, dass sie in ihrem Badezimmer einen Kühlschrank aufstellen ließ, um ihre Parfüms angemessen zu temperieren.
- Der Supermagnat und Milliardär Jim Clark von Silicon Valley ließ sich einen Swimmingpool ausheben und ihn dann an einen Platz verlegen, der ihm besser gefiel – nicht ein-, sondern zweimal.
- Menschen können, genauso wie Zirkustiere, überspezialisiert sein. Zum Anwesen des amerikanischen Verlegers William Randolph Hearst gehörte ein Diener, der die Aufgabe hatte, Tischbeine zu entstauben; ein anderer war für die Tischplatten zuständig. Ein Millionär aus Lake Forest in Illinois stellte einen Hausangestellten ein, dessen einzige Aufgabe es war, Zuckerwasser in die Fütterautomaten seiner Kolibris zu füllen.

Steigern Sie auch die Faszination des Exzesses durch Missachtung der Naturgesetze.

- Candy Spelling, die Ehefrau des US-Fernsehproduzenten Aaron Spelling, beschloss, ihren Kindern in Südkalifornien eine weiße Weihnacht zu schenken. Sie ließ tonnenweise künstlichen Schnee einliefern und, kurz bevor die Kinder aufwachten, auf dem Rasen verteilen.
- Eine New Yorker Party-Enthusiastin überraschte ihre Übernachtungsgäste mit einem über Nacht verwandelten Garten. Bestimmten am Abend Lampiongirlanden sein Bild, so konnte man am nächsten Morgen ein weißes oder ein rosafarbenes Blütenmeer entdecken. (Das Geheimnis? Die restliche Nacht über arbeiteten Gärtner daran, Tausende von Glasphiolen im Garten zu verteilen, in denen sich gleichfarbige Schnittblumen befanden.)
- Der Entertainmentmogul David Geffen, der Modedesigner Ralph Lauren und der Zeitungsmagnat William Randolph Hearst ließen auf ihrem Grundstück alte Baumbestände einpflanzen.

reich

155

4. Ordnung. Stellen Sie extrem hohe Ansprüche an Grundsätze und Gepflogenheiten.

- Die strengen Maßstäbe des Buckingham Palace und einiger herzoglicher Haushalte verlangten Lakaien von gleicher Größe und gleichem Körperbau. Und je größer sie waren, desto imposanter erschien der Haushalt. Waren die Bediensteten größer als 1,80 Meter, wurden sie sogar extra bezahlt.
- Auf dem Anwesen der legendären Gartenexpertin Adele Herter in den East Hamptons gab es einen marmorgepflasterten Zugang, der mit einem Spalier überdacht war, an dem sich Concord-Weinstöcke entlangrankten. Da sie hässliche weinrote Spuren auf dem Weg hasste, hielt sie sich einen Hausangestellten, dessen einzige Aufgabe es war, dreimal täglich die heruntergefallenen Trauben wegzufegen.
- Die Herzogin von Windsor verlangte von ihrem Personal, die Servietten während des Essens zweimal zu wechseln, weiterhin ließ sie sich dreimal täglich ihr Haar frisieren und jeden Morgen die Sohlen ihrer Pumps blank putzen.

5. Verlagerung. Geben Sie Unsummen für Kinder, Personal oder Haustiere aus.

- Der Boxkampfveranstalter William MacDonald baute seiner Tochter ein Baumhaus mit Vorhängen und Teppichen, passend zum elterlichen Wohnhaus, und schenkte ihr zum achten Geburtstag einen Musikautomaten für ihr Domizil.
- Der Spielzeugladen F. A. O. Schwarz bietet Kindern das »ultimative Übernachtungsabenteuer«. Der Spaß, eine Schlummerparty im Spielzeugladen, kostet für fünfzehn Kinder mehr als 17 000 Dollar. Jedes bekommt einen Rucksack voller Süßigkeiten, bevor es auf den dreistöckigen Megashop losgelassen wird. Eine Schatzsuche um Mitternacht, ein Film mit Drei-D-Brille und ein Geschenkgutschein über 100 Dollar steigern das Vergnügen. (Der Empfang auf den Handys sei jedoch im Plastik- und Plüschparadies, so hört man die Kinder häufig klagen, äußerst schlecht.)

- Der Sultan von Brunei hinterließ im »Four-Seasons«-Hotel einmal ein Trinkgeld von 170 000 Dollar in bar.
- In L.A. gilt es als schick, ein Trinkgeld von einhundert Prozent – oder mehr – zu hinterlassen, um zu zeigen, dass man, neben der saftigen Rechnung, auch dafür noch genügend Geld hat. Außerdem ist dies natürlich eine Garantie für eine königliche und – falls gewünscht – diskrete Behandlung, wenn man wieder einmal vorbeischaut.

Als der Norfolkterrier des Modedesigners Oscar de la Renta auf dem Anwesen von La Renta in der Dominikanischen Republik Rattengift fraß, wurde innerhalb von Stunden mit einem Privatflugzeug ein Tierarzt eingeflogen, um den Hund zu retten.

- Das «Four-Seasons»-Hotel, eines der besten der USA, bietet einen Zimmerservice für Haustiere. Auf der Speisekarte steht unter anderem der »Tail Wagger«: geschnetzeltes Rindfleisch und gedünsteter Reis, und der »Claw Cleaner«: Thunfisch aus Albacore, gehackte harte Eier und saure Sahne – und all das serviert in hundegerechten Näpfen.

6. Vornehmheit. Verleihen Sie sogar dem Banalsten einen Hauch von Vornehmheit.

- Bei einem Fest von Regisseur George Lucas anlässlich des Vierten Juli waren die mobilen Toiletten für die 1800 Gäste auf seiner Ranch mit Holz verschalt.
- Neben anderen Alltagsgegenständen wie Daunenkissen, Wärmflaschen und ihrem Lieblingsteeservice, nimmt Königin Elizabeth auf ihre Reisen einen Toilettensitz aus superweichem weißem Leder mit.

7. Feste und Geschenke. Übertragen Sie Ihren Hang zum Exzess auf Ihre Mitmenschen. Es sind die anderen, für die Sie das Geld ausgeben, deshalb kann Ihnen niemand den Vorwurf der Verschwendungssucht machen.

reich

157

TIPP: Zwar wird gemeinhin akzeptiert, Freunde und Bekannte großzügig zu beschenken, aber wenn Ihr Geschenk allzu ausgefallen ist, riskieren Sie es, sich lächerlich zu machen. Eine New Yorkerin schenkte Bekannten, die nicht mehr geleistet hatten, als mit ihr im selben Wohlfahrtsausschuss zu sitzen, Schmuckstücke von Bulgari. Die Empfänger spotteten über ihr Geschenk (und selbst diejenigen, die nur allzu erfreut gewesen wären, wenn sie die Pretiosen bekommen hätten).

- Eine berühmte Geburtstagsparty in den achtziger Jahren, die die sozial ambitionierte Gayfryd Steinberg für ihren Mann, Saul, gegeben hatte, kostete ungefähr eine Million Dollar, und der Hochzeitsempfang von Saul Steinbergs Tochter im Metropolitan Museum war so teuer, dass die Catering-Beauftragten, Floristen und andere Helfer sich vertraglich verpflichten mussten, über die Kosten Schweigen zu bewahren. (Inwieweit sie ihr Versprechen gehalten haben, ist ungewiss. Einzelheiten wie die Tatsache, dass allein die Rechnung für Blumen sich auf fast eine Million belief, sickerten durch.)

- Kerry Packer, der reichste Mann in Australien, richtete eine 6,5-Millionen-Dollar-Hochzeit für seinen Sohn aus. Man bat die Gäste, keine Geschenke mitzubringen, da sie selbst welche erhalten würden: Golfschläger, Designerhandtaschen, Schachspiele, Manschettenknöpfe, Anhänger aus reinem Gold und dergleichen.

Großzügige Gaben dienen einem weiteren wichtigen Zweck: sie schaffen soziale Bindungen oder intensivieren sie – der Beschenkte fühlt sich dem Schenker verpflichtet. Wenn Sie etwas überreichen, können Sie eine Atmosphäre von Intimität herstellen – vor allem, wenn Sie ein Geschenk wählen, das zeigt, dass Sie den Geschmack des Empfängers kennen.

- Barbara Streisand erinnert sich in ihren Aufzeichnungen an eine Begegnung mit dem verstorbenen Medienmogul Steve Ross. Ross lud sie zu einem Abendessen ein und überreichte ihr eine Skulptur als Geschenk zum Abschluss ihrer Dreharbeiten an dem Film *Yentl*. Streisand gab daraufhin aller Welt zu verstehen, dass sie etwas Langersehntes bekommen hatte, das ihr selbst aber nur zu teuer war. Ross wiederum konnte damit auftrumpfen, dass er mit einem Star befreundet war und verstärkte zugleich die (geschäftlichen) Grundlagen ihrer Beziehung.

Beachten Sie: das Faszinierende am Exzess ist die Maßlosigkeit. Sie brauchen nicht Tausende oder Millionen von Mark auszugeben, um zu schwelgen; Sie müssen nur innerhalb *Ihres Rahmens* gegen eine allzu große Bodenhaftung angehen. Eine solche Grenzüberschreitung könnte der Kauf einer Boeing sein (für all diejenigen, denen die Gulfstream V einfach nicht ausreicht), oder Sie können auch einfach beschließen, dass Sie die neuen Küchenschränke abscheulich finden und sie deshalb herausreißen lassen, damit andere eingebaut werden können, die besser zum Fußboden passen. Oder Sie können ein Kind aus der Nachbarschaft dafür bezahlen, dass es den Hund ausführt, anstatt dies selbst zu tun; oder, nachdem Sie in einem Restaurant ein teures Gericht zu sich genommen haben, auch noch Dessert und Kaffee bestellen.

Aber vielleicht liegt Ihnen gar nichts daran, Ihren Exzess zu rechtfertigen. Sie beschließen, die öffentliche Zensur zu ignorieren und sich einer ganz besonders befriedigenden – und abstoßenden – Form von Ausschweifung hinzugeben: der *Destruktion*.

In Ihrer noch anerkannten Version erscheint Destruktion als *Verschwendung*. Bei einem Yachtausflug schlug König Edward VIII. (wenig später der Herzog von Windsor) dreitausend Golfbälle über Bord, um nicht außer Übung zu geraten – wobei er ausrief: »Ich liebe aufspritzende Schläge!« Der geistig verwirrte Tycoon Howard Hughes ging sowohl mit Besitztümern als auch mit Menschen unmäßig um. Er mietete teure Häuser, in denen er niemals wohnte, ließ sie einerseits rund um die Uhr bewachen, um Eindringlinge fern zu halten, andererseits gab es für Rasenflächen, Swimmingpools und Blumenbeete nicht die geringste Pflege. Hughes versorgte zeitgleich mindestens fünf junge Starlets, die

TIPP: Die einfachste Form von Verschwendung ist, fortlaufend für etwas zu zahlen, das man nie benutzt. Überweisen Sie weiter den Monatsbetrag für jenes todschicke Fitnessstudio, auch wenn Sie seit einem Jahr nicht mehr hingegangen sind. Geben Sie ein Pferd in einem Reitstall in Pflege, ohne jemals reiten zu gehen (eine beliebte Strategie in L. A.)

in seinen Häusern untergebracht waren, mit Autos, Chauffeuren und Kreditkonten für Restaurants. Er suchte seine Filmsternchen nie auf, aber er engagierte Privatdetektive, um sicherzustellen, dass auch niemand anderer es tat.

Da Verschwendung zeigt, dass Sie nicht, wie andere Leute, sparen müssen, ist sie ein sehr eindrucksvolles Signal der Reichen. In Dominick Dunnes Roman *In unseren Kreisen* instruiert die soziale Aufsteigerin Ruby ihren Mann über das richtige Verhalten in ihrem neuen Bekanntenkreis. »Elias, du solltest keinesfalls mit deinem Brötchen den Teller blank wischen ... Du solltest stets darauf achten, einen Teil des Essens übrig zu lassen.« Als ihr Mann dagegen protestiert und erklärt, dann werde er nicht satt, erwidert sie: »Ich sag dir, was wir tun werden. Ich werde unserer Köchin Anweisung geben, dir eine Mahlzeit zu servieren, bevor wir zu diesen Einladungen gehen, und dann kannst du, wenn wir uns an den Tisch setzen, in deinem Essen herumpicken, wie es all die anderen tun.« Der Filmproduzent Don Simpson trug seine Levi's ein einziges Mal und warf sie dann fort. Er hatte zu Hause einen ganzen Stapel davon – noch mit den Preisschildern daran, um sicherzustellen, dass sie nagelneu waren, wenn er sie das erste und einzige Mal anzog. Der berüchtigte Vermittler Ivan Boesky war bekannt dafür, dass er alle Vorspeisen auf der Speisekarte eines Restaurants bestellte. Dann probierte er jede einzelne, um sie bis auf eine in die Küche zurückzuschicken.

Brauchen Sie ein paar Anregungen, wie und wann Sie verschwenden sollten? Sie können beispielsweise einen teuren Wein in einem Restaurant bestellen und dann, wenn Sie gehen, die Flasche geöffnet und unberührt zurücklassen. Kaufen Sie die neueste Ausgabe Ihrer Lieblingszeitschrift an einem Kiosk, damit Sie sie im Flugzeug lesen können, obwohl zu Hause im Briefkasten ein Exemplar auf Sie wartet. Geben Sie Unsummen dafür aus, um Ihre kleine Tochter einzukleiden – sie wird aus ihrem 500-Mark-Kaschmirtwinset von Ribeiro herausgewachsen sein, bevor das Wetter so kalt wird, dass sie es tragen kann.

Aber an einem bestimmten Punkt erscheint Ihnen bloße Verschwendung zu profan und nur eine spektakuläre, zügellose Zerstörung von Reichtum kann Sie befriedigen. Rockstars machen sich die Mühe, ihre Hotelzimmer kurz und klein zu schlagen, weil sie gegenüber dem Luxus einer Präsidentensuite zu abgestumpft sind, um sich daran zu erfreuen.

Jedermann spürt den Thrill, der mit der Zerstörung verbunden ist, auch die damit einhergehende Tabuverletzung. Die neunte Herzogin von Marlborough (Consuelo Vanderbilt) erinnert sich an ein Dinner, bei dem die Gäste zutiefst erstarrten, als ein Bediensteter ein Tablett mit Unmengen an Geschirr fallen ließ. Es erwies sich, dass der Gastgeber, Lord de Grey, das Porzellan extra zu dem Zweck gekauft hatte, um es scheppern zu lassen; er wollte seine Gäste zum Übermut inspirieren.

Frank Sinatra hatte denselben Impuls. Einmal, in Las Vegas, bot er einem Kellner hundert Dollar an, damit er ein Tablett mit Gläsern zu Boden krachen ließ. (Der Kellner weigerte sich.) Die Schauspielerin Mia Farrow gab einst zwei ihrer Kinder in die Obhut ihres damaligen Liebhabers Woody Allen. Als sie nach einer knappen Stunde zurückkehrte, war Woody dabei, seine Hüte und Handschuhe in das Kaminfeuer zu werfen. Die Kinder waren hellauf begeistert. »Mir fiel nichts mehr ein«, soll er achselzuckend gesagt haben.

Zerstörung ist deshalb so erregend, weil sie tabuisiert ist – und manchmal ist die Verletzung eines Tabus derart schockierend, dass man die gänzliche Vernichtung unterbindet. 1991 kaufte der Japaner Ryoei Saito einen Van Gogh und einen Renoir für eine Gesamtsumme von 185 Millionen Dollar. Er erklärte, dass seine Bilder zum entsprechenden Zeitpunkt zusammen mit ihm selbst eingeäschert werden sollten – aber der Druck der internationalen Kritik war dermaßen stark, dass er gezwungen war, seine Pläne zu ändern.

Ihr Wunsch nach Destruktion braucht nicht ganz so scho-

reich

161

ckierend auszufallen. Machen Sie es den Millionären nach: Kaufen Sie ein Gebäude, das noch in einem perfekten Zustand ist (oder mehrere) und lassen Sie es dann abreißen, um auf dem Gelände ein neues zu errichten. Bill Gates veräußerte sein Haus für mehr als acht Millionen Dollar; der neue Besitzer machte es dem Erdboden gleich, um dort anschließend ein Anwesen aus importierten Steinen aus Europa im irischen Landhausstil zu errichten. Es ist weitaus aufregender, ein existierendes Haus zu zerstören und durch ein anderes zu ersetzen, als auf einem leeren Grundstück zu bauen. (Noch dazu, wenn ein Haus von Bill Gates für den Vernichtungsdrang herhalten muss.)

Der Marie-Antoinette-Verstoß

Vergessen Sie niemals, dass die Menschen exzessives Geldausgeben verwerflich finden – oder so tun, als seien sie darüber empört. Deshalb muss man es im Allgemeinen ein wenig kaschieren. Machen Sie es nicht so wie die französische Königin Marie Antoinette, die, als sie hörte, dass die Menschen hungerten, weil sie kein Brot hatten, vorschlug: »Sollen sie doch Kuchen essen.« Wann immer Sie Kosten, Wertschätzung und Verhältnismäßigkeit offensichtlich ignorieren, setzen Sie sich der Gefahr eines Marie-Antoinette-Missgriffs aus.

Vermeiden Sie diesen Effekt, wenn Sie selbst eine Vorbildfunktion innehaben. Die Environmental Media Association, ein Club von Führungskräften der Unterhaltungsbranche, der gegründet wurde, um den Amerikanern ein besseres Umweltbewusstsein nahe zu bringen, machte ganz und gar keinen guten Eindruck, als ihre angeblich ökologisch ausgerichteten Mitglieder bei ihrem ersten Treffen in Benzin fressenden Stretchlimousinen auftauchten.

Die Reagan-Administration hatte ihre ganz speziellen Probleme mit Marie-Antoinette-Verstößen – jeder einzelne war ein gefundenes Fressen für die Presse. Die First Lady, Nancy Reagan, hatte den Wunsch, im Weißen Haus ein Staatsgeschirr zu hinterlassen, das man für alle Zeiten mit ihrem Namen in Verbindung bringen würde. Unbeeindruckt von einem Kostenvoranschlag von 1000 Dollar pro Platzservice, entwarf sie Porzellan für

220 000 Dollar mit allen erdenklichen Tellerformen plus Fingerschalen, Müslibehältern, Obstschüsseln, Auflaufformen und kelchförmigen Behältern für Krabbencocktails. Jeder handgefertigte Teller hatte einen breiten scharlachroten, mit zwei feinen Goldrändern durchsetzten Rand und war mit einem Siegel des Präsidenten aus 24-karätigem Gold versehen. Nancy Reagan gab den Auftrag dieses Staatsporzellans am selben Tag bekannt, an dem ihr Mann, Präsident Reagan, Sparmaßnahmen für das subventionierte Schulmittagessen ankündigte — wobei er unter anderem erklärte, dass in

> **99** *Das Glück der Reichen, nach Lust und Laune verreisen oder sich ein Kleid kaufen zu können, das sie in einem Katalog gesehen haben, ist zugleich ihr Fluch, weil ihr Reichtum es ihnen erlaubt, sich ihre Wünsche auf der Stelle zu erfüllen. Kaum steht ihnen der Sinn nach Dresden, sitzen sie auch schon im Zug, kaum sehen sie ein Kleid, hängt es auch schon in ihrem Schrank. Im Gegensatz zu ihren weniger privilegierten Zeitgenossen erhalten sie somit gar nicht erst Gelegenheit, die Durststrecke zwischen Wunsch und Befriedigung zu überwinden, die allen Widrigkeiten zum Trotz einen unschätzbaren Vorzug besitzt: Sie bietet uns die Chance, uns in Dresdner Gemälde, Hüte, Morgenröcke und einen Menschen zu verlieben, der heute Abend nicht frei ist.*
>
> ALAIN DE BOTTON,
> WIE PROUST IHR LEBEN
> VERÄNDERN KANN

Zukunft *Ketchup* als Gemüse gewertet werde. Die zeitliche Koinzidenz dieser beiden Anordnungen blieb nicht unbemerkt. Charles Wick, einer von Reagans langjährigen Freunden, zeigte sich reichlich unsensibel, als er ausführte, dass es den pfennigbedachten Amerikanern ausgesprochen Freude bereite, den luxuriösen Lebensstil der Reagan-Clique zu bestaunen, ganz ähnlich wie es die US-Bürger während der Depression genossen hätten, sich Filme mit glamourösen Hollywoodstars anzuschauen: »Sie liebten jene glanzvollen Bilder ... die zeigten, dass Menschen das prunkvolle Leben scheinbar lebten.« Jetzt wissen Sie es: der glamouröse Lebensstil war in Wirklichkeit ein Dienst an der Öffentlichkeit.

Ebenso verletzend für das moralische Empfinden ist die Behauptung, sich einem Sparzwang unterwerfen zu müssen, der offenkundig unnötig ist. Im Sorgerechtsstreit zwischen dem Firmenaufkäufer Ronald Perelman und Patricia Duff über deren gemeinsame Tochter Caleigh, war Perelmans Behauptung, er könne seine Tochter für drei Dollar pro Tag ernähren, ein mediales Spektakel. Denn diese Aussage kam von einem Mann, der Milliarden besaß.

Hüten Sie sich vor der Versuchung, sich in einer Art und Weise darzustellen, die Ihrem Alter und Ihrem Background nicht entspricht. Sie stoßen die Menschen mit solchen Inszenierungen nur vor den Kopf und machen sich lächerlich. Während ihrer berüchtigten Ehe mit Donald Trump verlangte die Ivana-Nachfolgerin Marla Maples, eine Frau in den Zwanzigern und aus Georgia, von ihren Hausangestellten, dass sie während des Abendessens in Uniform hinter ihren Gästen standen.

Die Kehrseite des Luxus

Permanente Sinneslust mindert paradoxerweise das Verlangen und Begehren; Mangel ist ein unentbehrlicher Aspekt der Bedürfnisbefriedigung. Schon Nietzsche stellte fest: »Besitztümer verlieren im Allgemeinen durch den Besitz an Reiz.«

Befriedigung ist abhängig von einem gewissen Maß an Verzögerung, Verweigerung und Vorfreude – davon, dass man den Genuss eine Zeit lang entbehrte oder hinausschob. Eine umgehende Erfüllung der Wünsche bietet weitaus weniger Genuss.

[GOLDENE REGEL
Befriedigung gebiert Unzufriedenheit.]

Sie waren jetzt schon so viele Male in Ihrem Ferienhaus auf der Insel, dass sich ein Aufenthalt dort nicht mehr wie Ferien anfühlt. Sie können sich kaum noch darauf freuen, in das Haus zu fahren. Gewiss, das Wetter ist perfekt, die Zimmer sind groß und es gibt viele Annehmlichkeiten. Aber es existiert auf der Insel nichts Besonderes, und Sie fragen sich, warum all die anderen Urlauber so zufrieden aussehen. Sie beklagen sich

> ❞ *Wir fühlten uns äußerst behaglich, zumal in Anbetracht der Kälte, die draußen herrschte, nicht nur draußen auf der Straße, sondern überhaupt außerhalb der Bettlaken, da die Kammer ja nicht geheizt war. Um die Körperwärme richtig auszukosten, muss man an irgendeiner Stelle ein klein wenig frieren, gibt es doch keine Eigenschaft auf dieser Welt, die als solche nicht durch ihren Gegensatz bestimmt würde. Nichts ist an sich. Wenn einer wähnt, sich vollkommen behaglich zu fühlen, und zwar schon die längste Zeit, dann kann von Behagen, streng genommen, keine Rede mehr sein.*
>
> HERMANN MELVILLE,
> MOBY DICK

lieber beim Hausverwalter über den tropfenden Wasserhahn. Die Monotonie des schönen Lebens hat Sie der Fähigkeit beraubt, Freude zu empfinden. Also, was werden Sie jetzt tun, wenn Sie das Gefühl haben, dass der ständige Luxus Ihnen auf die Nerven geht? Versuchen Sie es mit einem der beiden Heilmittel:

Raffinesse

Um dem Gefühl der Sättigung und des Überdrusses entgegenzuwirken, sollten Sie Ihren Geschmack und Ihre Vorlieben extrem verfeinern. Eine hochsensible Wahrnehmung engt die Möglichkeiten, Freude zu empfinden, erheblich ein, und sehr bald vermögen Sie nur die raffiniertesten Genüsse wertzuschätzen. Sie suchen vergeblich nach dem Wein, der Wäscherei, den Möbeln, die Ihren hohen Maßstäben entsprechen. Eine einzige Erbse störte den Schlaf der wahren Prinzessin, obwohl sie auf einem Dutzend Matratzen ruhte.

Nostalgie de la boue

Wenn Sie es leid sind, reich zu sein, tun Sie so, als wären Sie arm. Kultivieren Sie das Perverse, die falschen Leute, den Schmutz und die Hässlichkeit. Die Monotonie des Reichtums stimuliert die *nostalgie de la boue* (»Sehnsucht nach Dreck«) – die Suche nach dem Reiz des Neuen in der Mittellosigkeit und dem Mangel, die romantische Liebe zur Armut und zum »Primitiven«, den Impuls, sich die Vitalität der Unterprivilegierten anzueignen, indem man sie imitiert.

Vor hundert Jahren waren in den Staaten »Poverty Socials« (Armutspartys) in Mode. Die Gäste kleideten sich in Lumpen, saßen auf defekten Seifenkisten und Kohleeimern, benutzten Zeitungen als Servietten, aßen Speisereste von hölzernen Tellern und tranken Bier aus rostigen Dosen. Ungefähr zur selben Zeit gab die berühmte Gastgeberin Mrs. Stuyvesant Fish in Newport einen »Ball der Hausangestellten«, wo sich die Eingeladenen als Zofen, Kammerdiener, Köche, Chauffeure oder Lakaien verkleideten. Es macht Spaß, gewöhnlich oder sogar arm zu wirken, wenn man es offensichtlich nicht ist. Ein ganzer Industriezweig beschäftigt sich damit, neue Jeans alt und schmutzig erscheinen zu lassen; schließlich sind die Konsumenten bereit, für jenen Schein von Schäbigkeit Geld zu bezahlen. Jeans von Calvin Klein für zwanzig Dollar sind viermal so viel wert, wenn man sie »stone-washed« kauft – der Jeanshersteller Diesel nennt dies »den Luxus des Schmutzes«. Und wenn Sie genügend Geld haben, dann können Sie es sich auch leisten, Ihren Urlaub nahezu in Dürftigkeit zu verbringen. Heutzutage entfliehen immer mehr Menschen ihrem High-Tech-Leben, um Orte zu finden, wo es weder Heizung noch Elektrizität, noch Sanitäranlagen gibt. Sie bezahlen eine Menge Geld, um *wenig* zu haben.

[
GOLDENE REGEL
Mit Geld kann man alles kaufen,
sogar Armut.
]

Doch Vorsicht: Nicht immer ist das Bekenntnis zur Armut passend. Nachdem Medienmanager Steve Ross und seine Frau Courtney ein Schloss im italienischen Todi gekauft hatten, einschließlich des dazugehörigen Bauerndorfs, und unendlich viel Land, schwärmte Courtney Ross: »Mein Mann und ich finden es so bezaubernd, weil es – wie unser Architekt es ausdrückte – so arm aussieht.« Anscheinend nahm jemand Anstoß an ihrer Wortwahl – aber obwohl der Rechtsanwalt der Familie Ross zu erklären versuchte, dass sie in Wirklichkeit nicht »arm«, sondern »rustikal« gemeint hatte, scheint es wahrscheinlicher, dass sie genau das meinte, was sie sagte.

Sie können Ihr Geld nutzen, um Signale zu setzen oder um sich selbst zu verwöhnen. Das sind die üblichen Methoden. Wenn keine dieser beiden Möglichkeiten Ihren Umgang mit Geld beschreibt, dann gehören Sie möglicherweise zu den wenigen Menschen, die Geld ausgeben, um ihre Lust an Objekten zu befriedigen. Diese ästhetische Leidenschaft ist eine angeborene Liebe zu schönen Dingen.

reich

KAPITEL NEUN

LUST AN SCHÖNEN OBJEKTEN

Wenn Sie Ihr Geld verwenden, um Ihre Sehnsucht nach außergewöhnlich schönen Gegenständen zu stillen, sind Sie ein Mensch, der eine sinnliche Leidenschaft für Dinge zu empfinden vermag, allein um ihrer selbst willen. Ein Mann wie George Way ist ganz offensichtlich ein solcher Mensch. Der Delikatessenhändler aus New York wandte alles Geld und alle Zeit auf, die er erübrigen konnte, um antike englische und holländische Möbel und Porträts aus dem 16. und 17. Jahrhundert zu sammeln, kostbare Schätze, die er in seinem winzigen Drei-Zimmer-Appartement unterbrachte.

> „ Es gibt doch nichts auf der Welt, was so viel Freude macht wie wirklich schöne Strümpfe.«
> »Nein«, antwortete Gudrun, »sicher nicht.«
>
> D. H. LAWRENCE,
> LIEBENDE FRAUEN

Bevor Sie verkünden, dass Sie genau dieses Gefühl kennen, diese Lust an Objekten, Sie haben dabei Ihre neuesten Prada-Schuhe im Kopf, sollten Sie bedenken, dass es schwierig ist, wahre Lust an Dingen von dem Wunsch nach dem Signalwert eines Gegenstands zu unterscheiden:

Quiz: Was ist wahre Lust am Objekt?

- Würde es Sie stören, eine Kopie eines Montblanc-Füllfederhalters zu kaufen, doch in exakt der gleichen Qualität?
- Fühlen Sie sich geradezu manisch zu teuren Objekten von bester Qualität hingezogen, empfinden aber eine gewisse

- Gleichgültigkeit gegenüber Gebrauchsgegenständen wie Besen, Bleistiften oder Teekesseln?
- Sind die Objekte Ihres Begehrens – ein Sportwagen, ein Pelzmantel, eine Armbanduhr – etwas, was die Menschen in ihrem Umfeld normalerweise besitzen?
- Ist es für Sie befriedigender, einen wunderschönen Schirm zu tragen, als eine perlmuttbesetzte Haarbürste zu benutzen?

Wenn Sie eine dieser Fragen mit »Ja« beantwortet haben, dann sind Sie kein wahrer Objektliebhaber. Was ist das Kriterium? Wer Lust an Dingen verspürt, braucht kein Publikum; dagegen verlangt das gekonnte Setzen von Signalen nach Zuschauern. Bei der Objektlust geht es nicht primär um Einzigartigkeit oder Labels, und es ist überhaupt nicht notwendig, andere Menschen mit den erstandenen Gegenständen zu beeindrucken. Objektlust ist eine unbezähmbare, überwältigende Passion für bestimmte Dinge.

Natürlich können Sie es lernen, selbst wenn Sie kein wirklicher Objektliebhaber sind, Objekte zu bewundern: Ein Innenarchitekt erklärt die phänomenale Konstruktion eines Sofas, ein Galeriebesitzer weist auf die Perfektion der Strichführung hin, der Verkäufer schwärmt von dem Stoff, dem Schnitt eines Anzugs. Dennoch müssen Sie beachten: Sie

> 99 Strike liebte nicht die Dinge an sich, er liebte die Vorstellung von den Dingen, das Konzept von Besitz. Manchmal war er rasend vor Verlangen, blind von all den Visionen von Dingen, die zu kaufen er viel zu krankhaft gerissen war, und in derart klebrigen Momenten wie diesem kam er sich vor, als würde er gefoltert, verführt und spürte auf eine freudlose Art, dass er jemanden austrickste, war sich aber nicht sicher, wen.
>
> RICHARD PRICE,
> SÖHNE DER NACHT

können zwar Ihren Geschmack trainieren, aber wahre Objektlust ist doch etwas Leidenschaftlicheres und Sinnlicheres als eine erlernte Wertschätzung, mag diese auch noch so hoch entwickelt sein. In ihren Tagebüchern sinnierte Virginia Woolf über

169

> *Er nahm nun einen Stoß Hemden heraus und breitete sie eines neben das andere vor uns aus, Hemden aus feinstem Leinen, aus dickster Seide und weichstem Flanell, die sich jetzt, wie er sie so hinwarf, in ihren Falten auflösten und in vielfarbigem Durcheinander vor uns auf dem Tisch lagen. Und da wir sie so bewunderten, brachte er immer mehr und mehr dazu, der weiche, reiche Haufen stieg immer höher – gestreifte, gemusterte, karierte Hemden, korallenfarben, apfelgrün, lavendelblau und orangegelb, mit Pariser Blau gestickten Monogrammen. Da warf Daisy plötzlich mit einem unterdrückten Laut ihren Kopf in die Hemden und begann wahnsinnig zu weinen.*
>
> *»Das alles sind ja so herrliche Hemden«, schluchzte sie, die Stimme erstickt in den Falten, »so herrliche Hemden. Und ich bin so traurig, denn ich habe noch nie, noch niemals so herrliche Hemden gesehen ...«*
>
> F. SCOTT FITZGERALD,
> DER GROSSE GATSBY

diesen Unterschied: »Aber ich muss daran denken, über meine *Kleider* zu schreiben, wenn ich das nächste Mal einen Impuls zum Schreiben spüre. Meine Liebe zu Kleidern interessiert mich zutiefst: nur, dass es keine Liebe ist, & was es ist, muss ich herausfinden.«

Die Lust an Dingen kann ein ausgesprochenes Vergnügen bereiten, wenn sie befriedigt wird, ist aber auch deprimierend und krank machend, wenn sie sich auf unerreichbare Objekte richtet. Aussichtslosigkeit kann Sie aber auch zutiefst reizen und in Versuchung führen; sie kann Sie zu tollkühnen Aktionen motivieren. Die Besessenheit eines Mannes nach antiken Uhren verleitete ihn dazu, mehr als zwölf Millionen Dollar des Unternehmens zu veruntreuen, dessen Vizepräsident er war. Da muss ihn schon ein extremes inneres Fieber für europäische Zeitmesser des 18. und 19. Jahrhunderts gepackt haben.

Jede vertane Chance erzeugt Schmerz und Bedauern. Sollten Sie etwa Ihre Sehnsucht stillen, indem Sie das Objekt nur anschauen, wissend, dass Sie es nicht besitzen können? Vielleicht ist es besser, nicht hinzusehen, die Gelüste zu verdrängen. Ein einfacher Schaufensterbummel kann ein heftiges Wollen und Wünschen auslösen, ein Drängen von unerträglicher Intensität: allein die zahllosen Waren, die dort ausgelegt sind, das Gefühl unendlicher Vielfalt hinter geschlossenen Türen!

Aber selbst dann, wenn Sie ein ersehntes Objekt erwerben, sind Sie frustriert, weil Sie sich dieses Ding letztendlich nicht wirklich zu Eigen machen können, es sei denn durch Zerstörung. Und so lässt die Sucht nach Besitz den Wunsch aufkommen, zu zerschmettern, zu zerfetzen und Dinge in Brand zu setzen.

Objekte zu lieben bedeutet, sie zu verabscheuen.

Varianten der Objektlust

Pure Objektlust ist sehr selten. Weitaus häufiger sind ihre beiden Varianten: der Spaß am Zugreifen und die Liebe zum Sammeln.

,, *Wer hätte noch nie beim Anblick eines großen, der Öffentlichkeit zugänglichen Meisterwerks der Architektur oder bei einem flüchtigen Blick auf ein harmonisch und kultiviert eingerichtetes Häuserinneres im Erdgeschoss (die offenen Noten auf dem Klavier, die gefüllten Bücherregale, der erwartungsvolle Kamin) das schlichte Bedürfnis verspürt, all das in Flammen aufgehen zu lassen? Von allen amüsanten und lehrreichen Missetaten Kaiser Neros – das einstürzende Schlafzimmer, mit dem er seine Mutter zu ermorden versuchte, der auf Zuhörer ausgeübte Zwang, seinem abscheulichen Gesang zu lauschen – ist das Anzünden Roms diejenige, die sich durch die befriedigende Eigenschaft auszeichnet, eine archetypische Handlung darzustellen.*

JOHN LANCHESTER,
DIE LUST UND IHR PREIS.
AUFZEICHNUNGEN EINES
REISENDEN GENTLEMAN

Das Zugreifen

Wer zugreift, empfindet dabei oft eine kindliche Freude, besonders, wenn es nichts kostet. Diese Tatsache erklärt die überraschende Zählebigkeit der Geschenke, die niemand wirklich will, aber jedermann nimmt: die Baseballkappen, Schlüsselanhänger, Kaffeebecher und Einkaufstaschen.

Um von der Lust der Menschen am *Zugreifen* zu profitieren, stellen Sie ihnen mit der Ware, die Sie ihnen anbieten, ein Ge-

171

schenk in Aussicht. Die Beigabe muss nicht einmal einen außergewöhnlichen Reiz haben – es reicht ein Probefläschchen Parfüm, eine kleine Pralinenauswahl, mit der die Reisenden in der Businessclass bedacht werden. Nutzen Sie die Attraktivität der Mini-Präsente, um sich Aufmerksamkeit für Ihre Wohltätigkeitsveranstaltung, Ihre Pressemitteilung oder Ihre Ladeneröffnung zu sichern.

TIPP: Um Menschen bei guter Laune zu halten, beglücken Sie sie mit kostenlosen Annehmlichkeiten. Internetfirmen, die unter Personalmangel leiden, überschütten ihre Mitarbeiter mit prestigeträchtigen Citterio-Schreibtischstühlen und kostenloser Mitgliedschaft im angesagtesten Fitness-Studio der Stadt.

Der Reiz des *Zugreifens* liegt in der Verletzung Ihrer Prinzipien oder in der Lust am Übermaß. (Die rein intellektuelle Einsicht, dass Sie die Gratisgeschenke im Preis längst mitgezahlt haben, schmälert das Vergnügen nicht.) Sie knabbern begierig an den kostenlosen Keksen, die man Ihnen auf den Tisch gestellt hat, obwohl Sie bereits ein Dessert gegessen haben. Sie freuen sich wie ein Schneekönig, wenn die Hotelangestellte, die Ihren Wagen parkt, Ihnen eine Rose überreicht, wenn Sie Ihnen das Auto zurückbringt – selbst, wenn Sie die Blume dann zu Hause wegwerfen.

Wer sich an bestimmte Zuwendungen gewöhnt hat, reagiert gereizt auf jede Veränderung – auch wenn der Bonus noch so unbedeutend gewesen sein mag. Eine von Lew Glucksmanns ersten, doch unbesonnenen Entscheidungen als neuer Vorstand von Lehman Brothers Kuhn Loeb war, nicht mehr wie üblich bei großen Kanzlei-Meetings einen livrierten Kellner ein Kästchen mit teuren Zigarren herumreichen zu lassen. Dabei wollte Glucksmanns die Verteilung der Zigarren gar nicht abschaffen, sondern lediglich, dass die Teilhaber selbst danach fragten. Doch diese zeigten sich derart erbost, dass Glucksmanns seine Entscheidung umgehend zurücknahm.

Egal wie viel Geld sie besitzen – die Menschen möchten etwas, für das sie nichts bezahlen müssen. Nancy Reagan war sehr erstaunt, als sie erfuhr, dass sie und der Präsident die Kosten für Lebensmittel, Toilettenartikel und Reinigung selbst zu tragen hatten, obwohl sie doch im Weißen Haus wohnten! Die Reichen erliegen genauso der Versuchung zuzugreifen wie die Armen, oder vielleicht sogar noch mehr, weil sie ja davon ausgehen, dass sie, weil sie viel haben, noch mehr bekommen müssen. Und so ist es auch: Reichen werden Dinge zugesteckt, für die andere bezahlen müssen (Zeitschriftenabonnements, keine Kontoführungsgebühren, Gastgeschenke auf Wohltätigkeitsveranstaltungen). Und wie steht's mit Ihnen? Wenn Sie ein Geschenk für eine Hochzeit, einen Geburtstag oder zur Geburt aussuchen, für wen geben Sie mehr Geld aus – für den vermögenden oder den weniger reichen Empfänger?

Ist eigentlich das *Zugreifen* für Sie von besonderem Reiz? Durchströmt Sie dabei ein erotischer Impuls? Einige Menschen werden süchtig nach den kleinen Errungenschaften (die Objekte selbst sind dabei nicht wichtig). Oder sie erleben – auf ein anderes Level übertragen – das Kaufen an sich als einen Rausch. Sie ertappen sich dabei, wie Sie ein Objekt nach dem anderen erwerben, fasziniert vom Surren des Kreditkarten-

> 99 *Es half ein wenig ihre ständige Nervenanspannung zu lösen, dieses tagtägliche Durchstreifen der Boutiquen und Warenhäuser von Beverly Hills, dieses Kaufen, dieses unaufhörliche Kaufen... Was machte es schon, ob sie die Kleider benötigte oder nicht?...(Sie verspürte) beim Betrachten der Schaufenster auf der Suche nach neuen Kaufobjekten ein sexuelles Prickeln. Das Prickeln lag im Anprobieren, im Kaufen selbst. Sobald sie etwas Neues erworben hatte, verlor es seine Bedeutung für sie.*
>
> JUDITH KRANTZ,
> SKRUPEL

Lesegeräts und den überquellenden Einkaufstüten. Zehn Wintermäntel, einhundert Paar Schuhe, Dutzende von Badeanzügen, Berge von Kleidern – alles überflüssige Teile, vieles davon hängt Monate später noch mit Preisschild im Schrank. Die Missachtung ihres Kontostands löst ein angenehmes Prickeln aus. Das Geld, das ihnen ihre Einkäufe ermöglicht, versetzt sie dauerhaft in einen Zustand sexueller, gieriger Erregung.

Die Faszination des *Zugreifens* erklärt auch die ewige, nahezu irrationale Popularität von Lotterien. Die Lotterie ist das moderne Märchen vom schnellen Geld: der Topf voller Gold am Ende des Regenbogens, die Gans, die goldene Eier legt, Stroh, das zu Gold gesponnen wird.

Zugleich lösen Lotterien bei denen, die nicht gewinnen, auch Aversionen aus; der Grund dafür ist die weit verbreitete Überzeugung, dass Geld eigentlich nur zu denen kommen sollte, die es verdienen. »Zum Neid«, so stellte der englische Essayist William Hazlitt fest, »gehört immer auch ein wenig Liebe zur Gerechtigkeit. Wir sind weitaus empörter über unverdientes als über verdientes Glück.« Der Gewinner eines Jackpots kaufte sich von seinem Geld zwei Radiostationen. Als durchsickerte, dass er den Kauf mit einem Lotteriegewinn finanziert hatte, verlangten die Mitarbeiter des Senders erheblich höhere Gehälter und erklärten, sie würden ausgebeutet. Da ihr neuer Boss plötzlich zu Geld gekommen war, hatten sie das Gefühl, dass sie ebenfalls ein unverhofftes Plus verdienten. Eine andere Gewinnerin, die knapp drei Millionen Dollar bekam, wurde vom Freund ihres Sohnes, beide waren im Teenageralter, verklagt; sie hatte ihm vor der Gewinnausspielung ans Herz gelegt, für sie zu beten. Gebete, die in Erfüllung gehen, befand der Freund, geben dem Fürsprecher ein Anrecht auf einen Teil des Gewinns. (Stellen Sie sich vor, Ihr bester Freund gewinnt die Million bei der Fernsehshow *Wer wird Millionär?* und Sie waren es, der ihm beim Ruf-einen-Freund-an-Joker die Gewinnantwort gaben. Hätten Sie das Gefühl, dass Ihnen ein Teil des Geldes zusteht? Und wenn ja, wie viel?)

So wie die Lotteriegewinner lösen auch die Millionäre des Internetzeitalters bei jenen, die nicht ihr eigenes IPO-Vermögen gemacht haben, Neid aus. Die Zeitungen berichten unentwegt von jungen, unerfahrenen Unternehmern, die aufgrund ihrer unausgegorenen, kostenintensiven Ideen reich werden. Wenn *die* es verdienen, reich zu sein, gilt dasselbe dann nicht auch für *Sie*?

Das Anhäufen

Die andere Variante von Objektlust ist die weit verbreitete Freude am Zusammentragen. Sammlungen sind deshalb so attraktiv, weil es den Menschen Vergnügen bereitet, sich eine Anhäufung ähnlicher Dinge anzuschauen. Sie genießen es, dass das von Ihnen erwählte Objekt in mehrfacher Ausführung vorhanden ist – ob es sich nun um etwas so Simples wie Salz- und Pfefferstreuer oder etwas so Imposantes wie Jerry Seinfelds Sammlung von sechzig Oldtimern handelt.

Einige Sammler haben einfach nur Spaß am Besitz; andere empfinden wahre Objektlust. Letztere haben ein profundes Wissen und strahlen intensive Leidenschaft aus (was ihnen eine gewisse Anziehungskraft verleiht). Sollten auch Sie sich möglicherweise

> *Nicht ausgelebter oder aber erfüllter Sex – früher erschien mir beides genauso anregend. Jeden Moment konnte eine Begegnung erotisch werden, konnten die Augen eines Mannes oder die meinen aufleuchten. Dieses Leben hatte viele Nachteile, und verheiratet zu sein ist mir bei weitem lieber, aber eines vermisse ich: das Gefühl der allumfassenden Erotisierung, der mit Möglichkeiten aufgeladenen Welt. Das finde ich nun beim Sammeln wieder.*
>
> PHYLLIS ROSE,
> DIE ENTDECKUNG DES GLÜCKS

als eine Person mit wahrer Objektlust darstellen wollen, dann ruinieren Sie jedoch niemals Ihren guten Ruf, indem Sie eines Tages erklären, Ihre Sammlung sei nun komplett. Ein großer Sammler findet nie ein Ende, *möchte* nie ein Ende finden.

Oder Sie könnten jenen Impuls der Sammellust in sein Gegenteil verkehren: anstatt viele gleichartige Dinge zusammenzutragen, erfreuen Sie sich an dem einzigartigen, vollkommenen Objekt. Ein solcher Gegenstand muss isoliert und an einem deutlich sichtbaren Platz aufgestellt und perfekt beleuchtet sein. Vielleicht wählen Sie einen griechischen Torso oder eine chinesische Vase oder ein grandioses Arrangement von Schwertlilien. Anstatt sich an der Vielzahl und Wiederholung zu erfreuen, genießen Sie die endgültige Perfektion eines einzelnen Objekts. In dem Ideal, das Sie besitzen, ist die Sammlung bereits enthalten.

Objektlust ist eine seltene und manchmal mühsame Passion. Die Gier des Geizigen ist dagegen weniger selten und kann im ernsten Fall zu einer Gefahr werden.

KAPITEL ZEHN

GELD, UM GELD ANZUHÄUFEN: DIE GIER DES GEIZIGEN

Die Sucht nach Geld kann erschreckende Formen annehmen. Sie sind ihr Opfer, wenn Sie das Geld am liebsten dazu benutzen, um es zu horten, einen Vorrat davon anzulegen, die Zinsen und die Zinseszinsen zu berechnen. Die meisten Menschen leiden bis zu einem gewissen Grad unter dieser Manie, aber bei einigen ist sie stärker als alle anderen Freuden, die sie sich möglicherweise mit Geld erkaufen könnten.

Der Geizige kann seine Gier verschiedentlich befriedigen: Er ergötzt sich an seinen Kontoauszügen und schaut zu, wie sich die Zahlen von Auszug zu Auszug vermehren, oder er gerät in Verzückung über den Reichtum, den man sehen und anfassen kann, beispielsweise als Gold und Silber, Juwelen, Banknoten, Münzen und Schatztruhen. Zwar ist die Geldsucht bei extrem reichen Menschen am auffälligsten – sie brauchen nicht zu sparen, deshalb erregt ihre Weigerung, sich vom Mammon zu trennen, mehr Aufmerksamkeit –, aber sie befällt Menschen in jeder finanziellen Situation.

Von allen Manifestationen des Reichtums ist Gold die edelste. Gold ist der Stoff, aus dem alte Mythen und Märchen vielfach ihre Faszination gewinnen. Da die Menschen jedes glänzende Metall nahezu instinktiv lieben, wird seine Symbolkraft immer wieder genutzt, häufig auf unerwartete Weise. Brioni, die italienische Nobelmarke für Herrenoutfits, verkauft maßgeschneiderte Anzüge, die aus einem Stoff gemacht sind, der nicht ungewöhnlich aussieht, aber tatsächlich von einem Goldfaden durchwirkt ist. Kostenpunkt: ungefähr 30 000 Mark. Für diejenigen, die nicht so viel ausgeben wollen, aber doch nicht von

»Gold« lassen können, geht es auch günstiger: Kaufen Sie eine Krawatte des Pariser Hemdenmachers Charvet – für knapp 400 Mark bekommen Sie eine mit vierzehnkarätigen Goldfäden.

Juwelen sind ebenfalls verführerisch. Sie werden allgemein geliebt und bewundert und wecken häufig eine Sehnsucht, die ihrem realen Wert nicht angemessen ist. Ein cleverer Restaurantbesitzer dachte sich eine Werbeaktion aus und versprach seinen Gästen als Zugabe zu jedem Abendessen einen Diamanten – und hielt jenes Versprechen, indem er Zahnstocher verschenkte, die mit einem winzigen Diamanten gekrönt waren. In den zehn Tagen, die die Aktion dauerte, war das Restaurant bis auf den letzten Platz ausgebucht. Die Gäste waren von dem Mini-Diamanten, den sie erhielten, nicht im Geringsten enttäuscht – man hatte ihn ja umsonst bekommen (die winzigen Steine kosteten den Besitzer insgesamt nur 500 Dollar).

Bargeld ist ebenso verlockend, zu allen Zeiten und in allen Formen. In seinem Bericht über die Cäsaren des alten Roms erzählt Sueton, wie Caligula »die Hände und die Kappen voller Münzen ergriff, die Menschen aller Klassen ihm hinhielten. Später entwickelte er eine Leidenschaft für die Lust, die ihm die Berührung von Geld vermittelte. Er schüttete Mengen von Goldmünzen auf einen freien Platz und ging mit nackten Füßen darüber oder wälzte sich darin.« Nichts verändert sich wirklich. Viele Jahrhunderte später wurde Andy Warhol auf einer seiner Geburtstagspartys

> Wir erlebten einen opulenten Sonnenuntergang. Ich stand unter einer blühenden Akazie. Der Ausdruck »Goldregen« ging mir durch den Sinn, und plötzlich überkam mich ein Gefühl, das ich Gier nennen will, obwohl es eigentlich eher das Verlangen nach einem Überschuss war, das Verlangen, in meinem Leben zur Abwechslung mal mehr als genug von irgendetwas zu haben. Ich wollte keine Kandidatin mehr sein, weder für eine Promotion noch für irgendetwas anderes; ich wollte auf der nächsten Stufe stehen, wo mir etwas zufallen würde, wie aufgelaufene Zinsen. Es war ein intensives Gefühl.
>
> NORMAN RUSH,
> DIE MASSNAHME

reich

177

mit Tausenden von Dollarnoten überschüttet. Steve Rubell, der Gründer des legendären Nachtclubs »Studio 54« in Manhattan, wurde durch den Anblick von Geld so erregt, dass er eines Abends 80 000 Dollar in Scheinen auf seinem Bett verteilte und darauf masturbierte. Geld, das man sehen und anfassen kann, hat etwas Unwiderstehliches.

TIPP: Um Menschen zu ermuntern, sich von ihrem Geld zu trennen, sollten Sie die innig geliebten Münzen und Scheine durch symbolisches Geld ersetzen: Chips, Plastikkarten, Tickets, Rechnungen, die man unterschreibt.

Da Menschen vor Geld, das man sehen und anfassen kann, eine tiefe Ehrfurcht empfinden, können Sie es auf besonders eindrucksvolle Weise nutzen, indem Sie es vernichten. Vor einigen Jahrzehnten verschenkten die reichen Haus- und Grundstücksbesitzer von Long Island Zigaretten, die in Hundert-Dollar-Noten eingewickelt und tatsächlich zum Rauchen gedacht waren. Der Lebenskünstler Stuart Holzman wurde dabei beobachtet, wie er von einem Schnellboot aus Hundert-Dollar-Scheine ins Wasser warf, nachdem er die Testamentsauflagen seines Onkels erfüllt hatte. Holzman, so hatte der Onkel verfügt, dürfe das Familienvermögen von fünfzig Millionen Dollar nur dann erben, wenn er einer regelmäßigen Arbeit bis zu seinem 35. Lebensjahr nachgehe (Holzman verbrachte zehn Jahre damit, als Busfahrer in New Jersey zu arbeiten). Salvator Dali warf mit den Worten: »Sehr wichtig! Alles kommt millionenfach zurück!« Hände voller Geldscheine aus den Fenstern von Hotelzimmern.

TIPP: Die beste Möglichkeit, andere mit Ihrem Reichtum zu beeindrucken, besteht darin, einen Teil davon auf spektakuläre Weise zu zerstören.

Während ein gelegentlicher Anflug von Gier durchaus normal ist, zeichnet sich wahres Getriebensein durch stete, außergewöhnliche Anstrengungen aus, verhältnismäßig geringe Geldsummen zu sparen, oder durch die Weigerung, Geld auf offensichtlich angemessene, sinnvolle Art auszugeben. Vor einigen Jahren, als die Herausgeberin der *Washington Post*, Katharine Graham, mit dem Milliardär Warren Buffett durch eine Flughafenhalle ging, bat sie ihn um ein Zehn-Cent-Stück zum Telefonieren. Er wollte gerade losgehen, um eine 25-Cent-Münze zu wechseln, als sie ihm erklärte, dass sie damit auch einen Anruf tätigen könne. Wahrscheinlich hatte Buffett anschließend eine schlaflose Nacht. Die Kinder von John D. Rockefeller, einst der reichste Mann der Welt, teilten sich ein einziges Fahrrad, und sein Sohn, John Jr., trug, bis er acht Jahre alt war, ausschließlich Mädchenkleidung – Sachen, aus denen seine drei älteren Schwestern herausgewachsen waren. Und

> *Um das Gold als Geld festzuhalten und daher als Element der Schatzbildung, muss es verhindert werden, zu zirkulieren oder als Kaufmittel sich in Genussmittel aufzulösen. Der Schatzbildner opfert daher dem Goldfetisch seine Fleischeslust.*
>
> KARL MARX,
> DAS KAPITAL

was ist mit dem Mann, der sich bückte, um vom Boden des Pissoirs ein Zehncentstück aufzuheben? Er konnte es nicht ertragen, eine Münze liegen zu lassen.

Sparzwang kann ein extrem schmerzlicher Zustand sein; eigentlich möchten Sie sich an den Dingen freuen, die man mit Geld kaufen kann, aber Sie sind einfach nicht fähig, es aus den Händen zu geben. Sie stehen so sehr unter dem Zwang zu knausern, dass Ihnen der Zugang zu Ihrem Reichtum verwehrt ist.

Geld kann auch dafür benutzt werden, sich andere weltliche Passionen zu erkaufen: Sie können damit Macht und Ruhm erlangen, die sonst außerhalb Ihrer Reichweite lägen.

reich

179

KAPITEL ELF

GELD, UM SICH MACHT ODER RUHM ZU ERKAUFEN

Macht

Wenn Sie mit Geld Macht erkaufen wollen, dann ist Geld für Sie nebensächlich. Ihr Hauptaugenmerk richtet sich auf den Zugewinn von Einfluss und Geltung. Zunächst einmal verleiht Geld Ihnen ein Machtgefühl über Ihre eigenen Lebensumstände. Sie triumphieren über die Notwendigkeit: Sie brauchen sich keine Sorgen mehr darüber zu machen, wie Sie Ihre Lebensmittel, Ihre Kleidung, die Wohnung, Arztrechnungen, die Ausbildung Ihrer Kinder, den kleinen, alltäglichen Luxus bezahlen sollen. Dozenten an Business-Schulen empfehlen ihren Studenten, ihr »Du-kannst-mich-mal«-Geld so rasch wie möglich zusammenzusparen, damit sie sich jederzeit aus einer unangenehmen Situation befreien können. Allein der Besitz von Geld ermöglicht es Ihnen, Geld außer Acht zu lassen.

Geld verleiht Ihnen zudem Macht über andere. Und Sie können Ihren Einfluss geschickt geltend machen. Sie beschließen, eine Start-up-Firma zu finanzieren, oder einen Rechtsanwalt damit zu beauftragen, Klage einzureichen, und Ihre Entscheidung verändert die Welt. Der milliardenschwere Währungsspekulant George Soros beeinflusst die Weltpolitik, indem er Projekte finanziert, die die Demokratie fördern.

Um Ihre Macht gegenüber Ihren Nachkommen geltend zu machen, sollten Sie Ihr Geld benutzen, um sie »auf den richtigen Weg zu bringen«. Ein moderner Trend in der Vermögensplanung besteht darin, seine Kinder gegen »Wohlstandsangst«, die Krankheit der Vermögenden, zu immunisieren (ein erblicher Zustand, der von den Reichen an ihre Kinder weitergegeben wird und durch einen planlosen und/oder hedonistischen Lebensstil charakterisiert ist). Sie könnten beispielsweise eine Stiftung einrichten, so dass Ihre Erben Ihr Geld nur dann bekommen, wenn Sie sich an Ihre Spielregeln halten. Verweigern Sie Zahlungen, falls Ihre Vermögensanwärter sich nicht regelmäßigen Drogentests unterziehen, oder belohnen Sie Ihre Erbin mit einem Bonus, wenn sie nicht arbeitet, bis die Kinder groß sind, oder finanzieren Sie die Gründung eines Geschäfts. Sie können Ihr Geld nicht mit ins Grab nehmen, das ist richtig, aber Sie können verfügen, wer es erbt und wie Ihre Erben es verwenden.

Aber Sie können sich Macht auch direkt erkaufen, beispielsweise politische Macht, indem Sie Ihre Millionen für die Finanzierung einer eigenen Wahlkampagne nutzbar machen – bedenken Sie, wie viele Kandidaten es heutzutage gibt, die ihr hart verdientes Geld ausgeben, um ihre politischen Ziele zu finanzieren. Medientycoon Steven Forbes schien einst bereit zu sein, sein gesamtes persönliches Vermögen zu investieren, um US-Präsident zu werden. Wäre der frühere Vorstandsvorsitzende von Goldman Sachs, Jon Corzine, ohne seine 350 Millionen Dollar ein überzeugender Kandidat für die Mitgliedschaft im amerikanischen Senat gewesen? Wenn Sie nicht selbst ein politisches Amt anstreben, dann kaufen Sie sich politische Macht und Ansehen, indem Sie verschiedenen Kandidaten Geld geben. 1996 wurden Personen, die große Summen für die demokratische Partei gespendet hatten, mit *Events* belohnt; die Art der jeweiligen Veranstaltung richtete sich nach der Höhe der Zuwendungen. Wer 10 000 bis 25 000 Dollar gegeben hatte, wurde zu einem großen Abendessen mit dem Präsidenten eingeladen, wer 50 000 bis 100 000 gespendet hatte, wurde zu intimeren Dinners oder zum Kaffeetrinken in kleiner Runde eingeladen, und wer mehr als 500 000 Dollar springen ließ, wurde gebeten, mit Clinton in der Air Force One zu fliegen, mit ihm

TIPP: Wenn Sie in einem Wahlkampf Geld spenden, dann lassen Sie es beiden Spitzenkandidaten zukommen, so dass Sie sich in jedem Fall Einfluss sichern, egal, wer gewinnt.

reich

181

eine Runde Golf zu spielen oder im Weißen Haus zu übernachten. Je mehr man spendete, desto mehr der kostbaren Zeit des Präsidenten erkaufte man sich – und desto mehr Gelegenheiten bekam man, eindrucksvolle Anekdoten zu sammeln, die man seinen Freunden erzählen konnte.

Kaufen Sie sich gesellschaftliche Macht, indem Sie unterschiedliche Summen nach einem strategisch ausgefeilten Plan an wohltätige Organisationen spenden. Die richtige Menge an Geld den richtigen Institutionen zukommen zu lassen, sichert Ihnen einen Sitz im Verwaltungsrat, wo Sie an wichtigen Entscheidungen mitwirken, mit wichtigen Leuten freundschaftlich verkehren, zuvorkommend behandelt und für die Zeitung fotografiert werden. (Spenden für wohltätige Zwecke können auch einen angeschlagenen Ruf retten – Bill Gates war, als er sich gegen die drohende Zerschlagung von Microsoft durch die US-Regierung zur Wehr setzte, außerordentlich großzügig. Was für ein freundlicher, verantwortungsbewusster Mann, so schwärmten die Journalisten, sehen Sie doch nur, wie viel Gutes er mit seinem Geld anstellt. Und er bewirkte *tatsächlich* Gutes mit seinem Geld.) Heutzutage verlangt die Mitgliedschaft in den einflussreichen Verwaltungsräten von Museen, Balletttruppen, Symphonieorchestern und Opernhäusern, dass man eine bestimmte Summe zahlt. 1999 erwartete man von den wichtigen Mitgliedern der Met eine Spende von 75 000 Dollar pro Jahr; von denen des Los Angeles County Museum of Art 50 000 Dollar. Die Summen sind in kleineren Städten nicht ganz so hoch. Das Ballett von Houston ist geradezu ein Schnäppchen mit seinem Beitrag von 5000 Dollar.

Kaufen Sie sich einen Platz in der Medienwelt, indem Sie sich ein Forum für Ihre persönliche Meinungsäußerung schaffen, so wie Rupert Murdoch es bei der *New York Post* und dem *Fox News Channel* tat, oder Larry Tisch bei *CBS*. Diese Form der Macht mit ihrer hektischen Informationsverarbeitung und ihrem Prestige ist derart faszinierend, dass ansonsten nüchtern und praktisch denkende Geschäftsleute dafür sogar in Kauf nahmen, Geld zu verlieren – so wie Si Newhouse mit dem *New Yorker*.

Sie brauchen nicht einmal selbst reich zu sein, um Macht ausüben zu können; Sie müssen nur kontrollieren, wo es hinfließt.

So haben hohe Regierungsbeamte Macht, weil sie an den Schalthebeln der Regierungsgelder und der Besteuerung sitzen. Selbst eine eher indirekte Einflussnahme auf finanzielle Transfers ist eine potenzielle Machtquelle. Collegeberater werden umschmeichelt und gefürchtet, weil sie darauf einwirken können, welche Studenten Plätze an den besten Universitäten bekommen, und deshalb letztendlich auch darauf, wer die beste, lukrativste Zukunft vor sich hat.

Eine weitere Bemerkung zur Fußwaschung

Die Menschen haben, auch wenn sie dies meist nicht offen eingestehen, einen gewaltigen Respekt vor Geld und Glamour, ganz abgesehen von ihrem Respekt vor der tatsächlichen Macht, die Geld verleiht. Und deshalb ist es nur natürlich, dass Macht den Impuls zum *Füßewaschen* auslöst.

Es ist zwar richtig, dass die Reichen häufig von Menschen verfolgt werden, die hinter ihrem Geld her sind, aber viele ihrer Anhänger wollen lediglich der Personifikation solcher Reichtümer ihren Götzendienst erweisen. Anthony Powell schrieb in seinem Buch *A Time To Be Born* über seinen Protagonisten Stringham: »(Er war) tatsächlich nicht wesentlich reicher als die meisten Collegestudenten seiner Klasse, und da er entschieden freigebig mit seinem Geld umging, war er

> „ *Auf dem Jahrmarkt der Eitelkeiten hängen die Leute sich ganz natürlich an die Reichen. Schon die einfachsten Menschen sind geneigt, sehr freundlich auf großen Reichtum zu blicken. Ich möchte den aus dem britischen Volk sehen, der behaupten könnte, der Gedanke an Reichtum habe nicht etwas Ehrfurchtgebietendes und Anziehendes für ihn. Wenn du erfährst, dass der Mann, der bei Tisch neben dir sitzt, eine halbe Million hat, siehst du ihn da nicht auch mit einem gewissen Interesse an? Wenn nun die einfachen Leute schon so wohlwollend auf das Geld blicken, wie viel mehr muss es erst so ein Weltmann schätzen! Sofort stürzt man hinaus, um das Geld liebenswürdig willkommen zu heißen.*
>
> WILLIAM MAKEPEACE THACKERAY, *JAHRMARKT DER EITELKEITEN (ODER EIN ROMAN OHNE HELD)*

183

gewöhnlich knapp bei Kasse, aber von den Ausläufern seines familiären Hintergrunds wehte gelegentlich der verwirrende, aromatische Duft des Goldes herüber, der Duft, der, sogar zu diesem frühen Zeitpunkt in unserem Leben, selbst auf zufällige Bekannte eine berauschende Wirkung haben kann, deren daraus folgende unerwartete Hartnäckigkeit und Entschlossenheit, nichts übel zu nehmen, daran erinnerten, das Stringhams Mutter das war, was Widmerpool als ›immens reich‹ beschrieben hatte.«

Ruhm

Wenn Sie Ruhm für Ihr Geld wollen, dann können Sie ihn sich auch tatsächlich erkaufen. Umgeben Sie sich mit einer Aura von Weltgeltung, indem Sie ein bewundertes Objekt kaufen. Als Besitzer des Hope-Diamanten, des Mar-a-Lago-Anwesens oder der *Sonnenblumen* von Van Gogh werden Sie zumindest für kurze Zeit berühmt. Dieses Renommee wird Sie allerdings eine Menge Geld kosten. Der Kontakt mit Ruhm ist so wertvoll, dass die Preise dafür in astronomische Höhen klettern: Der Ball, mit dem Mark McGwire der 70. Home-Run gelang, wurde für die erstaunliche Summe von etwas mehr als drei Millionen Dollar versteigert.

Oder erwerben Sie Ruhm, indem Sie sich Berichterstattung in den Medien erkaufen. Der größte Teil der unendlich vielen Millionen, die Steve Forbes in seine verschiedenen Präsidentschaftskampagnen investierte, wurde für entsprechende Berichte ausgegeben – Forbes wurde nie Präsident, aber immerhin berühmt. Lassen Sie Ihr Foto auf eine Reklamewand an einer befahrenen Kreuzung kleben – wenig später kennt jeder Autofahrer in der Stadt Ihren Namen und Ihr Gesicht.

Engagieren Sie einen PR-Berater, der darauf spezialisiert ist, Ihnen Aufmerksamkeit zu verschaffen und Ihr Image in Szene zu setzen. Ihr PR-Agent kann dafür sorgen, dass Ihre Leistungen bemerkt werden, dass das Wort »Spitzenmanager« vor Ihrem Namen erscheint und Ihr Abschied von Ihrem letzten Job in *Ihrer* Version, nicht in der Ihres früheren Arbeitgebers dargestellt wird. Wünschen Sie Publicity als Mitglied der oberen Zehntausend? Ihr persönlicher Stratege kann Ihnen sagen, in welchen Läden Sie shoppen müssen, welche Wohltätigkeitsveranstaltungen und Partys Sie besuchen, wo Sie Ihr Wochenendhaus kaufen und wann Sie dorthin fahren sollten; danach wird er dafür sorgen, dass man über Ihr Tun in den entsprechenden Medien berichtet.

Lassen Sie aber niemanden wissen, wie hart Sie daran arbeiten, Ihr Image aufzupolieren. Bleiben Sie stets gelassen und entspannt. Da sich Ihr Ruhm ganz spontan, als Resultat Ihrer besonderen Qualitäten darstellen sollte, ist es nur richtig, wenn Sie leugnen, wie sehr Sie sich bemühen, die Ruhmesleiter zu erklimmen. Die meisten Berühmtheiten geben vor, vom Ruhm überrascht worden zu sein; es sei, so behaupten sie, das intensive Interesse der Öffentlichkeit, das sie aus dem Zustand der Unbekanntheit herauskatapultiert habe.

Sie können sich Ruhm auch erwerben, indem Sie Geld verschenken. Doch sollte Ihre menschenfreundliche Gabe groß genug sein, um die Aufmerksamkeit der Medien zu erregen, Anlass für einen Empfang zu Ihren Ehren sein, Ihnen eine Gedenktafel garantieren. Stiften Sie Geld für eine angesehene Institution. Sehnen Sie sich danach, Ihren Namen über der Tür eines öffentlichen Monuments verewigt zu sehen? Begründen Sie eine kulturelle Einrichtung, so wie Guggenheim, Getty oder Carnegie es taten. Nehmen Sie sich ein Beispiel an Joseph Hirshhorn: Er stiftete dem Smithsonian Museum in Washington seine Kunstsammlung, unter der Voraussetzung, dass die Regierung ein passendes Gebäude für die Kunstschätze bauen würde.

Natürlich können Sie Geld auch verwenden, um Sex zu kaufen, aber jene unmittelbare kommerzielle Transaktion wird erst im Kapitel »Sexy« erörtert.

Zwar können Sie sich mit Geld enorme Befriedigung kaufen, aber vor Katzenjammer sind Sie dennoch nicht sicher. Wenn Sie einmal das Geld haben, um Ihre individuellen Bedürfnisse (einigermaßen) zu befriedigen, werden Sie sich bewusst, wie viel diese Vergnügungen Sie kosten – und Sie realisieren, welche Lustbarkeiten außerhalb Ihrer Reichweite bleiben.

reich

185

KAPITEL ZWÖLF

DER BLUES NIMMT KEIN ENDE

Wenn Sie gerade erst anfangen, Geld anzuhäufen, dann ist seine Wirkung umfassend und wunderbar. Endlich einmal hemmungslos einkaufen können, ohne jeden Pfennig umzudrehen. Aber schon bald entdecken Sie, dass Ihnen das nicht genügt.

Die Unzufriedenheit, die Geld erzeugt, ergreift von Ihnen Besitz; Sie sind in der Spirale steigender Erwartungen gefangen. Sie brauchen mehr, nicht schrecklich viel mehr, nur so viel, dass Sie eine Stufe weiterkommen. Aber sobald Sie das geschafft haben und einen Augenblick innehalten, um sich mit selbstgefälligem Stolz umzuschauen, erkennen Sie in aller Deutlichkeit, dass Ihnen noch einiges fehlt. Ein anderer aus Ihrem Bekanntenkreis besitzt etwas, das noch größer, noch edler, noch seltener ist. Geld erzeugt eine tiefe Ernüchterung, da Sie erkennen, dass Sie – egal, wie viel Sie haben – doch noch nicht ganz oben angekommen sind. Was bleibt Microsoft-Gründer, Bill Gates, einem der reichsten und mächtigsten Männer der Welt, zu wünschen übrig? Er sehnt sich nach dem Privileg, in den Augusta National Golfclub aufgenommen zu werden, der nur dreihundert Mitglieder hat. Wird er es schaffen?

Sie begreifen auch den Preis der Freiheit, die Sie sich mit Ihrem Geld erkaufen. Manchmal ist es schwieriger, sein Personal anzuleiten, als die Arbeit selbst zu tun. Sie sind niemals allein, niemals vor den Blicken anderer geschützt. Ständig hört oder sieht Ihnen jemand zu.

Da Sie so viel zahlen, erwarten Sie Perfektion – aber Ihr Leben ist nicht perfekt. Während Ihre Ansprüche steigen, verlieren Sie mehr und mehr die Geduld mit den Dingen und Menschen in Ihrer Umgebung. Die Vorhänge fallen nicht gerade, der Fahrer kommt zu spät, die Eier sind zu hart gekocht. Sie sind ständig damit beschäftigt, etwas zu renovieren, zu verbessern, zu ersetzen. Und ständig plagt Sie der Verdacht, dass die Leute Sie übers Ohr hauen wollen. Es wird schwieriger, sich rundum wohl zu fühlen. Jetzt, da Sie sich an reine Leinenbettwäsche und frisch gepressten Orangensaft gewöhnt haben, fühlen Sie sich nur in Ihrem eigenen perfekten Schlafzimmer oder in den teuersten Hotels wohl. Sie haben etwas Wichtiges verloren: die Fähigkeit mit dem Notwendigsten auszukommen. Sie haben so hart gearbeitet, um sich etwas Besseres leisten zu können, dass Sie nicht erkennen, wie unkompliziert und stark sie diese Fähigkeit einst gemacht hat. Vielleicht bilden Sie sich ein, diese Bodenhaftung noch immer zu haben, aber Ihre Kinder kennen sie nicht.

Auch wenn Sie das ständige Geldausgeben und Signalisieren leid sind, werden Sie feststellen, dass Sie ihm nicht entfliehen können. Es gibt keine Möglichkeit, sich dem Signalisieren zu entziehen, und Sie fühlen sich längst als Opfer dieser materiellen Zwänge.

Sie stellen auch fest, dass mit Ihnen keine Veränderung vorgegangen ist. Sie dachten, Geld könnte Ihnen den Glamour eines Stars verschaffen, das exquisite Urteil eines Kenners, das Wissen, um sich mit den richtigen Leuten unterhalten zu können. Aber Sie haben nie gelernt, Französisch zu sprechen oder ein Segelboot zu lenken; Sie haben weiterhin einen unkultivierten Gaumen und ein unkritisches Auge. Sie müssen jene überflüssigen sieben Kilo noch immer abnehmen. Sie entdecken zu Ihrem Ärger, dass Sie mit Geld zwar Ersatzobjekte kaufen können, die dem Original sehr ähnlich kommen, dass Sie aber das Original gar nicht von der Fälschung unterscheiden können. Geld kann Glück fördern, aber nicht erkaufen, ganz zu schweigen von familiärem Glück oder Lebenssinn.

reich

187

berü

hmt

berühmt

KAPITEL DREIZEHN

WAS IST RUHM?

Möchten Sie nicht auch gesehen und erkannt werden? Würde es Sie nicht auch glücklich machen, wenn Fremde Ihren Namen kennen, wenn Sie angestarrt werden, sobald Sie einen Raum betreten. Genau das ist Berühmtheit: von Fremden erkannt zu werden. Und Sie interessiert dabei ungemein die Frage: *Ob sie mich wohl schon bemerkt haben?*

Bekannt zu sein hat einen besonderen Reiz: die zusätzlichen Gefälligkeiten, die schmeichelhaften, befriedigenden Aufmerksamkeiten. »In der Seele des Menschen«, so beobachtete William Hazlitt, »gibt es eine natürliche Sehnsucht, für das eigene Porträt zu sitzen, das Objekt fortwährender Beobachtung zu sein, überall Bilder von sich selbst zu erblicken.« Sie malen sich aus, wie Sie charmant und lächelnd Autogramme geben, wie Sie intelligent Ihre Meinung in den Talkshows am Sonntagmorgen verbreiten, wie fasziniert Ihre Zuhörer Ihnen lauschen, wenn Sie auf die Bühne treten und mit donnernder Stimme zu ihnen sprechen.

> **,,** *Es war ein lang gedehnter Kuss, als wüssten sie, dass sie beobachtet wurden, oder hätten es immer erhofft. Jedermann wollte ein Star sein, sogar ein kinderloser Banker, der das Wochenende mit seiner kinderlosen Ehefrau, einer Fotografin, in der finstersten Provinz verbrachte. Sam sagte gelegentlich, dass Publicity den Platz von Freundlichkeit und Charme eingenommen habe. Jetzt richtete sich sein Auge nicht mehr auf den Sperling, aber die Linse eines Camcorders tat es.*
>
> SCOTT SPENCER,
> *DAS PSEUDONYM*

Aber berühmt zu werden – selbst für lumpige fünfzehn Minuten Sendezeit – ist nicht leicht. Bedenken Sie nur, was Menschen dafür alles auf sich nehmen. Massen stehen vor dem gläsernen Studio der *Today-Show*, dem amerikanischen »Frühstücksfernsehen« mit großem Prominentenaufgebot, scheuen

191

weder Regen noch Kälte, um in die Kamera zu winken und mit Katie, Matt, Al und Ann zu reden. Mehr als tausend hoffnungsvolle junge Leute kamen, um bei der Talentsuche des Fernsehsenders *MTV* vorzusingen; einige trafen bereits am Vortag ein und schliefen bei Regenwetter im Freien. Den Moderatoren von Nachmittagstalkshows mangelt es niemals an Gästen, die bereit sind, die intimsten und demütigendsten Details ihres Lebens preiszugeben, nur um einmal im Fernsehen aufzutreten.

Vielleicht haben Sie sich bereits von der Vorstellung, berühmt zu sein, verführen lassen. Konnten Sie sich schon dabei ertappen, wie Sie bestimmte Posen von Celebrities imitierten, die wissen, dass sie permanent im Rampenlicht stehen? Das gewinnende Lächeln, die ausladenden Gesten, die Herzlichkeit oder Distanziertheit? Sie haben sich sogar schon ausgemalt, wie Ihr Biograf Ihre Scheidung beschreiben würde.

Bekanntheit ist das Sahnehäubchen auf dem hart erarbeiteten Erfolg, und häufig wird der Erfolg nur durch Bekanntheit zu einer messbaren Größe. Der Ruhm verleiht Ihren Leistungen das Echtheitszertifikat; erst danach erhalten Sie die Aufmerksamkeit und Anerkennung, die Sie verdienen. Durch Macht und Ruhm gewinnen Sie Ehre; durch Geld und Ruhm werden Sie zu einem Herrscher; Sex und Ruhm bedeuten Glamour.

Ihre Berühmtheit ist von anderen Menschen abhängig; sie ist etwas, das nur im Denken und in den Fantasien anderer Menschen existiert. Sie sind die Schöpfung Ihrer Fans. Aber Sie müssen herausfinden, welche Art von Bekanntheit Sie sich wünschen?

Quiz: Möchten Sie ein Star sein?

Wählen Sie die Aussage, die Ihre Einstellung zum Berühmtsein am besten beschreibt:

A. »Es ist mir egal, ob ich meinen Namen oder mein Foto in den Zeitungen sehe, aber was ich mir wirklich wünsche, ist der Respekt und die Aufmerksamkeit meiner Kollegen.«

B. »Ich möchte, dass die Öffentlichkeit meinen Namen kennt und zu schätzen weiß, was ich leiste; aber es würde mir nicht gefallen, von Fremden auf dem Bürgersteig angesprochen zu werden.«

C. »Ich möchte, dass Fremde mich mit meinem Namen anreden und dass man sich nach mir umdreht, wenn ich vorbeigehe.«

D. »Ich wünsche mir Bewunderung und Anerkennung, damit die Menschen sich noch viele Jahre lang für mich und meine Taten interessieren.«

Wenn Sie A geantwortet haben, dann wünschen Sie sich, *ein großer Fisch in einem kleinen Teich* zu sein.

Wenn Sie B geantwortet haben, dann wünschen Sie sich, *eine bekannte Größe* zu sein.

Wenn Sie C geantwortet haben, dann wünschen Sie sich, *ein Star* zu sein.

Wenn Sie D geantwortet haben, dann wünschen Sie sich, *ein Idol* zu sein.

Großer Fisch, kleiner Teich

Ein großer Fisch in einem kleinen Teich genießt die Hochachtung der Kollegen und Bekannten, darüber hinaus besitzt er keine Popularität. Der Tankstellenwart in Delaware erkennt Ihr Gesicht nicht, und der Hotelbesitzer springt nicht vom Stuhl auf, wenn er Ihren Namen hört, aber wenn Sie sich bei einer Konferenz vorstellen oder die Flure eines bestimmten Gebäudes entlanggehen, dann reißen sich die Menschen darum, in Ihrer Nähe zu sein.

Die Bekanntheit eines *großen Fisches in einem kleinen Teich* ist zwar begrenzt, aber enorm befriedigend. Für Sie zählt Ihre unmittelbare Umgebung; dort begegnen Sie den Menschen, die Sie beeindrucken wollen. Also stürzen Sie sich auf Aktivitäten Ihres Lebensumfeldes: Engagieren Sie sich für Wohltätigkeitsveranstaltungen, Lokalpolitik und Schulen; profilieren Sie sich in Ihrer Berufsgenossenschaft und engagieren Sie sich für aktuelle politische Themen. Ihre Berühmtheit braucht über die Grenzen

Ihrer Stadt oder über den Kreis Ihrer Branchenkollegen nicht hinauszugehen. Viele Groß-Fische wollen ohnehin nur von denen anerkannt werden, die Ihnen wichtig sind – von den Schachfreunden oder den Ärztekollegen – und deshalb erscheint ihnen öffentliche Geltung im großen Stil wenig attraktiv.

Machen Sie nicht den Fehler, das Ausmaß Ihrer Bekanntheit zu überschätzen. Ihre – im kleinen Rahmen – herausragende Position könnte Sie zu der Annahme verleiten, dass Sie auch außerhalb Ihres Teichs eine bewunderte Persönlichkeit sind. Sie sind es nicht. Erwarten Sie von der allgemeinen Öffentlichkeit nicht die Wertschätzung und Verehrung, die Sie auf Ihrem eigenen Terrain als selbstverständlich betrachten. Denken Sie an den Washingtoner Richter, der erklärte:»Ich liebe die Anonymität von New York. Hier bin ich einfach nur ein Bundesrichter und ich kann auf den Fairway-Markt auf der Upper West Side gehen und niemand erkennt mich.« Warum auch? Oder an die Partnerin in der Rechtsanwaltskanzlei, die einer jungen Kollegin erklärte: »Ich war nach der Geburt meines Babys in einem Zimmer zweiter Klasse, aber als man herausfand, wer ich bin, wurde ich sofort in die erste Klasse verlegt.« Die Kollegin beging den Fehler nachzufragen:»Tja, und wer *sind* Sie denn?«

Die bekannte Größe

Sie ist in weiten Kreisen berühmt, aber die Menschen bringen ihre Popularität mehr mit ihrem Namen als mit ihrem Gesicht in Zusammenhang. *Eine bekannte Größe* ist nicht eindeutig definiert. Es gibt verschiedene Ausformungen: als gesichtsloser Name, als Mitglied einer berühmten Familie, als gefallener Star.

Wenn mit Ihrem Namen kein Gesicht verbunden wird, dann kennen die Menschen zumeist den Grund für Ihre Berühmtheit, aber sie würden Sie auf der Straße nicht erkennen. Die Kinderbuchautorin J. K. Rowling (*Harry Potter*) oder der Regisseur James Cameron (*Titanic*) sind beispielsweise vielen bekannt, aber da sie sich kaum in der Öffentlichkeit zeigen, bleiben sie auch von ihr weitgehend unbehelligt.

Mag sein, dass die Menschen Sie nicht erkennen, aber wenn sie Ihren Namen hören, dann wissen sie, dass Sie ein Mitglied einer berühmten Familie sind. Sie wären begeistert, in näheren Kontakt mit Ihnen zu kommen – wann hat man schon einmal die Chance, einen richtigen Rockefeller, Astor oder Cabot zu treffen. Möglicherweise sind Sie sogar ein *etabliertes* Mitglied einer berühmten Familie und Ihre gesellschaftliche Berühmtheit wird auf den Klatschseiten der People- und Lifestyle-Magazine bestätigt. (»Hey, ist das nicht eine der Miller-Schwestern?«, hören Sie bei Partys andauernd jemanden fragen.)

Einst waren Sie ein Star, jetzt sind Sie nur noch *eine bekannte Größe*. Eigentlich erkennt man Ihr Gesicht, man weiß aber nicht so recht, wie man Sie einordnen soll. Die Leute fragen: »Wo mag die jetzt wohl sein?«, »Lebt er denn überhaupt noch?«, wenn es um gefallene Stars wie den Sänger Art Garfunkel oder den einstigen Crysler Manager, Lee Iacocca, geht. Diese frustrierende Form des vergangenen Ruhms ist am schwersten zu ertragen; ein gefallener Star kann sich niemals in die völlige Anonymität zurückziehen, er ist ständig mit Reminiszenzen an vergangene Triumphe konfrontiert. Gequält fragen Sie sich, ob Ihnen jemals ein Comeback gelingen wird.

[
GOLDENE REGEL
Es ist bedrückender, den Höhepunkt
seiner Karriere überschritten zu haben,
als niemals am Gipfel angekommen zu sein.
]

Der Star

Einen Star muss man nicht mehr vorstellen. Fremde wissen genau, wer Sie sind und was Sie machen. Sie entdecken Sie sofort; sie können ihren Blick nicht von Ihnen abwenden. Sie sind fasziniert, Sie leibhaftig vor sich zu sehen. Da Sie nur dann ein wirklicher Star sind, wenn die Leute Sie anstarren, sobald Sie aus dem Haus gehen, müssen Sie etwas tun, wodurch Ihr Name und Ihr Gesicht der Öffentlichkeit präsent bleibt.

berühmt

Wenn Sie erst ein Star sind, dann vermehrt sich Ihr Ruhm von selbst und Sie können wenig dagegen tun. Gerissene Marketingexperten versuchen so schnell wie möglich aus dem Interesse, das die Öffentlichkeit an Ihnen hat, Kapital zu schlagen. Sie drucken Ihr Foto auf Tassen und T-Shirts, bitten Sie inständig, bei bestimmten Anlässen anwesend zu sein, bezahlen Ihnen eine hübsche Summe für Ihre Unterschrift und veröffentlichen Ihre Lebensgeschichte, Ihre Jugendgedichte, Ihre Rezepte. Profitieren Sie von diesem Bedürfnis, um durch Allgegenwärtigkeit noch berühmter zu werden. Bald ist Ihr Name die Antwort auf eine Frage in einer Gameshow; er taucht in Kreuzworträtseln auf, und ein Drink oder eine Blume wird nach Ihnen benannt. Ein Wissenschaftler bezeichnet eine bestimmte Art von Bakterien nach Ihnen (Michael Jordan wurde durch die *Salmonella mjordan* geehrt), und Sie werden in Madame Tussauds Wachsfigurenkabinett verewigt. Machen Sie sich bewusst, dass der Zustand, ein Star zu sein, wenig mit den Qualitäten der betreffenden Person zu tun hat. Man denke nur an die Spice Girls.

Eine Subkategorie des Stars ist die *Eintagsfliege*, jene Person, die über Nacht enorm berühmt wird, überall auftaucht und dann verschwindet. Schon jetzt verblassen die Namen und Gesichter von Jenny Elvers, Verona Feldbusch und Zlatko, obwohl es eine Zeit gab, wo sie in jeder Talkshow und auf jedem Zeitschriftencover zu sehen waren. Als *Eintagsfliege* genießen Sie Ihren Ruhm nur für kurze Zeit, aber wahrscheinlich haben Sie auch gar nichts anderes erwartet. Irgendwann gleiten Sie problemlos (oder vielleicht auch nicht) zurück in ein gewöhnliches Leben, mit einem Hauch von Glamour um sich, einem dickeren Bankkonto und einem Fotoalbum, das aus allen Nähten platzt.

Das Idol

Wenn Sie ein Idol sind, hat Ihre Berühmtheit bereits historische Ausmaße erreicht. Nur sehr wenige Menschen erreichen diesen Status: Louis Armstrong, Anne Frank, Elvis Presley oder Prinzessin Diana sind Idole des zwanzigsten Jahrhunderts. Es ist nicht immer leicht, genau zu bestimmen, wann ein Star ein Idol wird. Ein so seltener Aufstieg in höchste Höhen scheint wahrscheinlicher, wenn Sie für ein sehr ungewöhnliches Schicksal auserkoren sind, wenn Ihre Leistung die aller anderen Menschen bei weitem übertrifft oder wenn Sie eine Ära oder eine Bewegung verkörpern. Sie haben zudem bessere Chancen, ein Idol zu werden, wenn Ihre Rolle in der Geschichte oder Ihre Erkenntnisse leicht verständlich sind. Ein General wird eher zum Idol als ein Diplomat. Zwar können sehr wenige Menschen die Gedankengänge Albert Einsteins (das Nachrichtenmagazin *Time* wählte ihn zum Mann des Jahrhunderts) verstehen, aber jeder kann sich seine Formel $E = mc^2$ merken.

Ein tragischer Weg, ein Idol zu werden, führt über einen vorzeitigen Tod – ob nun durch Mord wie im Falle Abraham Lincolns, John F. Kennedys, Martin Luther Kings oder John Lennons, durch Unfälle wie bei James Dean oder Amelia Earhart, oder durch einen Freitod wie bei Marilyn Monroe. Der Tod verewigt Ihre Leistungen, bringt Ihre Kritiker zum Schweigen und lässt Sie für alle Zeiten auf dem Höhepunkt Ihres Ruhms verharren. Ein Abstieg ins Vergessen bleibt Ihnen erspart. In einer makabren Hollywoodanekdote sagt ein Agent zu einem anderen: »Eben ist Elvis Presley gestorben.« Der andere nickt anerkennend: »Großartiger Karriereschachzug.«

Die Öffentlichkeit erwartet von Idolen nahezu Übermenschliches. Martin Luther King erzählt in seiner Biografie von der Hinrichtung eines Gefangenen durch Giftgas: »Das Opfer war ein junger Schwarzer. Als die Giftkapsel in die Todeszelle fiel und Gas in einer Kräuselbewegung nach oben stieg, hörte man durch das dort angebrachte Mikrofon folgende Worte: ›Rette mich, Joe Louis. Rette mich, Joe Louis. Rette mich, Joe Louis ...‹« Der letzte Gedanke des Sterbenden war eine verzweifelte Bitte an den legendären Boxer, in der Hoffnung, er könnte das Unheil noch abwenden.

Als Idol inspirieren Sie Ihre Mitmenschen, Sie zu verehren und Devotionalien zu sammeln. Die Menschen wollen Sie berühren oder zumindest etwas berühren, was Sie angefasst haben. Winston Churchill erinnerte sich daran, wie er nach einem deutschen Luftangriff durch ein bombardiertes Gebiet in London

berühmt

197

fuhr und von Menschen umringt wurde: »Sie jubelten und gaben auf lebhafte Art ihrer Begeisterung Ausdruck, wollten meine Kleider berühren und streicheln.« Präsidenten benutzen gern mehrere Füllfederhalter, um einen Vertrag oder ein wichtiges Dokument zu unterschreiben, so dass jeder wichtige Staatsgast ein historisches Utensil, berührt von der Hand des Staatsoberhauptes, mit nach Hause nehmen kann. (Ein Präsident erwirbt durch seine herausragende Funktion automatisch den Status eines Idols, aber wenn dieser von Dauer sein soll, muss er ihn sich verdienen. Franklin Deleano Roosevelt ist dies gelungen, Gerald Ford nicht.) Der legendäre Flugzeugpilot Charles Lindbergh konnte keinen Scheck einlösen und seine Hemden nicht in die Wäscherei schicken; doch die Menschen rissen sich um die Dinge, die er berührt oder am Körper getragen hatte.

Die Anbeter eines Idols errichten einen Schrein zur Erinnerung an seine Berühmtheit – unternehmen Pilgerreisen nach Graceland, legen Blumen und Erinnerungsstücke vor den Häusern von Prinzessin Diana und John F. Kennedy nieder.

Das wahre Idol wird erst nach einiger Zeit erkannt. Man muss beobachten, ob die Begeisterung des Publikums nur vorübergehend ist oder Dekaden überdauern wird. Unsere moderne Medienwelt begünstigt die Geburt von Idolen, weil die Massen den Stars ungewohnt nahe kommen. Nehmen Sie beispielsweise George Washington. Gewiss gibt es keinen größeren Mann in der Geschichte der Vereinigten Staaten, aber da er keine Filme oder detaillierte Aufzeichnungen zurückließ und sich auch nicht durch faszinierende Skandale auszeichnete, ist das Bild, das wir von ihm haben, eher verschwommen. Holzzäune, ein Kirschbaum, eine historische Überquerung des Delaware – diese Dinge spielen in der Vorstellung der Öffentlichkeit über diesen US-Präsidenten eine wichte Rolle. Washington sollte wohl ein Idol sein, aber ist er es wirklich?

Okay, denken Sie, jetzt weiß ich, was für eine Art Ruhm ich mir wünsche. Die Frage ist noch leicht zu beantworten. Schwieriger ist die Antwort auf die Frage: Wie kann ich berühmt werden? Lesen Sie weiter.

KAPITEL VIERZEHN

BERÜHMT DURCH DIE RICHTIGEN STRATEGIEN

Sie sind populär, wenn Fremde Sie erkennen. Nur wenn Sie fotografiert oder interviewt werden, oder wenn Sie andere interviewen, sind Sie im Bewusstsein der Öffentlichkeit präsent. Wenn Sie sich also wünschen, berühmt zu sein, dann müssen Sie eine möglichst breite Öffentlichkeit mit Ihrem Namen und Ihrem Gesicht vertraut machen.

Treten Sie im Fernsehen auf. Tatsächlich ist es heute unmöglich, wirklich bekannt zu werden, ohne wenigstens gelegentlich im Fernsehen zu erscheinen; jenes Medium ist zum brutalen Schiedsrichter darüber geworden, wer und was wichtig ist. Bemühen Sie sich darüber hinaus, Ihren Namen und Ihr Bild in Zeitungen zu lancieren.

Um sich die außergewöhnliche Macht des Fernsehens zu verdeutlichen, bedenken Sie, wie die regelmäßigen TV-Auftritte den Bekanntheitsgrad der Radio-Starjournalisten Howard Stern und Don Imus steigerten. Der Wissenschaftler Carl Sagan verdankte seinen Ruhm mehr seinen sechsundzwanzig Auftritten in der *Tonight*-Show von Jonny Carson und seinen allgemein verständlichen Fernsehsendungen, die von mehr als einer halben Milliarde Zuschauern gesehen wurden, als seinen Verdiensten um die Wissenschaft. Jeder schreibende Journalist, der Sonntagmittag im *Presseclub* vor laufender Kamera diskutieren darf, bekommt sehr viel mehr Aufmerksamkeit (und höhere Honorare) als die, die nur publizieren. »Du könntest dir fünfundzwanzig Jahre lang die Finger wund schreiben«, bemerkte der Journalist Jack Germond, »und du würdest dir niemals die Art von Beachtung verschaffen, die du bekommen könntest, wenn du jede Woche eine

berühmt

199

halbe Stunde lang im Fernsehen reden würdest.« Die Nonstop-Fernsehübertragungen zur Lewinsky-Affäre verschafften den »Monicanalysten« der *Newsweek*, Michael Isikoff und Howard Fineman, sowie Stuart Taylor vom *National Journal* einen hohen Bekanntheitsgrad – jene Autoren hatten in ihren auflagenstarken Zeitschriften zwar sensationelle Artikel veröffentlicht, aber es waren die Kameras, die sie berühmt machten.

Das Fernsehen hat ein solches Potenzial, Stars zu »machen«, dass sie nur ganz kurz auf dem Bildschirm aufzutauchen brauchen, um ihre Popularität enorm zu steigern. Vanna White ist allein deshalb berühmt, weil sie in der TV-Spielshow *Wheel of Fortune* Klatsch zum Besten gab. Selbst Dreißig-Sekunden-Auftritte genügen, um Sie zu einer prominenten Person zu machen – Fernsehspots ließen Dave Thomas von der Fastfoodkette »Wendy's« landesweit bekannt werden.

Das Fernsehen hat eine erstaunliche Wirkung; ganz normale Leute brechen in kritiklose Begeisterung aus, wenn sie auf der Straße ein vertrautes TV-Gesicht erblicken. Wenn plötzlich Harald Schmidt auf dem Bürgersteig steht und darauf wartet, dass die Ampel grün wird, dann sehen wir ihn im realen Leben – und indem wir uns mit ihm in Verbindung bringen, erobern wir uns einen Platz im Dunstkreis seiner berühmten Existenz. Während in der Vergangenheit nur wenige Menschen die Gelegenheit hatten, eine Prominenz mit eigenen Augen zu sehen (eine Prinzessin, einen Präsidenten, eine Diva), *kennen* wir heutzutage Hans Meiser und David Letterman, weil wir sie jeden Tag sehen und hören (denn wir vergessen, dass sie nur Bildschirmgrößen sind).

Sally Quinn war als Gesellschaftskolumnistin der *Washington Post* wohl bekannt, aber das Fernsehen katapultierte sie in ungeahnte Höhen. Als Nachrichten-Reporterin sprach sie in den siebziger Jahren an diversen Orten live vor Kameras. Dabei lernte sie Menschen kennen, die ihr »folgten, auf mich zeigten, mich um ein Autogramm baten und mir mit ehrfürchtiger Stimme erzählten, dass sie mich wirklich und wahrhaftig im Fernsehen gesehen hatten«. Aber, so fügte sie sarkastisch hinzu, »ich wusste auch, dass sie sich auf Charles Manson oder Cinque oder jeden anderen, den sie im Fernsehen gesehen hatten, genauso gestürzt hätten.« Die Öffentlichkeit ist schnell begeisterungsfähig, doch ohne Nachdenken. Es ist der Sprung vom Medien-Bild in die Realität, der ihren Jubel auslöst, Leistung oder Charisma spielen dabei eine untergeordnete Rolle.

Die Fernsehzuschauer, die von ihren Wohnzimmern aus den Ereignissen zugucken, werden jedes Jahr anspruchsvoller. Sie wollen die *wahre* Geschichte. Es interessiert ungemein, was Kate Winslet zur Oscar-Verleihung anziehen wird. Wie ist Leonardo di Caprios Beziehung zu seiner neuen Freundin? Die Zuschauer haben ein anerkanntes Recht auf Insiderinformationen über ihre Stars zu bestehen. Dies demonstrierte Präsident Clinton im April 1994, als er, um ein Wahlversprechen zu erfüllen, in einem *MTV*-Studio erschien. Ein Jugendlicher fragte: »Mr. President, die Welt möchte schrecklich gern wissen: Tragen Sie Boxershorts oder eher Slips?« Clinton zögerte nicht mit der Antwort: »Gewöhnlich Slips.«

Erstaunlicherweise lässt die Wirkung des Ruhms durch seine Verbreitung nicht nach. Es ist vor allem dem Fernsehen zu verdanken, dass heute sehr viel mehr Menschen berühmt sind denn je zuvor. Permanent kommen neue TV-Kanäle hinzu, ständig gibt es mehr Lifestyle-Reportagen über Prominente, mehr Kommentatoren, die ihre Meinung clever verbreiten. Plötzlich kommt Leben in Ihre Cocktailparty, nachdem die Nachrichtenmoderatorin eingetroffen ist, obwohl bis vor kurzem niemand ihr Gesicht kannte.

[
GOLDENE REGEL
Berühmt sein ist kein Nullen-Spiel.
]

Da die Printmedien die Intimität des Fernsehens niemals erreichen können, sind sie in ihrer Wirkung begrenzter. Dennoch können auch Zeitungen Sie ins Licht der Öffentlichkeit bringen, und natürlich sind sie ein unverzichtbares Sprungbrett, um ins Fernsehen zu gelangen. Wenn Sie es nicht schaffen, ins TV zu kommen, dann sollten Sie beweisen, dass Sie deshalb bemerkenswert sind, weil Ihr Name in der Presse erscheint; wenn niemand über Sie schreiben möchte, dann versuchen Sie es mit

berühmt

Leserbriefen. Wenn auch das nicht klappt, schalten Sie eine Anzeige, in der Sie Ihre Meinung kundtun.

Und falls Sie Trost brauchen, wenn Ihre Anstrengungen, besonders im TV-Bereich, erfolglos bleiben, dann denken Sie an Sally Quinn.

Ihr missfiel die Intensität des Interesses, das sie als Fernseh-Reporterin erregte: »Es ist schrecklich, wenn man kein Privatleben mehr hat. Wenn man nicht mehr wie eine Schlampe aussehen kann, oder wenigstens so, wie man möchte. Ich habe entschieden, dass die ideale Form von Berühmtheit darin besteht, dass jeder deinen Namen kennt und bewundert, aber niemand dein Gesicht identifizieren kann. Ein Schriftsteller kann eine solche Berühmtheit haben; eine Fernsehpersönlichkeit nicht.« Und wenn Sie als ernsthafter Intellektueller anerkannt werden wollen, dann schadet das Massenpublikum des Fernsehens und sein niedriges Niveau Ihrem Image. (Dennoch wären die Stars unter den Intellektuellen – ein Harold Bloom oder eine Catherine MacKinnon – möglicherweise geschmeichelt, sich zu einem Massenpublikum hinabbeugen zu können, wenn jemand sie um einen Fernsehauftritt bitten würde. Arthur Miller hat auch nicht »Nein« gesagt.)

Sollte Ihnen etwas anderes als das Fernsehen oder die Printmedien einfallen, dann nutzen Sie es unbedingt. Ein Beispiel gibt der Sultan von Brunei, der gebeten wurde, seinen Ausweis zu zeigen, als er in New York einige Einkäufe mit seiner Kreditkarte bezahlen wollte. Er hatte keinen Ausweis dabei, aber einer seiner zehn Bodyguards schwenkte einen Stapel Banknoten, auf denen das Konterfei Seiner Majestät abgebildet war. Natürlich hat nicht jeder die Möglichkeit, derartige Alternativen der Selbstdarstellung zu nutzen.

Jetzt, da Sie überzeugt sind, dass Personifikation in den Medien notwendig ist, müssen Sie sich um die Art von Berichterstattung kümmern, die Ihnen vorschwebt. Sie können den Weg abkürzen, wenn Sie etwas Populäres tun oder mit einer Mediengröße kooperieren. Schwieriger, aber ebenfalls effektiv ist es, eine herausragende Position zu erlangen oder in Ihrem Bereich etwas Bemerkenswertes zu leisten. Wenn alles andere fehlschlägt, tun Sie etwas Skandalöses. Alternativ können Sie sich, wenn Sie eine Menge Geld haben, Ihren Ruhm auch erkaufen. Welche Technik Sie auch wählen – Sie müssen sich zu einer Attraktivität machen, die es wert ist, dass in den Medien über Sie berichtet wird.

Hier noch einmal die sechs wichtigsten Strategien zum Berühmtwerden:

1. Sorgen Sie dafür, dass der *Ruhm* einer bekannten Persönlichkeit auf Sie *abfärbt*.
2. Erobern Sie sich eine herausragende Position.
3. Leisten Sie in Ihrem Bereich etwas Außergewöhnliches.
4. Machen Sie sich zum Gesprächsthema Nummer Eins.
5. Kaufen Sie sich Ihren Ruhm.
6. Kultivieren Sie Ihre interessanten Seiten.

1. Sorgen Sie dafür, dass der Ruhm einer bekannten Persönlichkeit auf Sie abfärbt

Damit das gelingt, müssen Sie der Prominenz so nahe wie möglich kommen, sie berühren, mit ihr gesehen werden.

Die wirkungsvollste Methode, am Ruhm eines anderen zu partizipieren, besteht darin, Celebrities im Fernsehen zu befragen – denken Sie an berühmte Interviewer wie Barbara Walters, Larry King und Thomas Gottschalk. Ihre Fähigkeit, Stars für ihre Fernsehshows zu gewinnen, vermehrt ihren eigenen Bekanntheitsgrad.

Eine andere, ebenso sichere Taktik ist die, eine Liste einer berühmten Klientel vorweisen zu können. Ob Sie nun Schönheitschirurg, Scheidungsanwältin, Hair-Stylist, Finanzmanager, Innenarchitekt oder Prostituierte sind – profitieren Sie von dem Ruhm derer, denen Sie dienen. Ihr Kontakt mit dem Ruhm wird Sie selbst berühmt machen, weil die Berühmten so sehr verehrt werden, dass die Öffentlichkeit ihre Gewohnheiten, Vorlieben und Gurus unreflektiert verherrlicht. Sogar Tiger Woods Caddy, Fluff Cowan, wurde berühmt – natürlich. Stellen Sie sich nur mal vor, wie bekannt Sie werden würden, wenn Sie Oprah Winfrey als Kundin gewännen. Jeder, auf den Oprahs Ruhm abfärbt, rückt ins Licht des öffentlichen Interesses: ihr persönlicher Trainer, Bob Greene, ihre Köchin, Rosie Daley, ihr Lebenspartner, Stedman Graham, ihr Berater, Phillip McGraw, und jeder Autor, den sie in ihrem Buchclub vorstellt.

Bringen Sie sich mit Namen in Zusammenhang, die berühmter sind als Ihr eigener. Ein ehrgeiziger, unbekannter Akademiker bekommt seine Chance, wenn ein anerkannter Kollege mit ihm zusammen einen wichtigen Artikel veröffentlichen möchte – der wissenschaftliche Beitrag wird allein deshalb wahrgenommen werden, weil ihn kein No-Name verfasst hat. Schreiben Sie die Biografie eines großen Politikers oder Tycoons oder Filmregisseurs, und plötzlich werden Sie in allen Talkshows interviewt. Sie sind zusammen mit einem bekannten Lokalpolitiker Vorsitzender eines Komitees: Das könnte eine Menge Aufträge für Sie bedeuten. Für einige Glückliche ist Berühmtheit Teil ihrer Biografie. Alle Kennedys sind bekannt. Henry Fondas Name ebnete den Weg für Jane, Peter und Bridget, ebenso wie Martin Sheen Tore öffnete für Charlie und Emilio Estevez. George W. Bush, der einstige Gouverneur von Texas, wurde problemlos zum Spitzenkandidaten der Republikaner, als er ankündigte, dass er im Jahr 2000 für die amerikanische Präsidentschaft kandidieren wolle – der Grund war vor allem sein berühmter Vater, der ehemalige Präsident George Bush. Er hat es dann auch mit diesem Hintergrund geschafft, Clinton als Präsident abzulösen.

Wenn Sie nicht das Glück haben, Abkömmling einer berühmten Familie zu sein, dann heiraten Sie in eine hinein. So wurden Diana Spencer und Carolyn Bessette zu Stars. Nach der letzten ihrer drei Ehen ließ Pamela Digby Churchill Hayward Har-

> **"** Doch ein niedriger Dienst, der für eine Person von hohem Rang geleistet wird, kann seltsamerweise zu einem sehr ehrenvollen Amt werden, zum Beispiel die Stellung einer Ehren- oder Hofdame der Königin oder die Stellung des Stallmeisters oder des Hundeführers des Königs.
>
> THORSTEIN VEBLEN,
> *THEORIE DER FEINEN LEUTE*

riman den Namen »Hayward« streichen und sogar den Namen ihrer Vorfahren, »Digby«. Aber sie trennte sich nie von »Churchill«, obwohl sie sich von Winstons Sohn Randolph nicht nur scheiden, sondern die Ehe sogar annullieren ließ. Donald Trump war sich sehr wohl bewusst, dass sein Ruhm auf seine Gefährtinnen abgefärbt hatte: »Ich kreiere Stars ... ich meine, ich habe wirklich einer Menge Frauen großartige Chancen eröffnet. Leider verliere ich das Interesse an ihnen, sobald sie ein Star sind. Es ist wie ein Schöpfungsprozess. Es ist, als würde man ein wunderschönes Gebäude erschaffen. Und steht es dann, ist man geradezu grundlos traurig.«

Auch spektakuläre Events, an denen Prominente teilnehmen, bieten Gelegenheit, sich im Glanz einer Berühmtheit zu sonnen. Machen Sie es wie jene Kongressmitglieder, Journalisten und Rechtsanwälte, die die Monica-Lewinsky-Affäre benutzten, um sich Zugang zu den Bildschirmen oder in die Zeitungen zu verschaffen. Ein obskurer belgischer Anarchist kam von einem Tag zum anderen in die Schlagzeilen, als er Bill Gates eine Torte ins Gesicht warf. Vor einigen Jahrzehnten machte Jesse Jackson sich – nicht ohne Anstoß zu erregen – selbst berühmt, indem er am Tag, nachdem Martin Luther King getötet wurde, als Bekennender in der *Today*-Show auftrat und dabei noch immer das Hemd trug, das mit Kings Blut befleckt war.

Auch eine Organisation kann am Ruhm einer bekannten Persönlichkeit partizipieren, indem sie sich selbst zum Richter über berühmte Menschen oder Dinge ernennt. Das American Film Institute verschaffte sich Aufmerksamkeit, indem es seine Liste der hundert Top-Filme des Jahrhunderts aufstellte. Die Rangliste wurde in dem Magazin *Fortune* veröffentlicht und machte sie damit einer breiten Öffentlichkeit bekannt. Die Zeitschrift *Silicon Alley Reporter* verschaffte sich ebenfalls einen höheren Bekanntheitsgrad, indem sie ihre »Silicon Alley 100« veröffentlichte, eine Liste der einflussreichsten Leute in New Yorks Internetgeschäft. (Derartige Listen erzeugen natürlich heftige Kontroversen – einer der Gründe, warum sie so wirkungsvoll sind.)

berühmt

205

2. Erobern Sie sich eine herausragende Position

Sie brauchen bei dieser Strategie jedoch nicht unbedingt Hervorragendes zu *leisten* – dieser Weg ist sehr schwierig und zeitraubend –, sondern sich nur aus der Menge *hervorzuheben*.

[
GOLDENE REGEL
Äußerer Schein rechtfertigt Berühmtheit.
]

Suchen Sie sich eine Tätigkeit oder eine Rolle aus, die Ihnen Berühmtheit verleiht. Das frühere Cheerleader-Girl der Dallas Cowboys, Stephanie Scholz, bemerkte: »Wenn ich die Uniform eines Cheerleaders der Dallas Cowboys anzog, wurde ich zu einer Königin. Ein Zauber umgab die Cheerleaders, der überall, wohin wir gingen, großen Wirbel verursachte. Die Menschen standen drei oder vier Stunden in der glühenden Sonne, um ein Autogramm von einem achtzehnjährigen Mädchen zu bekommen, das am Tag zuvor vielleicht eine Kellnerin war, die sie mit einem ›Wo bleiben denn die Fritten?‹ angeschnauzt hatte.«

Wenn nötig, *kreieren* Sie eine prominente Position für sich selbst. So klappte in einigen Fällen die Familienplanung perfekt: mehrere Elternpaare sorgten dafür, dass ihre Zwillinge entweder vor oder nach Mitternacht des Jahreswechsels 2000 geboren wurden, so dass die Zeitungen über sie berichteten. Nancy und Donald Featherstone aus Fitchburg in Massachusetts wurden dadurch berühmt, dass sie mehr als fünfzehn Jahre lang Kleider aus Streichhölzern trugen, die Nancy genäht hatte; sie traten in Dutzenden von Fernsehshows in den USA und im Ausland auf, auch die Presse riss sich um das Paar. Und Sie? Sie könnten als die »Taubenfreundin« bekannt werden, die täglich Hunderte von Tauben in einem beliebten Stadtpark füttert, oder als die einzigen Eltern der Welt, deren Kinder nach den Zwergen im *Schneewittchen*-Märchen benannt wurden. Laufen Sie während eines Fußballspiels auf das Spielfeld oder flitzen Sie während der Oscar-Verleihung über die Bühne. Mit ein wenig Glück werden Sie eine der populären lokalen Berühmtheiten Ihrer Stadt.

Ruhm, der durch ein Amt begründet ist, überlebt nur selten, wenn der Job vorbei ist. Der Herausgeber der Zeitschrift *Commentary*, Norman Podhoretz, stellte fest, dass Menschen seine Gesellschaft suchten, »die nicht an seiner Person interessiert waren, sondern nur mit dem Herausgeber in Zusammenhang gebracht werden wollten, weil in deren Augen der Posten an sich schon prestigeträchtig war«. Wenn Sie sich daran gewöhnt haben, dass Menschen Ihnen den Hof machen, dann vergessen Sie möglicherweise, dass es Ihre Stellung ist, die sie bewundern, nicht Sie selbst, den brillanten Strategen, den gescheiten Kopf oder begnadeten Darsteller.

3. Leisten Sie in Ihrem Bereich etwas Außergewöhnliches

Was müssen Sie tun, um dieses Ziel zu erreichen? Machen Sie eine verblüffende Entdeckung! Stellen Sie einen Olympiarekord im Schwimmen auf – oder einen *Guinness*-Rekord für die größte Currywurst, die je gebraten wurde! Geben Sie die teuerste Geburtstagsparty aller Zeiten! Schreiben Sie einen Roman, der ein Bestseller wird! Organisieren Sie das erste Ringerinnen-Team an Ihrer alten Schule. Die Wahrscheinlichkeit, berühmt zu werden, steigt, wenn Sie die oder der Erste, der Letzte, der Älteste, der Jüngste oder der Schnellste sind.

Beachten Sie, dass Leistung nur *ein* Weg ist, um bekannt zu werden. Tatsächlich ist, wie der englische Essayist William Hazlitt schrieb, »der Weg zum Ruhm allein durch Verdienste (…) der schmalste, der steilste, der längste, der härteste von allen«. Dennoch bringt Bekanntheit aufgrund einer bemerkenswerten Leistung wahrscheinlich die größte Befriedigung, weil Sie weitgehend selbst daran beteiligt waren. Sie waren nicht von der Zustimmung eines anderen abhängig, um ins Bewusstsein der Öffentlichkeit zu gelangen. Ihre Leistung ist etwas, das Ihnen niemand nehmen kann. Sie haben die Art von Ruhm erlangt, die weder erkauft noch erschwindelt werden kann.

Und selbst wenn Sie etwas Signifikantes geleistet haben, können Sie Ihre Prominenz noch heller erstrahlen lassen, wenn Sie

207

sie mit einer gewissen Selbstdarstellung kombinieren. Muhammed Ali wusste genau, dass seine Berühmtheit nicht nur auf seinem außergewöhnlichen Talent zum Boxen basierte, sondern auch auf seiner Fähigkeit, sich geschickt zu präsentieren. Er hatte eine bemerkenswerte Begabung für Darbietungen, von der die Öffentlichkeit nur zu gern Notiz nahm. »Wo, glauben Sie, wäre ich nächste Woche, wenn ich nicht wüsste, wie man brüllt und provoziert und mit Superstars wie den Beatles Fototermine macht?«, sagte er einmal. »Ich wäre arm und wahrscheinlich wieder in meiner Heimatstadt und würde Fenster putzen oder einen Fahrstuhl bedienen und ›Ja, bitte‹ und ›Nein, danke‹ sagen und meinen Platz kennen.«

4. Machen Sie sich zum Gesprächsthema Nummer Eins

Vielleicht haben Sie nicht das Geld, den Zugang, die Beziehungen oder die Fähigkeiten, um berühmt zu werden, aber Sie sind dennoch entschlossen, sich in einen Mega-Star zu verwandeln. Lieben Sie Verrufenes? Dann können Sie die fragwürdige Methode anwenden, etwas Skandalöses zu tun. Damit machen Sie sich mit Sicherheit zum Gesprächsthema Nummer Eins.

[
GOLDENE REGEL
Erfolg durch Skandale ist besser
als überhaupt kein Erfolg.
]

Verkaufen Sie die Geschichte, wie Sie sich dafür gerächt haben, Ihren Arbeitsplatz verloren zu haben. Verraten Sie Klatsch-Kolumnisten die schockierenden Geheimnisse Ihres Doppellebens. Verfassen Sie eine »Beichte«, in der Sie die schmutzigen Episoden Ihrer früheren Sexsucht oder Kaufsucht oder Kohlehydratsucht detailliert beschreiben.

Dann, wenn Sie den ersten Schritt in die Bekanntheit gemacht haben, verkaufen Sie sich so gut wie möglich. Folgen Sie dem Beispiel von Skandalnudeln wie Donna Rice, Paula Jones und Marla Maples, die mit ihrer Teilnahme an der Werbekampagne für »No Excuses«-Jeans ihre frisch erworbene Berühmtheit vermarkteten. John Wayne Bobbitts wütende Ehefrau machte ihn zu einer Berühmtheit, als sie seinen Penis abschnitt; er schlug aus seiner Popularität Kapital, indem er ein Video, *John Wayne Bobbitt Uncut*, auf den Markt brachte, um das sich eine Menge Leute rissen.

Es ist verwerflich, ein Verbrechen zu begehen, um berühmt zu werden, aber dennoch ist die Gier, bekannt zu werden, ein überraschend häufiges Motiv. Einige Kriminelle erwarten geradezu voller Ungeduld die Aufgebrachtheit der Medien. Träume vom Ruhm spukten in den Köpfen der Schüler Dylan Klebold und Eric Harris der Columbine High School, die 1999 dreizehn Menschen niedermetzelten, bevor sie sich selbst töteten. In Heimvideos, die die beiden zurückließen, gaben sie ihrem Wunsch Ausdruck, dass das Schulmassaker in einem aufwendigen Hollywoodfilm verewigt werden sollte. »Regisseure werden wegen dieser Story einander in die Haare geraten«, triumphierte Klebold. Die beiden Ruhmessüchtigen diskutierten auf dem Video, welcher Regisseur für den Film in Frage käme – Quentin Tarantino oder Steven Spielberg? Harris machte zudem den Vorschlag, der Film solle »voller Anspielungen und dramatischer Ironie« sein. Aus den Aufzeichnungen von Gian Luigi Ferri, der 1993 acht Menschen in einem Anwaltsbüro erschoss und dann Selbstmord beging, ist zu entnehmen, dass er damit auf die Chance gehofft hatte, seine Probleme bei Oprah Winfrey, Phil Donahue und Geraldo Rivera zu äußern. Ein Serienmörder aus Kansas schrieb einen Brief an die Polizei, in dem er sich beklagte: »Wie oft muss ich töten, bis ich meinen Namen in Zeitungen lese oder landesweite Aufmerksamkeit bekomme?«

Um Mega-Ruhm zu erlangen, muss ein Verbrecher ein telegenes Verbrechen begehen: eines, das sexuell schmutzig, außergewöhnlich dramatisch oder grauenhaft oder quälend ist, oder in dem eine prominente Person eine Rolle spielt. Ein solcher Gesetzesübertreter erhält eine Star-Behandlung: die Wagenkolonne der Polizei und schwere Bewachung, der Verkauf der Memoiren für sehr viel Geld sind garantiert. Vielleicht wird seine Lebensgeschichte sogar von einem berühmten Autor aufgeschrie-

berühmt

ben werden – Norman Mailer, Truman Capote, Joe McGinniss und Errol Morris haben sich an dieses Genre gewagt.

Diejenigen, die einen Polizisten attackieren oder einen Super-Star, nennen als häufigstes Motiv den Hunger nach Aufmerksamkeit. Sie wissen: je wichtiger ihr Opfer, desto mehr bekommen sie, die Angreifer, davon. Der fünfundzwanzigjährige John W. Hinckley sicherte sich durch seinen Anschlag auf Präsident Ronald Reagan ein Maximum an Medieninteresse. Sein eigentliches Ziel war, den Respekt der Schauspielerin Jodie Foster zu gewinnen. Hinckley weidete sich an der Sensationslust, die, wie er wusste, sein Mordanschlag nach sich ziehen würde. Fünf Stunden, nachdem er geschossen hatte, fragte er die Agenten des Secret Service, die ihn verhörten: »Ist es im Fernsehen?«

Zwar mögen solche Methoden erfolgreich sein, aber sie sind gewiss nicht zu rechtfertigen.

Wenn Sie bereits berühmt sind, tragen Skandale dazu bei, Ihren Ruhm zu verbreiten – vor allem, wenn Sie das Image eines Geächteten vortäuschen möchten. Der Rapper und Manager von »Bad Boy Entertainment«, »Sean Puffy Combs«, schreckte vor initiierten Skandalen nicht zurück – er verprügelte den Chef einer Plattenfirma und floh wild um sich schießend aus einem Nightclub in Manhattan – aber diese »Bad boy«-Episoden schienen seine Fans nicht zu stören. Und sie sorgten auf jeden Fall dafür, dass sein Name und sein Bild ständig in den Medien waren.

5. Kaufen Sie sich Ihren Ruhm

Wenn Sie keine der oben genannten Strategien anwenden möchten und zudem genügend Geld haben, dann können Sie es benutzen, um sich Ruhm zu erkaufen. Lesen Sie den Abschnitt »Geld« in Kapitel 11 nach.

6. Kultivieren Sie Ihre interessanten Seiten

Präsentieren Sie sich als interessant und singulär. Füttern Sie die Medien mit dem, was sie haben wollen: gute Bilder, kämpferische Worte, rasche Antworten und geistreiche Anekdoten.

[
GOLDENE REGEL
Ob im Fernsehen oder in der Presse –
es bleiben diejenigen, die sich am
kürzesten fassen.
]

Senator Joseph McCarthy, der berüchtigte Kommunistenhetzer, war ein Meister der Pressemanipulation. Anspielungen und Zweideutigkeiten waren seine Stärke, und er wusste seine Pressemitteilungen so geschickt zu timen, dass den Reportern zu wenig Zeit blieb – falls sie hoch aktuell sein wollten –, um bei den Gegnern nachzufragen, ob sich McCarthys Argumente entkräften ließen.

Medienmanipulation ist ein Big Business – Meinungsforscher, Redenschreiber und Berater jeder Art spielen dabei eine wichtige Rolle. Ronald Reagans PR-Genie Michael Deaver revolutionierte einst die Pressearbeit für den Präsidenten: Deaver erkannte, dass sympathische Nachrichtenbilder einen sehr viel tieferen Eindruck hinterlassen als kritische Nachrichtenstories. Heutzutage bemühen sich Politiker auf der untersten Lokalebene, Deavers Prinzip anzuwenden. Eine andere Taktik besteht darin, die Statements mit kurzen und provokanten Sätzen zu würzen. Jeder, der in einer Samstagabendshow auftritt, sollte sie beherrschen. Kommentatoren mögen den heutigen Triumph der gestellten Fotos, der rührseligen Schicksalsgeschichte beklagen, aber sie sind das, was funktioniert.

Sorgen Sie dafür, dass das Interesse der Medien an Ihnen nicht nachlässt. Sobald Sie hinlänglich berühmt sind, nutzen Sie den *Bewunderungseffekt*: jene Tatsache, dass Sie allein dadurch für die Zuschauer interessant werden, dass Sie im Rampenlicht stehen. Fördern Sie diese Dynamik nach Kräften. Natürlich geht es nicht ohne ein paar Tricks. Hier sind einige von ihnen:

Prägen Sie Redewendungen, die sich in den Köpfen der Zuhörer festsetzen, wie Johnnie Cochrans »Wenn dir der Handschuh nicht passt, dann mach ihn dir passend«. Oder Lloyd Bent-

berühmt

211

sens Bemerkung: »Jack Kennedy ist ein Freund von mir. Aber Sie sind nicht Jack Kennedy.« Wenn es Ihnen an Kreativität mangelt, dann wiederholen Sie einen Werbeslogan oder einen zitierwürdigen Satz aus einem Film. Walter Mondale eignete sich den Slogan der Fastfood-Kette *Wendy* an: »Wo ist das Rindfleisch?«

Nutzen Sie eine romantische Affäre (oder deren Ende), um sich zu vermarkten. Lassen Sie sich auf eine leidenschaftliche Beziehung ein, bei der es viele Trennungen, Zerwürfnisse und Versöhnungen gibt, wie bei Gwyneth Paltrow und Ben Affleck. Heiraten Sie, vielleicht nach einer ewigen Zeit des Wartens, wie Barbara Streisand, oder völlig überstürzt wie Julia Roberts und Lyle Lovett. Madonna und Sean Penn, beide besonders geschickt im Promoten ihres Ruhms, gaben eine Pressekonferenz, um ihre Verlobung bekanntzugeben; ebenso agierten Senator Alfonse D'Amato und die Klatschkolumnistin Claudia Cohen, um ihre Liebe zu verkünden (eine Verkündung, die ein wenig peinlich wirkte, da der Senator noch verheiratet war). Wenn die Nachricht von Ihrer Heirat es nicht wert ist, in den Medien veröffentlicht zu werden, dann sichern Sie sich dadurch deren Interesse, dass Sie auf auffällige, ungewöhnliche Art ehelichen: unter Wasser, zur Halbzeit in einer Sportarena, in einem Spaceshuttle. Wenn Sie einmal verheiratet sind, geben Sie Ihrem Ruhm weiteren Auftrieb, indem Sie sich bald wieder scheiden lassen. Schließen Sie sich Meg Ryan, Jane Fonda und Michael Jackson an.

Versuchen Sie es mit Ausschweifung oder **Exhibitionismus**, wenn Romantik für Sie nicht die richtige Plattform ist. Frank Sinatra oder Hugh Grant oder Madonna haben es Ihnen vorgemacht. Zeigen Sie nackte Haut, um die Blicke auf sich zu ziehen – so wie die Rapperin Lil' Kim, deren Kleidung der Fantasie keinerlei Spielraum mehr lässt.

> **TIPP: Sie möchten ein Statement machen und sicherstellen, dass die Presse die entscheidende Passage zitiert?** Bereiten Sie keine seitenlange Presseerklärung vor, sondern beschränken Sie sich auf wenige Sätze. Dann wird die Presse das zitieren müssen, was Sie verbreiten wollen.

Nutzen Sie Aktivismus als eine Möglichkeit, Ihren Ruhm zu vergrößern, so wie es Richard Gere mit seinem Engagement für Tibet oder Warren Beatty mit seinem Flirt mit der Präsidentschaftskandidatur getan haben. Engagieren Sie sich in der Politik, bilden Sie sich zu jedem Thema Ihre Meinung. Extreme Ansichten ziehen die meiste Aufmerksamkeit auf sich, deshalb vertreten Sie vorzugsweise radikale Positionen.

Lösen Sie eine Kontroverse aus, indem Sie unpopuläre Meinungen vertreten, Geheimnisse lüften oder Klatsch weitererzählen, über den zuvor bislang nicht berichtet werden durfte. Übertreiben Sie, erschrecken Sie, wühlen Sie auf. Um Aufmerksamkeit auf die biedere Handelszeitung seines Vaters zu lenken, versetzte John Fairchild die Modebranche mit Insiderklatsch in Aufruhr, den er in seiner Zeitschrift *Women's Wear Daily* veröffentlichte. Tun Sie das Gegenteil dessen, was man von Ihnen erwartet. Wenn Sie dafür bekannt

TIPP: Um Aufmerksamkeit auf einen bestimmten Körperteil zu lenken (Ihren spektakulären Po, Ihre Beine, Ihre Klavier spielenden Hände), versichern Sie ihn für eine Million Dollar.

sind, dass Sie gegen das Patriarchat kämpfen, dann schreiben Sie ein Buch, in dem Sie das Macho-Verhalten der Männer verteidigen. Wenn Sie ein prominenter Banker sind, dann verfassen Sie einen Leserbrief, in dem Sie den moralischen Verfall der Reichen beklagen.

Schaffen Sie eine Rivalität. Ob beim Baseball (Mark McGwire versus Sammy Sosa) oder in der Welt der Fashion Magazine (Anna Wintour versus Kate Betts) – die Menschen lieben es, die Kämpfe zweier Rivalen zu verfolgen und dabei ihren Favoriten zu unterstützen. Der großmäulige Sprecher des Weißen Hauses unter Clinton, Newt Gingrich, verschaffte den Demokraten einen gewaltigen Auftrieb, indem er sich unverblümt für die gegnerische Seite einsetzte. Über die Popqueens Britney Spears und Christina Aguilera gibt es nicht allzuviel zu berichten, aber ihre angebliche Konkurrenz eröffnet ungeahnte Spekulationen. Rivalitätskämpfe bleiben lange im Bewusstsein der Öffentlichkeit haften – denken Sie an Evert und Navratilova.

berühmt

213

Nutzen Sie Humor, damit Sie als charmante Person in Erinnerung bleiben. Yogi Berra wurde eine Baseball-Legende – nicht wegen seiner Erfolge als Spieler, Trainer und Manager. Er gab Sätze von sich, die man so schnell nicht wieder vergaß. So bemerkte er: »Ich habe wirklich nicht alles gesagt, was ich gesagt habe.« Als er über seine Lebensphilosophie Auskunft geben sollte, antwortete er: »Wenn Sie zu einer Straßengabelung kommen, nehmen Sie sie.« Befragt nach der Zeit, gab er zurück: »Sie meinen jetzt?«

Planen Sie ein »spontanes« Ereignis, über das sich kurzweilig berichten lässt, mit Fotos von Ihnen in Aktion. Ketten Sie sich an einen Zaun, weigern Sie sich, das Büro eines Beamten zu verlassen, machen Sie sich zum Fürsprecher einer zu Unrecht beschuldigten Person. Der »bad boy« des Tennis, John McEnroe, verriet, dass seine berüchtigten Ausbrüche auf dem Court – den Zuschauern den »Stinkefinger« zeigen, seinen Schläger hinwerfen, den Schiedsrichter beschimpfen – nichts als Show waren, um Aufregung und Interesse an seinem Spiel zu wecken.

Anonymität ist paradoxerweise auch eine Möglichkeit, Ihrem Ruhm Auftrieb zu geben. Indem Sie Ihre Identität verstecken, wecken Sie Neugier und lösen Kontroversen aus – so bekommen Sie den *Wirbel*, der so überaus wichtig ist. Joe Klein – oder besser bekannt unter »Anonymus« – schuf ein enormes Interesse (und gute Absatzzahlen) für seinen politischen Roman *Mit aller Macht*, indem er sich anfangs nicht zu erkennen gab. Viele Leute, die das Buch sonst nicht in die Hand genommen hätten, lasen es, um an der Debatte über die Identität des Autors teilnehmen zu können. Es kursierte anfangs lediglich das Gerücht, es handle sich bei dem Verfasser um einen »Topmanager des Informationszeitalters«. Das Buch hätte mit Sicherheit weniger Interesse erregt, wenn beispielsweise ein Microsoft-Experte der Autor gewesen wäre. Rätsel faszinieren die Menschen immer wieder. Die Restaurantkritikerin der *New York Times*, Ruth Reichl, hielt sich eine Maske vors Gesicht, wenn sie fotografiert wurde, damit Restaurantbesitzer sie nicht erkennen konnten; natürlich weckte ihr Versteckspiel Interesse. Aber wenn Sie nicht unerkannt bleiben möchten ...

Promoten Sie Ihren Namen, um Ihren Ruhm zu vermehren. Der Name »Malcolm X« ist unvergesslich. Die Journalistin Jennifer Lee (die das Pech hatte, einen allseits beliebten Mädchenvornamen und den zweithäufigsten chinesischen Nachnamen zu haben) legte sich als zweiten Vornamen eine »8« zu: »Jennifer 8. Lee.« Damit hatte sie sich für ihre Artikel nicht nur einen besonders einprägsamen Namen geschaffen, er wurde zusätzlich am Ende ihrer jeweiligen Artikel erklärt. Benutzen Sie, wann immer sich die Gelegenheit dazu bietet, Ihren Namen für Werbezwecke – ganz gleich, ob Sie Ihre Ideen oder eine Serviceleistung anbringen wollen. Der Finanzfachmann Michael Bloomberg wurde bekannt, als er seinen Informationsdienst für Investoren »the Bloomberg« nannte. Indem sie ihre Toprestaurants nach sich selbst benannten, eroberten Gastronomen wie B. Smith (B. Smith's), Daniel Boulud (Daniel; Café Bouloud), Elaine Kaufman (Elaine's), Jean-Georges Vongerichten (Jean-Georges; Vong), Sylvia Woods (Sylvia's) und David Bouley (Bouley; Bouley Bakery) sich einen Platz im Bewusstsein der Öffentlichkeit.

Verändern Sie Ihr Aussehen – Hillary Clinton, Kate Moss und Gwyneth Paltrow lösen mit jeder neuen Frisur und Haarfarbe eine Flut von Presseberichten aus. Vielleicht gefällt es Ihnen sogar, sich eine gewagte, auffällige Tätowierung machen zu lassen.

> **TIPP: Wenden Sie das Prinzip des Unerwarteten auf Ihr Äußeres an. Wenn jedes andere Starlet in Hollywood oder jede Frau in Ihrem sozialen Umfeld blond ist, dann sind Sie brünett.**

Tragödien sind, obwohl nicht erwünscht, garantierte Möglichkeiten, ins Rampenlicht zu kommen. Der Selbstmord des Rockstars Kurt Cobain steigerte das öffentliche Interesse an seiner Witwe, Courtney Love, erheblich.

Schließen Sie sich einer Clique von auffälligen Leuten an – als Gruppe ziehen Sie mehr Aufmerksamkeit auf sich, denn als Einzelperson. Geben Sie Ihrem Clan einen originellen Namen und führen Sie ein ausschweifendes Leben, über das sich bestens berichten lässt: mit wüsten Alkoholexzessen, Promiskuität, bitteren Fehden und Rivalitätskämpfen. Die Bandenstrategie funktionierte perfekt für die berüchtigten »Rat

215

Packs« mit den Gangmitgliedern Frank Sinatra, Dean Martin, Sammy Davis Jr., Peter Lawford und Joey Bishop; die wiederum waren ein Vorbild für die »Brat Packs« mit Sean Penn, Rob Lowe und anderen, die sich Mitte der achtziger Jahre bildete. Dadurch, dass sie sich zu der brillanten und unkonventionellen »Bloomsbury Group« zusammenschlossen, vermehrten Intellektuelle wie Virginia Woolf, Lytton Strachey, E. M. Foster und John Maynard Keynes ihren ohnehin schon beachtlichen Ruhm, ähnlich wie die Mitglieder des New Yorker »Algonquin Round Table«, die da waren Harpo Marx, Dorothy Parker und George S. Kaufman. Heute werden Klatsch- und Konkurrenzgeschichten über die Gruppe der »Supermodels« – Naomi Campbell, Christy Turlington und Amber Valetta, um nur einige zu nennen – mit größerem Interesse verfolgt, als die Lebensschicksale einzelner Laufsteggrößen. In jüngster Zeit zeigte sich Leonardo Di Caprio mit seiner »Pussy Posse«- Truppe (mit dabei sind außer Leo, der Rapper Q-Tip, Regisseur Harmony Korine, der Schauspieler Tobey Maguire und andere).

TIPP: Benutzen Sie ein Markenzeichen, um für Ihr Geschäft ebenso wie für sich selbst Werbung zu machen. Der Vorsitzende von Red Hat, Bob Young, trägt in der Öffentlichkeit einen roten Hut.

Verknüpfen Sie Ihr Image mit einem Markenzeichen, um sich von der Masse zu unterscheiden. Dieses wird dem Publikum helfen, Sie sofort zu erkennen. Der Cyber-Experte und Selfpromoter Matt Drudge legte sich eine individuelle Signatur zu, der Schriftsteller Tom Wolfe bevorzugt weiße Anzüge, *Playboy*-Chef Hugh Hefner trägt selten etwas anderes als Pyjamas, der amerikanische Prozessanwalt Gerry Spence erscheint in abgewetzten Wildlederjackets und der verstorbene Payne Stewart spielte in traditionellen Knickerbockern und Schottenmütze Golf. Wenn Sie Ihr Outfit nicht verändern möchten, dann ziehen Sie Designerbrillen in Betracht, die für Sie persönlich entworfen wurden. So unterschiedliche Persönlichkeiten wie der Architekt Philip Johnson, der Hollywoodstar Irving Lazar, der Sänger Elton John und der Filmmogul Lew Wasserman, sind bekannt für ihre kühnen, auffallenden Brillengestelle. Der Haarschopf eignet sich ebenfalls für ein Markenzeichen: Die Haare des Boxkampfveranstalters Don King stehen übernatürlich ab, Dennis Rodman färbt sein Haar in allen Regenbogenfarben, die Sängerin Sinéad O'-Connor rasierte sich den Schädel kahl, die Tennisschwestern Venus und Serena Williams haben perlengeschmückte Zöpfe. Der dünne, gezwirbelte Schnauzbart des Malers Salvador Dalì machte ihn auch bei Kunstbanausen zu einem Markenartikel.

TIPP: Betrachten Sie sich als ein Label. Alles an Ihnen sollte Ihre deutlich erkennbare Identität unterstreichen.

Für eine Frau scheint es schwieriger zu sein, ein Erkennungszeichen zu kreieren. Wer dafür Trend-outfits benutzt, hat das Problem, schnell »old-fashioned« zu wirken. Jocelyn Wildenstein löste dieses Problem auf äußerst eindrucksvolle Weise. Statt ihre Kleidung zu verändern, nutzte sie die Möglichkeiten der plastischen Chirurgie, um sich ein unverwechselbares, katzenhaftes Aussehen zu verleihen, mit hervorstehenden Wangenknochen, einer straffen Haut und schrägen, mandelförmigen Augen. Die einstige First Lady, Nancy Reagan, erwies sich bei ihrer Wahl als besonders raffiniert. Anstatt sich für ein bestimmtes, charakteristisches Accessoire zu entscheiden – eine riesige Adlerbrosche oder ein Halstuch, das der amerikanischen Flagge ähnelt – beanspruchte sie die Farbe Rot. Den Ehefrauen anderer Regierungsbeamten, die mit ihr zusammen auftraten, machte sie unmissverständlich klar, dass nur sie jene Farbe tragen könne.

TIPP: Möchten Sie, dass Ihr Foto veröffentlicht wird? Wenn Sie zusammen mit einer Prominenz fotografiert werden, dann zeigen Sie mit dem Finger auf deren Brust. Sie wirken mit dieser Geste energiegeladen und hindern jeden Bildredakteur daran, Sie herauszuschneiden.

Wenn Sie über ein eigenes Markenzeichen nachdenken, meiden Sie alles Artifizielle. Lamar Alexander fasste den klugen Entschluss, für die Präsidentschaftswahlen des Jahres 2000 seine bunt karierten Hemden im Schrank zu lassen. Er hatte während der Wahlkampagne 1976 derartige Hemden

217

getragen, um sich ein Image von Erdverbundenheit und Rauheit zu geben. Im Milleniumsjahr hätte eine solche Selbstdarstellung allzu bemüht gewirkt.

Um zu demonstrieren, dass Sie hochintelligent, aber ein bisschen verrückt sind, spielen Sie Schach nach Zeit und mit hohem Einsatz, am besten in einem öffentlichen Park. Um Ihren analytischen Stil zu betonen, schreiben Sie nur auf gelbe Notizblöcke.

Versuchen Sie, in Zeitschriften und Zeitungen ein **Foto zu lancieren**, damit man auch Ihr Gesicht kennen lernt. Zeitschriften und Zeitungen veröffentlichen bekanntermaßen zu Ihren Artikeln Portraits. In einer Story im *Wall Street Journal* geht es beispielsweise um ein Team von zehn Leuten. Da aber nur zwei von ihnen mit einem Foto abgebildet wurden, werden diese in größerer Erinnerung bleiben. Pflegen Sie Kontakte zu Society-Fotografen wie dem allmächtigen Patrick McMullan, der Sie als Mitglied der oberen Zehntausend oder als Playboy präsentieren kann, wenn er Sie für Zeitschriften wie *New York*, *Harper's Bazaar* und *Quest* aufnimmt.

Do	Don' t
Brennen Sie durch, fliehen Sie auf eine entlegene Insel, wo Sie Ihr Hochzeitsgelöbnis ablegen; dann machen Sie zusammen Bungee-Jumping auf einer Brücke.	Erstürmen Sie nicht das Rathaus, wo Sie in einem engen Raum von einem überlasteten Richter getraut werden; vermeiden Sie im Anschluss daran langweilige Empfänge.
Engagieren Sie einen Mediencoach.	Geben Sie niemals zu, dass Sie einen Mediencoach engagiert haben.
Stürmen Sie bei der Oscar-Verleihung auf die Bühne, um gegen Umweltverbrechen zu protestieren.	Boykottieren Sie nicht die Oscar-Verleihung, um gegen Umweltverbrechen zu protestieren.

Lassen Sie als Frau durchblicken, dass Sie möglicherweise bisexuell sind.	Erklären Sie als Frau nicht, dass Sie an einem Dreiecksverhältnis interessiert sind.
Erklären Sie als Mann, dass Sie an einem Dreiecksverhältnis interessiert sind.	Deuten Sie als Mann nicht an, dass Sie bisexuell sein könnten.

Wenn es Ihnen trotz Ihrer Bemühungen nicht gelingt, die Aufmerksamkeit zu erlangen, die Sie ersehnen, dann befriedigen Sie Ihr Bedürfnis, indem Sie sich künstlichen Ruhm verschaffen. Der Filmproduzent Don erklärte seiner persönlichen Agentin, Peggy Siegal, er wolle bei seiner Ankunft auf dem Flughafen in Deauville, wo er an den Filmfestspielen teilnehmen wollte, von kreischenden Fans begrüßt werden. Wenn Sie keinen Agenten haben, der Ihnen einen solchen Empfang ermöglichen kann, dann investieren Sie 45 Dollar, um die Anaheim Tinseltown Studios zu besuchen. Sofort, wenn Sie den Themenpark betreten, wird der rote Teppich ausgerollt, die Scheinwerfer gehen an und Sie werden von einer Gruppe von Teenagern umringt, die um Autogramme betteln, von Paparazzi, die ein Blitzlichtgewitter auslösen, und von Reportern, die um ein Interview betteln. Für einen Moment sind Sie ein Star. Einfacher werden Sie prominent, weil näher, wenn Sie die Bühne einer nachbarschaftlichen Karaoke-Bar erobern.

Das Internet eröffnet eine neue Dimension, sich das faszinierende Gefühl zu verschaffen, berühmt zu sein. Richten Sie sich eine eigene Website ein, allein schon deshalb, weil dadurch Ihr Name eine allgemeine Öffentlichkeit bekommt. Der Filmfreak Harry Knowles installierte eine Website (aint-it-cool-news.com), auf der alles nachzulesen ist, was in der Filmindustrie cool ist. In kürzester Zeit war seine Homepage ein Renner. Scheuen Sie sich also nicht, jedes Mittel einzusetzen, um für sich selbst zu werben.

Hier sind einige Vorschläge, wie Sie die oben erörterten Techniken anwenden können:

berühmt

Strategiewahl	Was tun?
Am Ruhm anderer partizipieren: Bringen Sie sich mit jemand oder etwas Berühmten in Zusammenhang	• Bieten Sie an, den Rasen einer prominenten Person kostenlos zu pflegen, und gewinnen Sie dadurch einen berühmten Kunden, der wiederum andere berühmte Kunden anzieht. Bald sind Sie »der« Gärtner, und jeder, auf den es ankommt, reißt sich um Ihre Dienste. • Geben Sie Partys, zu denen Sie nur die Schickeria einladen. Bald sind Sie in der ganzen Stadt bekannt, wegen der hippen Leute, mit denen Sie sich umgeben.
Erobern Sie sich eine herausragende Position	• Präsentieren Sie sich als der Hausbesitzer mit der extravagantesten Weihnachtsbeleuchtung. Jeder in der Stadt wird bei Ihnen vorbeifahren, um sich Ihr Wunderwerk anzuschauen; und Sie und Ihr Haus werden wenigstens auf den Titelseiten der Lokalpresse erscheinen.
Zeichnen Sie sich durch eine herausragende Leistung aus	• Reichen Sie einen Antrag bei der Regierung ein oder initiieren Sie eine Abstimmung über ein äußerst kontroverses Thema. Bald werden Sie als Experte zu dem Thema regelmäßig interviewt. • Profilieren Sie sich durch profunde Sachkenntnis; nutzen Sie dazu Ihr Hobby. Verwandeln Sie sich vom Amateur-Ahnenforscher in eine

Strategiewahl	Was tun?
	Autorität der Stadt zum Thema Heimatgeschichte, die man konsultiert und zitiert.
Rufen Sie einen Skandal hervor	• Tanzen und trinken Sie hemmungslos auf der alljährlichen Firmenparty. Bald werden sämtliche fünfhundert Angestellten über Sie reden.
Erkaufen Sie sich Berühmtheit	• Geben Sie dem Oberkellner des Nobelrestaurants ein so großzügiges Trinkgeld, dass er Ihnen jeden Abend den besten Tisch reserviert; die Leute sehen Sie und bald sind Sie ein bevorzugter Gesprächsstoff.

Griff nach dem Ruhm: Marcia Clark, Hauptanklägerin im Mordprozess O. J. Simpson

Marcia Clark erkannte ihre Chance, berühmt zu werden, und nutzte sie. Ihre Bekanntheit war das Ergebnis einer allgegenwärtigen Medienpräsenz während des fast neun Monate dauernden O. J. Simpson-Prozesses. Die intensive Medienberichterstattung wurde durch den prominenten Status des Angeklagten, O. J. Simpson, ausgelöst: Er war Footballstar, Sportreporter, Schauspieler und Aushängeschild des Autoverleihers Hertz. Seine Berühmtheit hätte jeden, der sein Ankläger war, zum Star gemacht; in diesem Fall war es Marcia Clark. Nachdem die Öffentlichkeit auf sie aufmerksam geworden war, wollte man alles über sie wissen. Jede Veränderung an ihrem Haar oder ihrer Kleidung war Schlagzeilen wert (eine modische neue Frisur brachte Oprah Winfrey auf die Idee, den Friseur von Marcia Clark zu ihrer Talkshow einzuladen. Auch die kleinen Skandale, die allein mit der

221

Person Clark zu tun hatten, die aber mit dem Prozess in keinerlei Zusammenhang standen, bewirkten großes Interesse: Ihre Arrangements zur Betreuung ihres Kindes machten Schlagzeilen und lösten eine Debatte über arbeitende Mütter aus; und das Gerücht, sie sei mit Christopher Darden liiert, löste eine Diskussion aus, zum einen, weil er ihr Mitankläger, und zum anderen, weil er schwarz und sie weiß war. Die Öffentlichkeit konnte einfach nicht genug bekommen. Obwohl Marcia Clark sich am Ende dadurch hervortat, dass sie den Fall verlor, erlahmte das Interesse der Medien an ihr nicht. Auch um das Urteil »Nicht schuldig« entzündete sich eine heftige Kontroverse.

Zwar war es das Schicksal, das Marcia Clark ins Rampenlicht der Öffentlichkeit stellte, aber es waren ihre eigenen Anstrengungen, die sie dort so lange hielten: Sie nutzte ihre Möglichkeiten sehr geschickt. Nach dem Prozess bereiste sie das Land und hielt Vorträge. Sie begann an einem Buch zu arbeiten, für das sie den sensationellen Vorschuss von vier Millionen Dollar bekam. Sie trat häufig im Fernsehen auf und bekam sogar ihre eigene Show.

Letztlich ist die Erfolgsstory von Marcia Clark jedoch ein Beispiel dafür, wie schwierig es ist, auf Dauer berühmt zu sein. Obwohl sie alles Menschenmögliche getan hat, um für sich selbst die Werbetrommel zu rühren, fängt man langsam an, sie zu vergessen. Wo ist Marcia Clark eigentlich jetzt?

Mythen

Sie kennen das: Jeder hat die besten Tipps und Anekdoten auf Lager, wie man berühmt wird, was man, wenn man diesen Status erreicht hat, tun oder nicht tun soll. Lassen Sie sich aber nicht von diesen herumgeisternden Mythen in die Irre führen.

Mythos: Sie müssen die Wahrheit über sich selbst und die Gründe Ihrer Prominenz erzählen.

Realität: Scheuen Sie sich nicht, Ihre Story auszuschmücken. Je dramatischer beispielsweise Ihre Kindheit war, desto spektakulärer ist Ihr Erfolg. Der Fernsehdirektor Leo Hindery behauptete einst, er habe mit dreizehn Jahren sein Zuhause verlassen, um sich allein durchzuschlagen, und sei mit sechzehn in die Handelsmarine eingetreten. Niemand anderer kann sich daran erinnern. Jeffrey Papows nutzte seine Militärlaufbahn, um sich als großen Helden darzustellen; die Protokolle des Marine Corps weisen dagegen auf, dass Papows ein niederer Luftverkehrskontrolleur war. Ein Mitarbeiter erinnerte sich, dass Papows einmal völlig aufgelöst zur Arbeit kam; angeblich hatte er einen schrecklichen Unfall gehabt. Seltsamerweise ähnelte die Flugkatastrophe, die er beschrieb, auf verblüffende Weise einer, die in dem Tom-Cruise-Film *Top Gun* eine wichtige Rolle spielt. Der Gründer von Oracle, Larry Ellison, ließ die Leute viele Jahre lang glauben, er habe ein Diplom in Physik; tatsächlich hat er nicht einmal einen Collegeabschluss.

Scheuen Sie sich nicht, Ihre Familiengeschichte in ähnlicher Weise zu »frisieren«. Marilyn Monroe stellte sich als Waisenkind dar, obwohl ihre Mutter noch lebte. (Papows behauptete ebenfalls, er sei ein Waisenkind – auch falsch.) Truman Capotes Mutter war eine von vielen Gewinnerinnen eines lokalen Schönheitswettbewerbs, der von den Herstellern der »Lux«-Seife gesponsert wurde – Capote dichtete die Wahrheit um, indem er den Triumph seiner Mutter bei der Wahl zur Miss Alabama beschrieb. Seine Version klang eben besser.

Und da die Welt Wunder so sehr liebt – müssen die Menschen wirklich genau wissen, wie alt Sie sind? Die zweiunddreißigjährige Fernsehschauspielerin und Autorin Riley Weston hätte es fast geschafft, Hollywood glaubhaft zu machen, sie sei eine frühreife Neunzehnjährige. Der Regisseur Steven Spielberg, geboren 1946, ließ ein paar Jahre unter den Tisch fallen, um sein sorgfältig gepflegtes Wunderkind-Image zu bewahren. Nancy Reagan drängte den Autor, der ihre Biografie schrieb, ihr Geburtsdatum, den 6. Juli 1923, auszulassen. (Er brachte es schließlich im Vorwort.)

Mythos: Demonstrieren Sie Bescheidenheit.
Realität: Sollten Sie so erzogen worden sein, vergessen Sie es. Wenn Sie ein erfolgreicher Geschäftsmann sind, der es bis

223

aufs Titelblatt des *Manager Magazins* geschafft hat, dann rahmen Sie es sich ein und hängen es sich an die Wand. Wenn Sie Designerin sind, über die in *Architektur & Wohnen* berichtet wurde, dann schicken Sie von diesem Artikel Kopien an alle Ihre Kollegen und Kunden. Selbst die »Heidekönigin« setzt alles daran, um über die Grenzen ihres Heimatortes bekannt zu werden.

Mag sein, dass Bescheidenheit früher »in« war, aber heutzutage müssen Sie alles daransetzen, für sich selbst die Werbetrommel zu rühren. Schauen Sie einmal die beiden großen Helden der U. S. Army an: Der Oberbefehlshaber der Konföderierten Staaten von Amerika, Robert E. Lee, weigerte sich, seine Memoiren zu schreiben, weil es für ihn bedeutet hätte, »aus dem Blut meiner Männer Kapital zu schlagen«. General Norman Schwarzkopf, der Kommandeur der alliierten Streitkräfte im Golfkrieg, hielt Vorträge über seine Kriegsstrategien, für die er jeweils mehr als 50 000 Dollar Honorar bekam, und verkaufte seine Autobiografie für mehr als sechs Millionen Dollar.

Natürlich kann man auch hier ein unerwartetes Verhalten an den Tag legen und alles dafür tun, damit der eigene Name aus den Zeitungen herausgehalten wird.

◎ **TIPP: Permanenter Erfolg kann langweilig sein; ein bedrohter Erfolg fasziniert dagegen. Wer Brillanz mit Alkoholexzessen, Spielsucht, skandalösen Affären, Verschwendungssucht oder Launenhaftigkeit mischt, kann sein Etikett als gut geölte, aber wenig interessante Leistungsmaschine ablegen. Wenn Sie also einen Hang zum Exzess haben, dann lassen Sie ihn für sich arbeiten.**

Mythos: Die Geschichte, wie Sie berühmt geworden sind, soll für sich selbst sprechen.

Realität: Machen Sie es anders: Erzählen Sie eine überzeugende Story – auch wenn Sie diese erfinden müssen –, um Ihren Aufstieg zu erklären. Waren Sie ein *hässliches Entlein*, das zu einem Schwan erblühte? Ein wahres Arbeitstier, dessen unermüdliches Tun sich endlich ausgezahlt hatte? Vielleicht möchten Sie sich als eine *Entdeckung* präsentieren, die von einem Talentsucher aufgespürt wurde, oder als ein Mensch mit einem

Comeback, der sich aus den Abgründen von Skandal, Scheidung und Sucht mühsam wieder zum Star aufbaute? Sie kennen den typischen *amerikanischen Traum* – vom Tellerwäscher zum Millionär; besonders beliebt ist dieser Mythos vom Reichwerden bei Emigranten. Ein anderer Mythos erzählt vom Naturtalent, von einer angeborenen Begabung, die sich schon beim ersten Schrei zeigte, oder von *David und Goliath*, wobei der Schwächere über den Stärkeren mittels List triumphiert.

Mythos: Wenn Sie viel im Leben erreichen, dann sollten Sie sich keine Gedanken darüber machen, ob die Öffentlichkeit Sie kennt. Das wäre nur Zeitverschwendung.

Realität: Falsch. Sie brauchen einen Bekanntheitsgrad, um als wahrhaft erfolgreich angesehen zu werden. Die meisten Menschen erkennen Ihr Tun nur an, wenn es bejubelt wird. Nehmen Sie sich ein Beispiel an Menschen wie dem US-Botschafter Richard Holbrooke oder Jim Clark, ein moderner Held aus dem Silicon Valley – sie haben sich ein öffentliches Image nahezu meisterhaft aufgebaut. Auch Sie wollen sich so eindrucksvoll wie möglich darstellen. Dann fragen Sie sich: Sind Sie jemand, der sich gut vermarkten kann? Gehören Sie zu den Menschen, die

- häufig Visitenkarten verteilen?
- heimlich Tischkarten vertauschen, um sich bei einem Mittag- oder Abendessen einen Platz neben einer prominenten Person zu sichern?
- ein Foto von sich selbst verschenken? Anders gefragt: Wenn man Ihnen bei einer Hochzeit eine Wegwerfkamera in die Hand gäbe, würden Sie dann die Gäste fotografieren oder würden Sie Ihre Mitmenschen bitten, von *Ihnen* Fotos zu machen?

◎ **TIPP: Ein Geschenk, mit dem man für sich selbst Werbung macht, braucht nicht teuer zu sein. Sogar eine Urlaubspostkarte zeigt Wirkung.**

- Kontakte zu Leuten pflegen, die Ihnen Empfehlungsbriefe schreiben würden?
- jemanden zum Mittagessen einladen, damit Sie Ihr Gegen-

225

über darüber auf dem Laufenden halten können, was *Sie* in jüngster Zeit erreicht haben?

- auch neuen Bekanntschaften, die Sie kaum kennen, Geschenke machen (vornehmlich ein Produkt, das Sie entworfen haben, ein Artikel oder ein Buch, das Sie geschrieben, eine CD, die Sie hergestellt haben)?
- einen lang erwünschten Kontakt zwischen zwei Personen herstellen und von deren Dankbarkeit profitieren?
- sich einen Platz auf dem Podium erkämpfen?
- eine persönliche Webseite angelegt haben, um über Ihr neuestes Projekt, Ihren neuen Job zu unterrichten?
- Prominente, die Sie nicht oder kaum kennen, zum Abendessen oder zu einer Party in Ihr Haus einladen?
- sich so kleiden, dass Sie in einer Gruppe auffallen – förmlicher, als es der Anlass verlangt, oder äußerst schräg?
- andere ermutigen, Sie bei Ihrem Spitznamen zu nennen, der ein Licht auf die Eigenschaften wirft, für die Sie werben möchten, wie »Gatsby« oder »Blondie« oder »Bully«? Oder versuchen Sie, dass über Sie bestimmte Beschreibungen kursieren wie etwa »Sie ist der reinste Workaholic« oder »Er kennt einfach jeden«?
- Druck ausüben, um zu den richtigen Hochzeiten und Beerdigungen eingeladen zu werden?
- einflussreiche Bekannte um einen Gefallen bitten, beispielsweise um einen Ratschlag oder eine Empfehlung oder sogar um etwas so Banales wie eine Aspirintablette?
- auf einer Party die Runde machen, bis Sie mit jeder wichtigen Person gesprochen haben, die dort anwesend ist?
- unermüdlich Personen, auf die Sie aufmerksam geworden sind, verfolgen, bis diese jeglichen Widerstand, Sie kennen zu lernen oder sich mit Ihnen anzufreunden, aufgegeben haben?

Wenn Sie mehr als drei Fragen mit »Ja« beantwortet haben, besitzen Sie Talent, sich selbst zu vermarkten.

Ihre Eigenwerbung kann durchaus effektiv sein, auch wenn sie unbeteiligten Dritten lästig oder gar aggressiv erscheint. Sollte sie aber tatsächlich zu aufdringlich sein, können Ihre Bemühungen auch kontraproduktiv ausfallen.

Mythos: Sie sollten aufgrund Ihrer einzigartigen Persönlichkeit anerkannt werden, allein deshalb, weil Sie »Sie selbst« sind.

Realität: Berühmt werden Sie nur, wenn Sie zunehmend Ihr Image, das Sie sich wünschen, unter Kontrolle bringen. Jenes Image braucht Ihre wahre Persönlichkeit nicht zu spiegeln, und es kann sich im Laufe der Zeit auch verändern. Denken Sie an den Satz von Joseph Kennedy: »Es zählt nicht, was Sie sind, sondern welche Vorstellung sich die Leute von Ihnen gemacht haben.«

Verlangen Sie, dass nur das von Ihnen persönlich genehmigte Foto in dem Zeitschriftenartikel, dem Firmenreport oder der Broschüre erscheint. Hören Sie nicht auf, sich selbst zu kreieren. Stars wie Oprah Winfrey und die Beatles haben sich viele Male neu erfunden. Madonna begann als »Boy Toy«, als erotische Gespielin mit verschmierter Wimperntusche, fingerlosen Handschuhen und gigantischen Kruzifixen, transformierte dann zum platinblonden, Marilyn-Monroe-ähnlichen »Material Girl«, erschien anschließend als unschuldiger Wildfang, mutierte weiterhin zum spirituellen Wesen aus entrückten Welten und schließlich zum erdverbundenen Cowgirl. Es ist schon richtig, dass Sie, wenn Sie einmal ganz oben angekommen sind, sich nur noch bemühen müssen, ein

◎ **TIPP:** Um für sich selbst die Werbetrommel zu rühren, gründen Sie eine Organisation, die unter dem Deckmantel, irgendein Anliegen zu fördern, in Wirklichkeit Sie selbst weiterbringt. Nehmen Sie sich ein Beispiel an dem Komponisten moderner Musik, der ein Forum für moderne Musik ins Leben rief. So konnte er die Abendprogramme entwerfen, anderen Komponisten Möglichkeiten verschaffen, ihre Werke aufzuführen, und, was am wichtigsten war, seine eigenen Kompositionen zur Geltung bringen.

◎ **TIPP:** Ihr Name muss zu Ihrem Image passen. Machen Sie es dem Vorsitzenden von *CBS*, Mel Karmazin, nach: Jeder, der es wagt, ihn mit »Melvin Alan« anzureden, wird angewiesen, die Abkürzung »Mel« zu benutzen. Schließlich, so erklärt er, sagt man auch »Walt Disney und nicht Walter Disney«.

berühmt

227

Negativimage zu verhindern, aber für die, die dort noch hinaufwollen, ist es von Vorteil, wenn sie sich zu einem individuellen Markenartikel umgestalten.

Während Ihr Stern immer heller leuchtet, sehen Sie sich umgeben von einer wachsenden Schar von Verehrern, die herbeieilen, um Ihnen zu dienen, an Ihren Lippen hängen und um Ihre Aufmerksamkeit buhlen. Sie ergötzen sich an dem Glanz, den Sie verbreiten, und sonnen sich in Ihrer Gegenwart. Sie verehren eine Vision, jene Aura, die Starruhm verbreitet. Sue Erikson Bloland, die Tochter des bedeutenden Psychoanalytikers Erik Erikson, sah, wie die Anhänger ihres Vaters sich in seiner Gegenwart veränderten: »Sie umdrängten ihn, offensichtlich erregt, bemühten sich, miteinander Konversation zu machen, während sie auf den Augenblick warteten, in dem sie mit ihm sprechen konnten. In seiner Nähe wurden sie auf rätselhafte Weise zu Kindern: lebhaft, unterwürfig, eifrig bemüht, sein Interesse und seine Anerkennung zu gewinnen.« Wie sehr Ihre Anbeter Sie zum Guru erklären, wie nahe Sie ihnen auch kommen möchten, sie werden niemals einen wirklichen Eindruck in Ihrer Seele hinterlassen.

> *Diese Theorie (der Freundschaft) besagt einfach, dass jeder Mensch, dessen Wunsch, der Freund eines anderen zu werden, stark genug ist, damit Erfolg haben muss, wenn es zwischen den beiden keine unüberbrückbaren Rassen- oder Klassenunterschiede gibt und er auch keine Zeit darauf verschwendet, sich über seine eigenen, geringeren Fähigkeiten den Kopf zu zerbrechen.*
>
> LOUIS AUCHINCLOSS,
> DER REKTOR

Wenn Sie einmal bis zu einem gewissen Grad berühmt geworden sind, dann müssen Sie auf diesem Status aufbauen, indem Sie Ihre Rolle perfekt beherrschen. Malen Sie sich das Ziel aus, das Sie letztendlich erreichen möchten, und ahmen Sie jene nach, die es bereits erlangt haben. Sie können sich in die Berühmtheit verwandeln, die Sie werden wollen.

KAPITEL FÜNFZEHN

DIE BÜHNE BETRETEN

Sie sind dabei, berühmt zu werden, zumindest ist es Ihr Wunsch. Strategisch hilfreich ist es auf diesem Weg, wenn Sie sich in Szene setzen und eine bestimmte Rolle in dem Spiel um die Macht übernehmen – auch wenn Sie die Funktion, die Sie promoten, längst nicht innehaben. Sie melden in jedem Fall einen Anspruch an, der andere überzeugt, dass Sie zu den Wichtigen gehören. Geben Sie ruhig dem Affen Zucker.

Shep Gordon, Manager von Superstar-Rockmusikern, hatte seine eigene Taktik: »Sobald ich eine Band in die Hände bekam, setzte ich alles daran, dass ihre Mitglieder jederzeit wie Stars behandelt wurden. Sie wurden bedient und verwöhnt und man gab ihnen das Gefühl, sie seien die größten Musiker aller Zeiten. Bevor also die Öffentlichkeit wusste, wer sie waren, wurden die Jungs wie Millionäre behandelt. Wer immer mit uns Kontakt aufnahm, ging davon aus, es mit Stars zu tun zu haben. Schließlich glaubten die Bandmitglieder selbst, sie seien Stars, und dies übertrug sich auf die Journalisten, die sie interviewten, und auf die Fans, die sie hörten.«

Sobald Sie also einen Fuß in der Tür zum Ruhm haben, verhalten Sie sich wie eine wirkliche Berühmtheit:

1. Stellen Sie extravagante Forderungen.
2. Manipulieren Sie Ihr Image.
3. Suchen Sie den Kontakt mit Menschen, die mindestens ebenso berühmt sind wie Sie selbst.
4. Alles muss stimmen: Ihr Outfit, Ihre Hobbys und die Orte, die Sie aufsuchen.
5. Strahlen Sie Gelassenheit aus.

1. Stellen Sie extravagante Forderungen

Berühmte Leute bekommen alles, was sie wollen, deshalb verlangen Sie viel. Achten Sie genau darauf, welche Privilegien andere genießen, und fordern Sie für sich am besten noch mehr ein.

Schaffen Sie sich eine Entourage, die Sie begeistert eskortiert: beispielsweise einen Redenschreiber, einen Masseur, einen persönlichen Trainer, einen Mediencoach, ebenso wie einen Koch, einen Friseur, Fahrer, Bodyguard und einen Astrologen.

Bestehen Sie auf die schnellste und bequemste Transportmöglichkeit. Demi Moore weigerte sich, eine Figur in einem Disney-Zeichentrickfilm zu synchronisieren, weil die Aufnahme mit einem anderen Film-Meeting in Idaho zeitlich zusammenfiel. Das Disney-Studio in Hollywood organisierte den Terminplan von Frau Moore derart um, so dass sie mit einer bereitgestellten Limousine alles schaffen konnte. Nur rechnete man nicht mit dem Eigensinn von Demi Moore. Sie wollte einen Privatjet für 4500 Dollar pro Stunde, der sie nach Idaho flog.

Wenn Sie ein Star sind, dann werden Sie normalerweise angestarrt – oder Sie bestehen darauf, dass das *nicht* geschieht. Als Julia Roberts in eine exklusive Wohnanlage in West Hollywood zog, bekamen die anderen Bewohner Briefe, in denen sie gebeten wurden, keinen direkten Blickkontakt mit ihr aufzunehmen, wenn sie ihr in den Fluren oder in der Lobby begegneten. Auch Madonna wollte sich den aufdringlichen Blicken ihrer Fans entziehen; ihre Bodyguards untersagten Hotelangestellten, ihren Namen auszusprechen, mit ihr zu reden oder sie gar direkt anzuschauen. Während sie im Fitnessstudio trainierte, bestanden die Schauspielerin Sigourney Weaver und ihr Trainer darauf, dass niemand die Laufbänder neben ihr benutzen durfte.

Lassen Sie, was Ihre Forderungen angeht, Ihre Fantasie spielen und zögern Sie nicht, präzise Anweisungen zu geben. Folgende Beispiele könnten Sie inspirieren: Topmodel Claudia Schiffer bestand darauf, Mineralwasser und Gummibärchen serviert zu bekommen, wobei sie insistierte, dass alle roten entfernt werden sollten – vielleicht wurde sie angeregt durch die eigenwillige Bestellung der Rockgruppe »Van Halen«, die eine Schale mit Smarties verlangte, allerdings ohne die braunen. TV-Star Jane Seymour bat sich aus, dass während der Aufnahmen zu ihrer Serie *Dr. Quinn, Medicine Woman,* einmal pro Woche Londoner Regenwasser eingeflogen werde, mit dem sie ihr Haar waschen wollte. Kosten: 1200 Dollar pro Lieferung. Als sie von dem Starfotograf Patrick Demarchelier abgelichtet wurde, bestand die Schauspielerin Ashley Judd darauf, dass das Mineralwasser, das man ihr vorsetzte, eine Temperatur von exakt 22 Grad Celsius habe. Als Teil seines 52-Millionen-Dollar-Jahresvertrags mit den Arizona Diamonds bekam der Baseballheld Randy Johnson nicht nur die Mitgliedschaft im exklusiven Desert Mountain Golfclub und einen 10-Jahres-Gutschein für Plätze in der ersten Reihe bei den Basketballspielen der Phoenix Suns zugesichert– er erreichte außerdem, dass das generelle Vereinsverbot, einen Bart zu tragen, für ihn aufgehoben wurde.

Die leiseste Andeutung eines Wunsches bewirkt, dass die Füßewäscher der VIP-Leute sich überschlagen. Eine Woche vor Clintons zweiter Amtseinführung stieg Mr. A im zweiten Stock des Jefferson Hotels, einem der besten Hotels in Washington, in einen Fahrstuhl, in dem sich bereits Mr. B befand, der nur zu gern Mr. A einen Gefallen getan hätte, was wiederum Mr. A wusste. »Sie gehen bestimmt zu einer dieser Inaugurationspartys«, sagte also Mr. A.

»Ja, genau«, erwiderte Mr. B.

»Ich hätte auch gern ein Ticket«, erwiderte Mr. A laut. »Irgendwie habe ich keines bekommen.«

»Ich habe sechs zu viel gekauft«, sagte Mr. B eifrig (die Eintrittskarten kosteten zwischen 100 und 200 Dollar), »ich könnte Ihnen eine abtreten.«

»Das wäre toll«, gab Mr. A zurück. »Wie komme ich an das Ticket heran?«

Die Fahrstuhltüren öffneten sich nun. Mr. A und Mr. B traten hinaus, um die Einzelheiten zu besprechen. Ein Bedürfnis wurde befriedigt – in der Zeit, die es dauerte, vom zweiten Stock in die Lobby zu kommen.

Möglicherweise bekommen Sie momentan nicht automatisch

Privatjets und Eintrittskarten zur Verfügung gestellt. Was aber können Sie einfordern? Bestehen Sie darauf, dass Sie eine komplizierte audiovisuelle Ausrüstung brauchen, wenn Sie einen Vortrag halten, (wobei andere die Technik bereitstellen und bedienen müssen); verlangen Sie, dass ein Meeting zu einem bestimmten Zeitpunkt anberaumt wird, der Ihnen passt; beanspruchen Sie, dass Sie in einer Limousine mit Chauffeur zum Interview im lokalen Fernsehstudio gebracht werden; pochen Sie darauf, dass in Ihrem Country Club Ihr Lieblingsmineralwasser angeboten wird (*nicht* Evian, *nicht* Perrier, *nicht* Vittel, sondern Pellegrino).

2. Manipulieren Sie Ihr Image

Werden Sie zum Manager Ihres Images. Suchen Sie sich den Stylisten, der den besten Haarschnitt macht; wählen Sie mit größter Sorgfalt die Krawatte, die genau zum Anlass passt – kleiden Sie sich Ihrer ausgesuchten Rolle entsprechend. Folgen Sie dem Beispiel des Basketballstars Scottie Pippen, der zu Anfang seiner Zeit bei den Bulls eine Brille trug, obwohl er keine Sehschwäche hatte – vermutlich, um sich selbst ein seriöseres Aussehen zu verleihen. Hüten Sie sich, solche Details als trivial abzutun. Bedenken Sie: Die äußere Erscheinung sagt mehr als tausend Worte, deshalb arbeiten Sie an dem visuellen Image, das Sie sich wünschen.

Es reicht jedoch nicht aus, nur Ihre *äußere Erscheinung* zu perfektionieren. Sie müssen Ihre Persönlichkeit herausstellen, sich zur Schau stellen, auch mit Hilfe dramatischer Effekte. Dabei sollten Sie nicht zu kompliziert vorgehen, vereinfachen ist ein wichtiges Vorgehen. Angenommen, Sie kandidieren für ein öffentliches Amt. Anstatt irgendwelche langweiligen Reden über die Kosten der Sozialhilfe herunterzuleiern oder über die theoretischen Grundlagen der zerstörerischen Kraft des Kapitalismus, erzählen Sie von Ihren Eltern, hart arbeitenden Immigranten, und betonen, dass Sie für solide Werte eintreten. Nach der Ermordung ihres Mannes verankerte Jackie Kennedy sein Image durch erinnerungswürdige Bilder und Sätze im öffentlichen Bewusstsein. So hielt sie beispielsweise ihren kleinen Sohn John an, am Grab seines Vaters zu salutieren, und legte dem Historiker Theodore H. White den Begriff »Camelot« nahe.

Zeigen Sie Ihre Persönlichkeit, indem Sie sich ein besonderes Symbol zu Eigen machen, wie beispielsweise die Kennedys mit ihren Krawattennadeln, oder indem Sie zulassen, dass man eines für Sie kreiert, wie die Schalen voller Erdnüsse, die auf den Schreibtischen der Mitarbeiter des Weißen Hauses unter Jimmy Carter standen. Betonen Sie Ihre *menschlichen* Seiten – machen Sie sich über sich selbst lustig, über Ihren Widerwillen gegen Broccoli oder Ihr heimliches Laster Geleefrüchte. Diese Methode funktioniert vor allem bei Menschen, die im Zentrum der Aufmerksamkeit einer großen Gruppe stehen. Man möchte Sie kennen lernen, ein persönlicher Kontakt ist in einer Menge aber schwer herzustellen, also erzählen Sie von sich selbst. Die Sie umringenden Menschen werden sich Ihnen näher fühlen, weil sie über Ihre Begeisterung für Seifenkistenrennen lachen können, und darüber, wieviele Dosen Diätpepsi Sie täglich trinken.

TIPP: Stellen Sie sich entweder als ein gewöhnlicher Mensch dar, der ungewöhnliche Dinge tut, oder als ein ungewöhnlicher Mensch, der gewöhnliche Dinge tut.

Wenn Sie sich eine charakteristische Geste aneignen, dann sollte sie unvergesslich und gewinnend sein. John D. Rockefeller versuchte sein Image, ein Geizkragen zu sein, zu entkräften, indem er Geldmünzen verteilte – Dimes für Erwachsene, Nickels für Kinder – und die Beschenkten ermahnte, hart zu arbeiten.

Achten Sie darauf, Ihr Image nicht mit schlüpfrigen Anekdoten oder unpassenden Fotos zu beeinträchtigen. Die Botschaft, die Sie vermitteln wollen, darf keinen Fleck bekommen. Lernen Sie aus dem Fehler Präsident Johnsons: Nachdem Nachrichtenfotos ihn zeigten, wie er seinen Beagle an den Ohren zog, brach eine Welle von Kritik tierliebender Amerikaner über ihn herein.

Gehen Sie nicht davon aus, dass die Menschen Ihre Prominenz zu schätzen wissen. Setzen Sie permanent Signale, die auf Ihren Ruhm verweisen. Umgeben Sie sich mit Bodyguards oder

berühmt

233

engagieren Sie zumindest *einen* für einen besonderen Anlass. Indem Sie vorgeben, dass Sie bedroht werden, beweisen Sie, dass Sie interessant sind. Ergreifen Sie jede Gelegenheit, um Gegenstand der Aufmerksamkeit zu sein. Engagieren Sie einen Autor, der eine Kurzbiografie über Sie schreibt – oder, noch besser, engagieren Sie ein Kamerateam, das Ihnen folgt.

Verletzen Sie die Regeln der Konvention. Wenn es zu dem Image passt, das Sie kreieren wollen, dann stoßen Sie die Leute mit Ihrer Kleidung und Ihren Handlungen vor den Kopf, oder aber geben Sie sich ein diskret vornehmes Aussehen. Statt der üblichen Fotos, die Ihre Kollegen für Artikel in Fachzeitschriften einreichen, wählen Sie eines von sich, auf dem Sie mit einem Sweatshirt und einer Baseballkappe zu sehen sind. Sie müssen sich jedenfalls in Bestform verkaufen.

3. Suchen Sie den Kontakt mit Menschen, die mindestens ebenso berühmt sind wie Sie selbst

Sie werden nach den Menschen beurteilt, mit denen Sie sich zusammentun, deshalb lassen Sie sich nur mit den richtigen blicken. Bevor Sie an einer Diskussionsrunde auf der Jahreskonferenz Ihres Metiers teilnehmen, fragen Sie nach, wer sonst noch dabei ist. Wenn Sie der bei weitem bekannteste Teilnehmer sind, lehnen Sie Ihre Mitwirkung rundweg ab. Sie sind zu wichtig, um sich mit unwichtigen Leuten zu umgeben.

Wenn Sie sich doch entschließen, teilzunehmen, achten Sie darauf, den Platz zu bekommen, den Sie sich vorstellen. Perfekt wäre es für Sie, wenn Sie neben dem bekannten Moderator sitzen würden. Nehmen Sie Einfluss darauf, wer beim Mittagessen an Ihren Tisch gesetzt wird. Lange bevor sie bei Jay Leno oder David Lettermann auftreten, erkämpfen sich zukünftige Stars Interviewtermine. Wenn Sie Kontakt zu einem Star haben, dann nutzen Sie ihn nach Kräften. Die einfachste Möglichkeit ist das *Namedropping* – eine Praxis, die zur Schau stellt, dass Sie Verbindung und Zugang zum Ruhm haben. Namedropping verlangt aber auch ein feines Gespür. Erwähnen Sie in einem einzigen Gespräch nicht *zu* viele Namen (wenn Sie all diese Leute kennen würden, hätten Sie es nicht nötig, dies zu beweisen), lassen Sie mehr durchblicken, als Sie preisgeben, und, was am wichtigsten ist, *sprechen Sie die Namen richtig aus*. Benutzen Sie, wenn es passend ist, einen Spitznamen: »Magic« Johnson war nur für seine Fans und die meisten Sportreporter »Magic«; wer ihn näher kannte, sprach ihn mit Earvin, seinem Vornamen, an, seine Mannschaftskameraden und einige wenige andere nannten ihn »Buck«, den »jungen Hengst«. Und niemand, der der Familie wirklich nahe stand, nannte John F. Kennedy Jr. »John John« – *der* Name war die Schöpfung eines Reporters, der eine Anrede innerhalb der Familie falsch verstanden hatte.

> **TIPP: Wenn Sie ein Buch schreiben, dann erwähnen Sie in den »Danksagungen« mehrere Stars Ihres Metiers – dadurch rücken Sie ihnen näher und erwecken den Eindruck, eine Verbindung zu ihnen zu haben. Woher soll jemand wissen, dass Sie nie mit ihnen geredet haben?**

In Ward Justs Roman *Echo House* wird das Phänomen der Anteilnahme an einer berühmten Person beschrieben – mittels einer besonderen Perspektive: »Ständig hörte man Storys über ›Jack‹, was er gerne aß und trank; seine geistreichen Bemerkungen, die er machte, wurden zum Besten gegeben, sein Talent als Golfspieler gerühmt, seine kleinen Wehwehchen aufgetischt, keine Geschichte davon war nachprüfbar. Wahrscheinlich trafen sie genauso für den Papst und den Vorsitzenden Mao zu, ebenfalls rätselhafte Persönlichkeiten. Schließlich waren sie auch nur Menschen, aber beweisen mussten es enge Freunde.«

Wenn Sie keinen berühmten Star kennen, lassen Sie Ihre Fantasie spielen, um einen Kontakt – oder den Anschein eines Kontakts – herzustellen. Victor Good, ein Mann, den niemand kannte, lud Leute zu seiner Hochzeit ein, die er nie persönlich getroffen hatte, aus dem einfachen Grund, um in den Genuss ihrer Gesellschaft zu kommen: Bill Gates von Microsoft, den Spielhöllentycoon Stephen Wynn, den Vorstandsvorsitzenden von AT&T, Robert Allen, und Generaldirektoren von mehr als einem Dutzend anderer Firmen. »Ich liebe es, interessante Leute kennen zu ler-

berühmt

235

nen«, erklärte Good. Er bekam seine fünfzehn Minuten Ruhm, als das *Wall Street Journal* über sein ungewöhnliches Tun berichtete.

4. Alles muss stimmen: Ihr Outfit, Ihre Hobbys und die Orte, die Sie aufsuchen

Stars diktieren die Trends; wenn Sie etwas kaufen oder sagen, dann wird es Mode. Bedenken Sie, sogar etwas so Elementares wie eine Schwangerschaft wird »trendy«, wenn Topmodels wie Cindy Crawford oder Beautyhaus-Erbin Aerin Lauder Zinterhofer sich für ein Kind entscheiden; oder eine Geheimwissenschaft wie der jüdische Mystizismus, wenn sich Madonna, Gwyneth Paltrow und Michael Jackson damit befassen (es überrascht dann auch nicht, wenn ein Emporkömmling wie Marla Maples sich ebenfalls damit beschäftigt).

> 99 *(Ein Rockstar zu sein) gibt mir... eine Lizenz«, sagte er. »So kann ich meinen eigenen Stil haben... was konkret bedeutet, dass jemand zu mir sagt, es sei nicht ›in‹, jenes Paar Schuhe zu tragen, der dann aber doch seine Meinung ändert und plötzlich behauptet, es sei ›in‹, sie zu tragen, schon allein deshalb, weil ich sie trage.«*
>
> BOB GREEN,
> BILLION DOLLAR BABY

Da Ruhm also die Trends bestimmt, müssen Sie, um Wichtigkeit zu signalisieren, sich mit allem umgeben, was am aufregendsten, modernsten und exklusivsten ist. Nehmen wir beispielsweise an, Sie möchten, wie viele andere auch, Ihre Prominenz in Los Angeles zur Geltung bringen. Sie machen einen Termin im richtigen Friseursalon in der richtigen Gegend aus, wo Sie nicht nur einen richtigen Haarschnitt bekommen, sondern auch die richtigen Leute kennen lernen können. Sie reden darüber, sich ein Grundstück in dem begehrtesten neuen Ferienort zu kaufen. Sie probieren die Juwelen in jenem kleinen Geschäft in Beverly Hills an, der zur Zeit hip ist – Sie wissen, wo Sie ihn finden, obwohl er im zweiten Stock und von außen nicht zu entdecken ist. Ihre Blumenarrangements kommen aus dem angesagten »Flower-Power«-Laden.

Vielleicht arbeiten Sie aber auch daran, einen Trend zu verkörpern, der weniger *modisch* erscheint. Vielleicht hängt in Ihrem Schrank nur ein einziger Anzug – und er ist mehr als fünf Jahre alt. Gelegentlich bleiben Sie Ihrer Arbeit fern, da Sie auf Auktionen Ihre Sammlung alter Tarotkarten erweitern. Oder Sie lassen den Branchenjargon in Ihr Gespräch einfließen: »Wir brauchen Anzeigen, die sehr *impactful* sind.«

5. Strahlen Sie Gelassenheit aus

Lassen Sie nie durchblicken, dass Sie sich bemühen, »in« zu sein – selbst wenn Sie insgeheim jeden In-und-Out-Artikel ausschneiden, den Sie finden können. Erwecken Sie den Eindruck, dass Sie geradezu instinktiv zu dem tendieren, was aktuell ist, und alles, was es nicht ist, verbannen Sie aus Ihrem Hirn – ob es sich nun um Theorien über globale finanzielle Stabilität oder Saumlängen, Cafés oder die Präsidentschaftskandidaten der Republikaner handelt.

Lassen Sie nie durchblicken, dass Ihnen Ihre Prominenz wichtig ist. Es ist nicht überraschend, dass Hugh Hefner Alben mit Artikeln über seine Person anlegt – mehr als eintausend sorgfältig gebundene, museumsreife Bände mit Überschriften, die Hugh selbst verfasst hat, sind es schon; aber er hätte sein Hobby besser geheim halten sollen.

Erwecken Sie den Anschein, dass Sie sich trotz Ihres Starrummels stets bemühen, unerkannt zu bleiben – wenn auch vergeblich. Seien Sie ostentativ geheimniskrämerisch. Tragen Sie selbst in geschlossenen Räumen eine Sonnenbrille; setzen Sie sich nur in Autos mit getönten Scheiben; bestehen Sie darauf, an einen schummrigen Ecktisch platziert zu werden – in einem Restaurant, wo Sie unweigerlich dabei gesehen werden, wie Sie sich bemühen, nicht gesehen zu werden. Umgeben Sie sich mit Bodyguards, die (erfolglos) versuchen, in der Menge unkenntlich zu bleiben. Lassen Sie der Presse gegenüber durchsickern, dass Sie einen PR-Agenten engagiert haben, der dafür sorgen soll, dass Sie *nicht* in die Presse kommen. Erzählen Sie jedem, Sie hätten dafür gesorgt, dass von Ihrer Firma keinerlei Informationen über

berühmt

237

Sie weitergegeben werden, weil »zu viele Leute an den Ideen, die ich entwickelte, interessiert waren«. Zwingen Sie Ihre Sekretärin, eine Geheimhaltungsverpflichtung über die Fakten und Stationen Ihres Lebens zu unterschreiben – sofort wird alle Welt sehr viel mehr Interesse an Ihnen haben, jetzt, da es scheint, dass Sie ein Mysterium zu verbergen haben und wahrscheinlich irgendjemand hinter Ihnen her ist, der versucht, es zu lüften.

Die Rolle einzunehmen, die von einer berühmten Person erwartet wird, kann nur die eigene Wichtigkeit vermehren. Und jener Ruhm kann, wenn Sie wollen, genutzt werden, um noch mehr davon zu bekommen.

KAPITEL SECHZEHN

NOCH MEHR VON ALLEM BEKOMMEN

Ruhm, wenn man ihn richtig manipuliert, kann noch größeren Ruhm erzeugen. Auf ähnlicher Ebene funktionieren Macht, Geld oder Sex. Am besten, Sie setzen alle diese Möglichkeiten zugleich ein.

Nutzen Sie Ihren Ruhm, um noch berühmter zu werden

Wenn Sie in einer Arena mit Beifall überschüttet wurden, dann wünschen – ja, dann *verdienen* – Sie mehr. Vielleicht sind Sie ein Filmstar, der das Prestige eines politischen Amtes erhofft, oder eine Intellektuelle, die sich nach dem Glamour sehnt, um von Autogrammjägern umzingelt zu werden. Die *Spirale der steigenden Erwartungen* zwingt Sie, Ihren Bekanntheitsgrad auf neue Spielflächen oder Kampffelder auszudehnen. Das ist sogar eine relativ leichte Sache.

Folgen Sie dem Beispiel von Ronald Reagan, Fred Grandy, Sonny Bono, Jack Kemp, Bill Bradley und Alec Baldwin und stürzen Sie sich in die Politik. Wenn Sie für ein künstlerisches Tun bekannt werden möchten, dann schaffen Sie Kunstwerke. Sylvester Stallone und Donna Summer stellten ihre Bilder aus, Jerry Garcia entwarf Halstücher, Mickey Rourke verkaufte seine Gedichte als Poster für jeweils zweitausend Dollar. Bill Gates, Madonna, Gene Hackman, Michael Eisner, Jamie Lee Curtis und Sarah Ferguson haben Bücher »verfasst«, und Sängerinnen wie Mariah Carey und Gloria Estefan haben sich als Filmstar versucht. Vielleicht wünschen Sie sich wie die Schauspielerinnen Gwyneth Paltrow und Susan Saradon die Ehre, eine Leitkolumne für eine Zeitschrift zu schreiben. Oder vielleicht wollen Sie Ihr Renommee durch ein spektakuläres soziales Engagement auf-

berühmt

239

werten. Machen Sie es einer Gruppe von Models nach, die die wohltätige Stiftung »DISHES« initiierte: Determined Involved Supermodels Helping to End Suffering (entschlossene engagierte Supermodels, die helfen, Leiden zu beenden).

TIPP: Als Prominenz sollten Sie sich genau anschauen, wen oder was Sie unterstützen. Engagieren Sie sich in neuen oder exklusiven Wohltätigkeitsorganisationen, aber vermeiden Sie die Anliegen von gestern – die Regenwaldaktionen mögen 1992 der letzte Schrei gewesen sein, aber jetzt sind sie hoffnungslos passé.

Werten Sie Ihr Image auf, indem Sie von Ihrer *Berühmtheit »abgeben«*. Der Schauspieler Warren Beatty stellte seinen Hollywoodglamour für die politische Karriere von Gary Hart zur Verfügung. Der kapriziöse Schriftsteller Truman Capote bezahlte für sein Dasein auf den Yachten und an den Esstischen der Reichen, indem er ihnen durch seine Anwesenheit das Blitzgewitter von Fotografen garantierte. Vielleicht haben Sie auch von seinen intellektuellen Fähigkeiten profitiert.

Wer einmal die Spitze in seiner Domäne erklommen hat, dem wird das Recht zugestanden, als Gleichrangiger mit den Meistern anderer Machtbereiche zusammenzukommen: Super-Models treffen sich mit Nobelpreisträgern, Bankmanager umwerben Filmregisseure. »In der Aristokratie des Erfolgs gibt es keine Fremden«, erklärte S. J. Perelman. Bekannte Leute kennen einander (oder tun wenigstens so als ob), ganz gleich, wie sie zu ihrem Einfluss gekommen sind. Deshalb zögern Prominente nie, andere Celebrities zu Partys oder Dinners einzuladen, selbst wenn sie sich zuvor nie begegnet sind.

Das war nicht immer so. Die Erfolgsaristokratie mischte sich – erstmals – im November 1966 im New Yorker »Plaza«. Truman Capote veranstaltete einen Schwarz-Weiß-Ball zu Ehren von Katherine Graham, der damaligen Herausgeberin der *Washington Post*. Dort tummelten sich 450 Prominente – vom Harvard-Professor Arthur Schlesinger bis zum Modedesigner Oscar de la Renta, also eine kunterbunte Elite. Heutzutage ist das völlig normal. Beim Korrespondenten-Dinner im Weißen Haus sitzen

Washingtoner Nachrichtenjournalisten neben Filmstars wie Sean Penn und Melanie Griffith und Skandalfrauen wie Paula Jones. Die Feier zum 75-jährigen Bestehen der Zeitschrift *Time* wurde von Politikern und Poeten, Sportlern und Journalisten, Wissenschaftlern, Gelehrten und Schauspielern besucht. Der Hip-Hop-Guru Sean »Puffy« Combs veranstaltete zu seinem neunundzwanzigsten Geburtstag eine Party (es konnten bei weitem nicht alle Einladungswünsche berücksichtigt werden), zu der jedermann von Martha Stewart bis zu Rapper Heavy D eingeladen war (Donna Karan, Muhammed Ali und Sarah Ferguson mussten hinter einer Polizeibarrikade draußen in der Kälte auf Einlass warten).

> ❞ *Allerdings spricht doch etwas fürs Berühmtsein: Wenn du als berühmte Person die großen Illustrierten liest, dann kennst du all die Leute, über die dort geschrieben wird. Seite für Seite nur Leute, denen du schon mal begegnet bist. Diese Art Leseerlebnis gefällt mir, und dafür lohnt es sich einfach, berühmt zu sein.*
>
> ANDY WARHOL,
> DIE PHILOSOPHIE DES ANDY
> WARHOL VON A BIS B UND
> ZURÜCK

Stellen Sie Ihre Bedeutung heraus – so stärken Sie Ihre Macht

Ihre Prominenz motiviert die Menschen, Ihren Worten und Taten Aufmerksamkeit zu schenken, und das verleiht Ihnen Macht. Sie besitzen eine *Plattform* – etwas Besseres kann Ihnen gar nicht passieren.

Politiker müssen sich die seltsamsten Dinge einfallen lassen, um Ihren Namen bekannt zu machen. Denn weil sie vermehrt von Ex-Schauspielern, Ex-Sportlern und berühmten Verwandten aus dem Kongress verdrängt werden, ist es mittlerweile schwer, ohne den Bonus eines bedeutsamen Namens gewählt zu werden. Denken Sie an den verblüffenden Erfolg des früheren Ringers Jesse »The Body« Ventura (mittlerweile möchte er »The

Mind« genannt werden) bei seiner ersten Kandidatur 1998 als Gouverneur von Minnesota. Die Menschen identifizierten seinen Namen – und stimmten für ihn.

Eine Position im Rampenlicht kann Aktivität auslösen. Nach seinem Sturz von einem Pferd nutzte der dadurch gelähmte Schauspieler Christopher Reeve seine Berühmtheit, um Geld für Forschungsprojekte, die sich mit Verletzungen der Wirbelsäule beschäftigen, zu mobilisieren. Reeve trat zudem mit seinem Anliegen vor den Kongress, und dieser stimmte für eine sechzehnprozentige Erhöhung der Mittel in jenem Bereich. Er bekam einen Termin bei Präsident Clinton und dieser bewilligte zusätzliche zehn Millionen Dollar für Forschungszwecke, und nachdem Reeve Mitglied des American Paralysis Association Board wurde, waren dessen Einkünfte doppelt so hoch wie die gesamte Summe, die die Kommission während ihrer ersten dreizehn Jahre eingesammelt hatte. Das Unglück eines berühmten Menschen ist manchmal für all die anderen Leidensgenossen ein Segen.

> *Truman war angeblich dafür bekannt, dass er Johnny Carson mobilisierte, wenn er sich wirklich an jemandem rächen wollte. Er behauptete, er könne Johnny Carson anrufen und sagen: »Ich möchte heute auftreten. Ich möchte an diesem Abend in der Show sein«, nur weil er wieder einen bestimmten Klatsch loswerden wollte ... Nun, das ist Macht. Und wenn man etwas Gemeines über jemanden sagen wollte, welchen besseren Weg gäbe es dann, als im Fernsehen aufzutreten und es Millionen von Zuschauern zu erzählen, die sich die Johnny-Carson-Show anschauten. Die Leute fürchteten Capote.*
>
> GEORGE PLIMPTON,
> *TRUMAN CAPOTE*

Machen Sie sich keine Sorgen, wenn Ihnen bei Ihrem Vorhaben bestimmte Fachkenntnisse fehlen; Ihr Anliegen profitiert sehr viel mehr von Ihrem berühmten Gesicht als von den langweiligen Erläuterungen eines spröden Spezialisten. Am Ende werden mehr Kongressabgeordnete erscheinen, um sich die Bitte eines Baseballstars anzuhören – und sich mit ihm fotografieren zu lassen – als das Gesuch eines Rechtsanwalts. Der Service

Cause Celebre mit seinem Zentralbüro in Washington brachte Berühmtheiten mit bestimmten Anliegen in Verbindung – hauptsächlich genutzt von Firmen, die für die Publicity gut bezahlten. Das Anliegen profitiert von der Aufmerksamkeit, die Sie ihm verschaffen, und Sie profitieren davon, dass Sie mit einem »wirklichen« Anliegen in Verbindung gebracht werden, das Ihnen eine Aura von intelligentem Einfühlungsvermögen und öffentlichem Engagement verleiht.

Quiz: Stars und ihre Aktivitäten

Bringen Sie die Celebrities mit den Anliegen in Verbindung, für die sie sich engagierten:

a. Meryl Streep
b. Frank Sinatra
c. Linda McCartney
d. George Clooney
e. Veronica Webb
f. Walter Cronkite
g. Rob Reiner
h. Prinzessin Diana
i. Christy Turlington
j. Johnny Cash
k. Michael J. Fox

1. Machtbegrenzung der Paparazzi
2. Rechte der Tiere
3. Sicherheit der Schiffe
4. Sauber- und Sicherheitskampagne in New York
5. Kampagne gegen das Rauchen
6. Copyrightschutz
7. Landminen
8. Frühkindliche Entwicklung
9. Präsidentschaftskampagne
10. Rock the Vote
11. Parkinson'sche Krankheit

Antworten: *a.-4; b.-9; c.-2; d.-1; e.-10; f.-3; g.-8; h.-7; i.-5; j.-6; k.-11.*

243

Sind Sie selbst nicht berühmt? Freunden Sie sich mit Prominenten an. Ihre Gäste sind von den bedeutenden Gesichtern an Ihrem Tisch mehr beeindruckt als von den teuren Weinen auf Ihrem Tisch. Und natürlich geben Beziehungen zu berühmten Leuten Ihrem eigenen Bekanntwerden Auftrieb – und vermehren so Ihre Macht. Senator John Warners Heirat mit Elizabeth Taylor bewirkte seinen raschen politischen Aufstieg; über Nacht wurde er zu einem ernsthaften politischen Kandidaten.

Ruhm und Reichtum

Berühmtheit steigert die Verkaufszahlen. Mit Ihrer bekannten Erscheinung können Sie für Filme, Bücher, Fernsehshows, Zeitschriften, Spielzeug, Kleidung, Diätpläne, Fitnessvideos, politische Kandidaten oder Salatsaucen Reklame machen.

Werbeverträge können Millionen einbringen. Als Michael Jordan sich vom aktiven Basketballspiel zurückzog, hatte er Verträge in der Tasche, die mehrere Millionen Dollar wert waren: mit Nike, Gatorade, Bijan, MCI Worldcom, Hanes, Ball Park Franks und vielen anderen. Selbst wenn Sie nicht so hoch im Kurs stehen, dass man Ihnen einen gut dotierten Werbevertrag anbietet, können Sie immerhin versuchen, Produkte zu schnorren, indem Sie für sie werben. Für eine Herbstmodenschau in New York mietete die Fashion-Designerin Jill Stuart für die Schauspielerin Ashley Judd eine Suite im Hotel »Carlyle«, weil diese bei Stuarts Modenschau prominent in der ersten Reihe sitzen sollte; zudem durfte sich der Jungstar zehn Outfits aus ihrer Kollektion aussuchen. Die indirekte Werbung wog die Kosten für Hotel und Kleider bei weitem auf. Kultivieren Sie das Image, ein »Meinungsmacher« zu sein – möglicherweise sind Sie ein Kolumnenschreiber, ein wichtiger Geschäftsführer, Regierungsbeamter oder eine Fernsehpersönlichkeit – und eine Lawine von kostenlosen Büchern wird über Sie hereinstürzen, die Verleger Ihnen in der Hoffnung zuschicken, dass Sie diese in die Bestsellerlisten bringen.

Betrachten Sie sich als ein wandelndes Productplacement. Lassen Sie Ihren Hairstyling-Salon wissen, dass Sie ihn gegen ein paar kostenlose Haarschnitte und Manikürebehandlungen weiterempfehlen würden. Oder deuten Sie an, dass Sie das neu eröffnete Restaurant mindestens einmal die Woche besuchen würden, wenn man Ihnen den Wein nicht berechnet.

Sie können Ihre Berühmtheit auch nutzen, um ein eigenes Produkt zu promoten. Der Rapper Jay-Z besitzt das Fashion-Label Rocawear. Jerry Seinfelds Ex-Freundin Shoshanna Lonstein kreierte eine trendige Kleiderkollektion. Der Schauspieler Paul Newman vermarktet Newman's Own-Limonade, Spaghetti-Saucen, Popcorn und Salsa. Auf allen Produkten prangt sein Foto, und ein Teil des Verkaufserlöses steht für wohltätige Zwecke zur Verfügung. Gennifer Flowers promotet die Zigarrenmarke El Presidente (eine verwirrende Anspielung – sie war nicht Clintons Zigarrengirl), während Monica Lewinsky eine eigene Linie von Stofftaschen und Geldbörsen erfolgreich auf den Markt bringen will.

Denken Sie daran: Wenn es ums Geschäft geht, dann steht die Ausbeutung der Stars ganz oben auf der Liste der Strategen, ganz gleich, wie diese ihre Prominenz erlangt haben; der Werbeerfolg, der »Rummel« ist das einzige, worauf es ankommt. Die italienischen Modekreateure Dolce & Gabbana sahen sofort ihre Chance und entwarfen eine komplette Garderobe für die »Hollywood-Puffmutter« Heidi Fleiss, die sie bei ihren Vernehmungen trug. Keine Frage, es wäre unklug gewesen, jene Fernsehauftritte ungenutzt zu lassen.

TIPP: Suchen Sie einen einfachen Weg, um Ihr Ansehen noch weiter zu heben? Schreiben Sie ein Kinderbuch. Sie erhalten ein Honorar und viel Anerkennung, ohne einen zu großen Arbeitsaufwand (Kinderbücher sind nicht zu umfangreich, haben eine größere Schrift und vielfach Illustrationen, um den Text zu veranschaulichen). Sind Sie schon berühmt, dann sind Einladungen bei Oprah, Rosie O'Donnell oder in der Today-Show sicher. Diese Methode funktionierte für John Travolta, Sarah Ferguson, Shaquille O'Neal, Jamie Lee Curtis, Patrick Ewing und Debbie Boone.

Was aber tun, wenn Sie, wie die meisten Leute, nicht berühmt sind? Ziehen Sie einen Vorteil aus dem Ruhm anderer, schlagen Sie daraus Kapital – die Menschen werden für die einmalige Ge-

245

legenheit, mit berühmten Persönlichkeiten in Kontakt zu kommen, eine Menge Geld bezahlen. Jede Geschäftseröffnung, jede Filmpremiere, jede Präsentation einer Modekollektion, jedes neue Restaurant braucht die Anwesenheit von Stars, um ins Gespräch zu kommen: Vermitteln Sie öffentlich bekannte Persönlichkeiten, überreden Sie diese, an bestimmten Veranstaltungen teilzunehmen und kassieren Sie dafür ein entsprechend hohes Honorar. Das Business ist wirklich lukrativ. Sportmannschaften verlangen, dass Starspieler ihre Berühmtheit für den Verein einsetzen – so sollen sie Golf mit zukünftigen und schon existierenden Firmensponsoren spielen oder bei denen persönlich Geschenkpakete vorbeibringen oder Fans anrufen, die ihr Saisonticket nicht erneuert haben.

Es gibt weitere Möglichkeiten, die Wichtigkeit eines anderen Menschen in Geld zu verwandeln. Wenn Sie mit einer Kamera umgehen können, dann verkaufen Sie Fotos von Prominenten. Die bekanntesten Parasiten des Ruhms sind die Paparazzi – jene Fotografen, die allen Stars auflauern, um ein spektakuläres Foto für die Titelseite einer Yellow-Presse zu ergattern. Obwohl der Tod von Prinzessin Diana (deren Wagen in einem Pariser Tunnel, während er von Paparazzi verfolgt wurde, einen Crash hatte) die Öffentlichkeit vorübergehend gegen diese sensationslüsternen Fotografen aufbrachte, bekam sie doch bald wieder Hunger nach geilen Fotos, so dass dieser über die kollektiven Gewissensbisse triumphieren konnte. Die Paparazzi schrecken vor nichts zurück, um den Millionen-Dollar-Schnappschuss zu kriegen. Einmal war das Gedränge der Fotografen um Marilyn Monroe derart heftig, dass ein Reporter ein Mikrofon in ihren Mund rammte und ein Stück von ihrem Zahn abschlug. Mittlerweile werden die Fotopaparazzi – wie der berüchtigte Ron Galella, der Jacqueline Onassis auf Schritt und Tritt verfolgte – von den Video-»stalkerazzi« abgelöst, die mit ihren Kameras einige Filmmeter für die Zuschauer von Sensations-Fernsehshows zu erheischen suchen. Gesellen Sie sich zu ihnen, und ein einziger Augenblick, der auf Film gebannt wurde – ein verstohlenes Zehenlutschen, ein unbedachter Faustschlag, ein Gesicht mit Doppelkinn und ohne Make-up – könnte Ihnen ein Vermögen einbringen.

Was gibt's noch? Seien Sie kreativ. Bedenken Sie, dass der *National Enquirer* einst eine Story – komplett mit Fotos – über den Müll von Madonna und Warren Beatty brachte.

Oder vermögen Sie eine noch unerschlossene Geldquelle zu entdecken? Niemand schenkte Anfang der sechziger Jahre Models allzu viel Beachtung, bis der Hungerhaken Twiggy zum Star aufgebaut wurde – allerdings wird die Übermacht der Supermodels mittlerweile mehr und mehr durch Film- und Fernsehstars ersetzt. Die achtziger Jahre standen im Zeichen der arrivierten Unternehmer, deren Vermögen ihnen Berühmtheit brachte. *Sports network ESPN*, der erfolgreichste amerikanische Kabelkanal, machte und macht Sportler berühmt; er sendet nonstop Berichte und Ereignisse mit faszinierenden Highlights, stellt neue Leistungshelden und Werbespots vor, in denen Superstars wie Michael Jordan und Ken Griffey auftreten, wodurch sie zusätzliche Chancen bekommen, Karrieren im normalen Werbefernsehen, im TV und im Film zu starten. TV-Fashion-Magazine wie *Style* mit Elsa Klensch auf CNN haben Modedesigner zu international anerkannten Stars werden lassen. Und die PR-Agenten sind natürlich ebenso berühmt geworden wie die Leute, die sie engagieren: die alte Garde wie Howard Rubenstein, Bobby Zarem, John Scanlon, Nadine Johnson und Peggy Siegal und der Nachwuchs wie die »Power Girls« Lizzie Grubman, Elizabeth Harrison, Lara Shriftman, Ally b. (beachten Sie den kurzen Namen mit dem kleinen »b«, siehe dazu Kapitel 14), Jennifer Posner, Shari Misher und Lauren London.

Starfriseure, -fotografen, -verleger, -fitnesstrainer, -konditoren, -fondsmanager und -fernsehautoren gibt es bereits – was kommt als nächstes? Starcomputerprogrammierer? Starhundeausführer? Halten Sie nach Events Ausschau, wo Sie neue Gesichter entdecken, wo sich Dramen und Rivalitätskämpfe abspielen können. Bringen Sie für die Partys der Fernseh-Programmgestalter die gleiche Begeisterung auf wie für die der New Yorker Fashion-Woche. Machen Sie sich keine Sorgen, auch wenn Ihnen Ihre neuen Ausgehorte nicht besonders interessant erscheinen; es braucht lediglich einen kleinen Anstoß, und schon werden aus den dortigen normalen Leuten Superstars.

berühmt

247

Wenn Sie, aus welchem Grund auch immer, eine Verbindung mit jemandem haben, der berühmt ist, dann nutzen Sie sie. Die Mutter von Lee Harvey Oswald war zutiefst frustriert, weil die in Aussicht gestellten Honorare nicht ihren Erwartungen entsprachen; sie war immerhin die Mutter eines Mörders und für das Tagebuch und die Kindheitsfotos ihres Sohnes bekam sie nicht die erhoffte Summe. Die Angebote, ihre Lebensgeschichte aufzuschreiben, blieben aus und ihre Redehonorare bei Vorträgen waren äußerst niedrig (vielleicht lag es am Thema: der »American way of life«.) Sie klagte, dass jede der anderen Frauen, die auf irgendeine Weise in den Fall verwickelt war – die Witwe Jackie Kennedy, die Witwe von Polizeioffizier Tippit und Oswalds Frau Marina – infolge der Tat ihres Sohnes »sehr reich« geworden sei, sie jedoch nicht. (Aber das war vor Jahrzehnten. Heute würde die Tatsache, Oswalds Mutter zu sein, ihr gewiss – zweifelhaften – Ruhm einbringen und die entsprechende Summe Geld.)

Schlagen Sie Profit aus der Nähe zu einem Star. Die sterblichen Überreste von Marilyn Monroe liegen in einer Gruft im Westwood Memorial Park. Die Besitzer der leeren Stätte nebenan bieten den Platz für 25 000 Dollar zum Verkauf an – in der Hoffnung, dass eine ewige Ruhe neben Marilyn Monroe einem Fan so viel wert sei. Die Nobelherberge »Las Ventanas al Paraiso« in Mexiko stiftete den Moderatoren und Gastgebern der Oscar-Verleihung zwei Übernachtungen in den Luxussuiten des Erholungsressorts. Das war eine gute Investition – denn einige prominente Gäste vermochten allein durch ihre Nebenausgaben die Kosten zu decken, die sie verursachten.

Mit Prominenten können Sie richtige Schnäppchen machen. Wenn Ihnen moralische Bedenken kommen, schieben Sie diese einfach beiseite. Die Zeitschrift *Brill's Content* nahm ein Glamour-Foto von JonBenét Ramsey, der sechsjährigen Schönheitskönigin, die ermordet wurde, als Cover für eine Ausgabe, in der im Innenteil ein Artikel darüber veröffentlicht wurde, wie die Medien JonBenéts grauenhafte Geschichte ausbeuteten. Diese Form von Unaufrichtigkeit ist nicht neu. Ende der siebziger Jahre, auf dem Höhepunkt der Hysterie über Farrah Fawcett-Majors, veröffentlichte das *New Times-Magazin* ihr Foto auf dem Titelblatt, mit der kühnen Bildunterschrift: »In dieser Ausgabe: Absolut nichts über Farrah Fawcett-Majors!«. Die Zeitschrift profitierte von Farrahs auflagensteigender Berühmtheit, während sie zugleich über das Phänomen spottete.

Halten Sie sich an Prominente, um Geld für Ihr eigenes Engagement locker zu machen. Eine wohltätige Stiftung wird durch die Menschen bekannt, die man mit ihr in Zusammenhang bringt. Kein Anliegen ist derart spirituell, dass es nicht von einer solchen Strategie profitieren würde. Die Scientology-Sekte umwirbt Stars in ihren »Celebrity Centers«, um sich deren Unterstützung beim Verbreiten ihrer Botschaft zu sichern. Das Vorgehen scheint zu funktionieren. Zu den Mitgliedern gehören Schauspieler wie John Travolta, Kirstie Alley und Tom Cruise, der Musiker Isaac Hayes und die TV-Prozesskommentatorin Greta Van Susteren.

Nutzen Sie Ihren Ruhm, um Sex zu bekommen

Berühmt ist nur der, der auch Fans hat – jene Bewunderer, die ihrem Leinwandidol einen Brief mit einem unmissverständlichen Angebot in die Hand drücken, oder die Groupies, die spät in der Nacht vor dem Hotelzimmer des Rockstars auftauchen. Ruhm ebnet ganz klar den Weg zum sexuellen Abenteuer.

Denken Sie an jenen heiß begehrten Basketballspieler. Nachdem er während des Spiels seine Blicke durch die Zuschauerreihen schweifen ließ, zeigte er seinem Bodyguard einige weibliche Anbeterinnen. Dieser teilte jeder Einzelnen von ihnen mit, ihr Held lade sie ein, in den Umkleideraum zu kommen. Eine Vortäuschung. Nach dem Spiel ging der Sportler in einen kleinen Saunaraum, wo die Frauen, die er ausgewählt hatte, bereits auf ihn warteten. Er soll mit jeder Sex gehabt haben, nacheinander, doch sehr rasch, weil er rechtzeitig in den Umkleideraum zurück musste, um Interviews zu geben. In ähnlicher Weise ging ein Ex-Senator vor, der eine Vortragsreise machte, um attraktiven Zuhörerinnen, die er vom Rednerpult aus gesehen hatte, einen Antrag zu machen.

berühmt

249

Der Gedanke, mit einem Star Sex zu haben, ist so reizvoll, dass es in den Kleinanzeigen des *New York Observer* unter der Rubrik»Fitness und Fun« von unzweideutigen Anträgen mit berühmten Doppelgängern nur so wimmelt.»Pamela Anderson & Kathy Ireland« versprach eine Anzeige,»der junge Denzel Washington« eine andere. Für einige ist es fast genauso aufregend, einen Sexpartner mit einem Star zu teilen, wie Sex mit ihm selbst zu haben. Alex Adams, eine bekannte Bordellbesitzerin Hollywoods, berichtete, dass viele Männer nach einer bestimmten Prostituierten verlangten, weil ein berühmter Kunde ihr Stammgast war. In einer Biografie über den fünfundvierzigjährigen Unternehmer Doug Elliot heißt es,»Mr. Elliot gibt zu, dass er mit Frauen geschlafen habe, die ihrerseits mit berühmten Männern geschlafen hätten – unter ihnen John F. Kennedy Jr., Keith Hernandez, Donald Trump und J. D. Salinger. Er nennt das seine ›sharing list‹ (Teilungs-Liste).« Auch eine Celebrity kann Spaß daran haben, einen Sexpartner zu besitzen, der schon in anderen berühmten Betten war. Selbst nach seiner Ernennung zum Präsidenten weigerte sich John F. Kennedy, seine gefährliche Affäre mit Judith Campbell Exner zu beenden; ein wichtiger Aspekt ihrer Anziehungskraft bestand darin, dass sie sowohl Frank Sinatras Geliebte gewesen war – wie auch die des Gangsters Sam»Momo« Giancana. (Eine geschäftstüchtige Frau, die ihre Eizellen spendete, versuchte, aus der Sehnsucht nach einer Verbindung zum Ruhm Kapital zu schlagen, indem sie annoncierte:»Ich habe für ein berühmtes Paar gespendet – WARUM NICHT AUCH FÜR SIE?«)

Nachdem Sie Ihren Ruhm strategisch geplant und dafür Zeit, Geld und Energie investiert haben, entdecken Sie, dass auch er seinen speziellen Blues in sich birgt. Würden Sie auf Berühmtheit verzichten, um ihn loszuwerden? Nein. Aber diese Erkenntnis vermag dennoch nicht jenes unangenehme Gefühl zu vertreiben.

KAPITEL SIEBZEHN

DER BLUES BERÜHMTER MENSCHEN

Sie stehen im Zentrum der Aufmerksamkeit, aber Sie haben den ganz alltäglichen Luxus von Privatheit und Anonymität verloren. Sie möchten Bewunderung und Interesse zu Ihren Bedingungen, aber je öfter Sie im Rampenlicht stehen, desto weniger können Sie Ihr Eigenleben kontrollieren. Und weil Sie in der Zeit Ihres Aufstiegs kein anderer Mensch geworden sind, leiden Sie unter diesen Zuständen.

Ihr Ruhm löst in anderen Menschen heftige Gefühle und Reaktionen aus. Ihr Einfluss geht bei weitem über Ihr angestrebtes Ziel hinaus – Ihr Jargon verbreitet

> *Vor drei Jahren noch hätte ich bereitwillig gemordet für das, was ich jetzt besaß. Ich hatte Schriftsteller beneidet, die gedruckt wurden, hatte sie beneidet und bewundert. Ich hatte sie für unkränkbare Halbgötter gehalten, mit einem unerschöpflichen Vorrat an Liebe und Selbstvertrauen ausgestattet. Jetzt lernte ich die andere Seite dieser schmeichelnden Spiegel der Berühmtheit kennen. ... Es sind dies die Zerrbilder der Presse, von Unbekannten, die ihre Fantasien und Frustrationen auf dich projizieren, Zerrbilder all der Leute, die dich beneiden und sich gern an deine Stelle denken. ... Sie brauchen den Glauben an die Magie dieses unzugänglichen Zimmers, um ihren Neid zu rechtfertigen, ihren Ehrgeiz.*
>
> ERICA JONG,
> *RETTE SICH WER KANN*

berühmt

sich im ganzen Land, Tausende kopieren Ihren Haarschnitt, Geschäftsinhaber lösen Ihre Schecks nicht ein, weil sie Ihre Unterschrift aufbewahren wollen. Eilfertige Experten kommentieren unerlässlich die Dinge, die Sie gesagt und getan haben sollen.

> „ Ich war gekommen, um mit (Robert Kennedy) über Vietnam zu reden, aber in Wirklichkeit wollte ich ihn nur kennen lernen. Ihn wissen lassen, wer ich war. Er war damals, 1967, so etwas wie ein Held für mich, und ich war erst kürzlich an dem Punkt in meinem Leben angelangt, wo ich mir bewusst wurde, dass Männer, die für andere Helden waren, eines Tages meine Freunde werden könnten.
> (...) Aber hör zu: als ich nach Osten flog, empfand ich, durch die Traurigkeit und Erschöpfung hindurch, Stolz. Und eine bestimmte, möglicherweise obszöne Art von Erregung. Ich war dort gewesen, mitten drin, als ein Kennedy gestorben war. Dies erschien als das ultimative Statussymbol der sechziger Jahre.
>
> JOE MCGINNIS,
> HEROES

Wenn Sie wollen, können Sie ein Gesetz verabschieden lassen oder ein obskures Buch auf die Bestsellerliste bringen oder einen Industriezweig lahmlegen. Wo Sie auftauchen, richten sich alle Blicke auf Sie – die Leute achten darauf, wie Sie aussehen, was Sie anhaben, was Sie tun und mit wem Sie es tun. Viele Köpfe drehen sich, wenn Sie ein Restaurant betreten; jedermann bemüht sich, Ihr Gespräch mit anzuhören. Selbst Ihre beiläufigsten Bemerkungen gelten als tiefsinnig, allein schon deshalb, weil Sie eine Respektsperson sind.

Die exzessive Schaulust beraubt Sie Ihrer Privatsphäre. Bewunderer möchten Ihre intimsten Geheimnisse ergründen, das Innere Ihres Hauses sehen, wissen, ob Sie ein gutes Verhältnis zu Ihrer Mutter haben. Sie möchten Sie permanent beobachten, am liebsten eine Kamera in Ihrem Schlafzimmer installieren.

Wie selbstverständlich geht die indiskrete Öffentlichkeit davon aus, dass sie ein Recht auf Ihre Person hat. Die Fans möchten erreichen, dass Sie ihnen zuhören, sie kennen. Ein Superstar aus der Musikszene sagte einmal erschöpft: »Groupies zu ficken ist so langweilig. Du könntest es jede Nacht tun, es gibt immer

Mädchen, die sich zur Verfügung stellen. Aber wenn du mit einem von ihnen ins Bett gehst, dann bedeutet das, dass du dir eine Litanei von Lebensgeschichten anhören musst. Mittlerweile habe ich keine Lust mehr, mir all die Probleme dieser Mädchen anzuhören.« Doch die Öffentlichkeit gibt nicht auf, um Ihre Aufmerksamkeit zu buhlen.

Aber während die Menschen sich nach Ihrer Anerkennung sehnen, nehmen sie Ihnen zugleich die Macht übel, die Sie über sie haben. Ihr Bedürfnis, Ihnen nahe zu kommen, verwandelt sich in Frustration, wenn es unbefriedigt bleibt. Und so erregt Ihr Ruhm Neid und Groll. Ihre Kollegen und Konkurrenten wetteifern um Ihre Wertschätzung. Ihre Kinder und alten Freunde zählen eifersüchtig die Minuten, die Sie ihnen widmen.

> 99 *Freitagnacht in der Bowery Bar. ... Da ist Francis Ford Coppola an einem Tisch mit seiner Frau. Ein Stuhl an seinem Tisch ist nicht besetzt. Er ist nicht nur nicht besetzt: Er ist verlockend, versuchend, höhnisch, provozierend nicht besetzt. Er ist so sehr nicht besetzt, dass er besetzter ist als jeder andere Stuhl da drin. Und dann, gerade als die Unbesetztheit des Stuhls eine Szene auszulösen droht, lässt Donovan Leitch sich zu einem Pläuschchen nieder. Augenblicklich ist jeder im Raum eifersüchtig. Und stocksauer. Die Energie des Raumes gerät heftig ins Schlingern. Das ist Romantik in New York.*
>
> CANDACE BUSHNELL, *SEX AND THE CITY. AM BETT VORBEI IST VOLL DANEBEN*

Wenn diese Menschen nicht genügend Beachtung finden, werden Sie Ihnen das Leben nicht gerade leichter machen.

Tatsache ist, dass Sie für andere Menschen sehr viel wichtiger sind als diese es für Sie sind. Für sie sind Sie der Bezugspunkt jedes Gesprächs. In ihrem Lebenswerk *Das Kopfkissenbuch der Dame Sei Shonagon* machte Sei Shonagon in ihrer Liste von »Angenehmen Dingen« folgenden Eintrag: »Ein interessanter

berühmt

253

Mann erzählt von einem Ereignis in der Vergangenheit oder von etwas, das erst kürzlich passiert ist und von allgemeinem Interesse ist. Mehrere Menschen hören ihm zu, aber du bist die einzige Person, die er unverwandt anschaut, während er spricht.«

Die Menschen bemühen sich unermüdlich, Sie mit ihren Scherzen zu unterhalten, Sie zu verführen, Ihre Blicke über ihren Körper schweifen zu lassen. Manchmal kommt es gar zu seltsamen Ausformungen: unter *eBay.com posting* ersteigerte ein Mann kurz nach dem Tod von John F. Kennedy Jr., seiner Frau Carolyn und seiner Schwägerin ein benutztes Flugticket. Er pries es mit den folgenden Worten an:»Dieses Ticket ist mein eigenes. Auf diesem Flug von Miami nach New York saßen John F. Kennedy Jr. und Carolyn Bessette neben mir. Daran werde ich mich für alle Zeiten erinnern.« (Der geforderte Preis für das Erinnerungsstück? 4850 Dollar.)

Sie können die Gier der Öffentlichkeit unmöglich befriedigen und lassen sie enttäuscht und sehnsüchtig zurück. Selbst Berühmtheiten leiden unter jenem schmerzlichen Gefühl, von einer anderen Größe bedingungslos fasziniert zu sein. Der Megastar Frank Sinatra brannte darauf, mit Präsidentschaftskandidat John F. Kennedy auf vertrautem Fuße zu stehen, und als einzige Gegenleistung für seine unermüdliche Unterstützung – er nahm sogar eine spezielle Version seines Hits »High Hopes« auf, die zur Erkennungsmelodie der Wahlkampagne wurde – erbat sich Sinatra lediglich, Kennedys Freund zu werden (»lediglich«? Natürlich ging es dabei um eine ganze Menge). Sinatras Verehrung für Kennedy war geradezu herzzerreißend: er rahmte kurze Mitteilungen ein, die Kennedy für ihn aufgeschrieben hatte, und brachte eine goldene Gedenktafel an der Schlafzimmertür seines Hauses an, um zu markieren, wo der zukünftige Präsident einmal übernachtet hatte. Sinatra wollte sein Anwesen in Palm Springs zu einem zweiten Weißen Haus von JFK machen; deshalb ließ er einen Helikopterlandeplatz und ein Gästehaus mit einem Esssaal für vierzig Personen bauen, errichtete einen Masten für die Präsidentenflagge und installierte ein umfassendes Kommunikationssystem nach Washington. Aber auf Anraten seines Bruders,

General Robert Kennedy, weigerte sich John Kennedy, dort zu wohnen, weil Sinatra Verbindungen zum organisierten Verbrechen hatte. Sinatra bekam daraufhin einen Wutanfall, zerstörte eigenhändig den Flugplatz und verzieh die Kränkung nie.

Hinzu kommt, dass Sie von der Öffentlichkeit nicht allein wegen Ihrer Berühmtheit geliebt und respektiert werden wollen, sondern auch als der Mensch, der Sie wirklich sind. Aber reagiert diese überhaupt auf Ihr »wahres« Ich? Schauen die Menschen nicht eher auf Ihre Erfolge oder umschwärmen lediglich irgendein künstlich von Ihnen produziertes Image? In seiner Autobiografie stellte Lee Iacocca fest: »Natürlich gefällt es mir, Anerkennung für das zu bekommen, was ich getan habe, aber ich werde ständig daran erinnert, dass mein Ruhm nichts mit meinen Leistungen zu tun hat. Bin ich berühmt für den Mustang? Dafür, dass ich Ford durch die gewinnträchtigsten Jahre seiner Geschichte geführt habe? Dass ich Chrysler umgekrempelt habe? Es ist merkwürdig, aber ich werde das schreckliche Gefühl nicht los, dass man sich nur wegen meiner Werbespots im Fernsehen an mich erinnern wird.«

Ihre öffentliche *Persona* wird ununterscheidbar von Ihnen als Privatperson, doch dabei sind sie keineswegs identisch. Sie fühlen sich missverstanden. Man nimmt Sie nicht wahr, wie Sie wirklich sind. Andy Warhol, ein trickreicher Meisterkünstler, was die Selbstdarstellung betrifft, nutzte die blinde Ergebenheit seiner Fangemeinde aus: Er engagierte den Schauspieler Alan Midgette, um ihn, Andy Warhol, auf einer Lesetour zu doublen. Mit weiß-silberner Perücke, Make-up, einer schwarzen Lederjacke und einer dunklen Sonnenbrille zog Midgette eine fantastische Show ab. Warum engagierte Warhol jemanden, Warhol zu spielen? Andy: »Weil er es besser konnte als ich.«

Sie als tatsächlich existierende Person verlieren an Bedeutung und werden zu einer Figur, die andere analysieren und zur Diskussion stellen. Schließlich werden Sie zu einer Schöpfung des öffentlichen Lebens. Sie selbst fangen an, sich als irreales Phänomen zu betrachten. Elvis Presley gestand einmal: »Ich fühlte immer eine unsichtbare Hand hinter mir, die mein Leben lenkte, ich meine, es muss ja einen Sinn geben, es muss einen Grund

berühmt

255

haben, warum gerade ich erwählt wurde, Elvis Presley zu sein.«
Als die Operndiva Adelina Patti zum ersten Mal ihre Stimme von
einer Schallplatte hörte, küsste sie den Sprachtrichter des Gram-
mophons und schrie: »Ah, *mon Dieu!* Jetzt verstehe ich, warum ich
die Patti bin. Was für eine Stim-
me!« Als er bei einem Dinner
über seine Zeit in Harvard erzählte, wo er nichts anderes
war als ein Professor, konsta-
tierte Henry Kissinger: »Ich war
damals noch nicht Henry
Kissinger.«

> **KLEOPATRA: »Doch da
> mein Herr Antonius wieder ward,
> bin ich Kleopatra.«**
>
> SHAKESPEARE,
> ANTONIUS UND KLEOPATRA

Nach Aussage seines lang-
jährigen Freundes Stanley Levison glaubte Martin Luther King,
er sei auserkoren worden, weil die Geschichte zu einem bestimmten Zeitpunkt nach einer speziellen Persönlichkeit verlangte, und die sei nun einmal er gewesen. Es geht sehr schnell,
dass Sie das Gebilde anderer Menschen sind – abhängig davon,
was diese in Ihnen gesehen, über Sie geschrieben, von Ihnen ge-
wollt haben.

Ihre Reputation breitet sich aus, ebenso Ihr Image, und bald
ist Ihr reelles Sein verschwunden, nur noch Ihr Abbild ist exis-
tent. Nur noch ganz vage dringt durch einen Nebel von Eitelkeit
ein Gefühl Ihrer eigentlichen Bedeutungslosigkeit hindurch. Sie
erkennen, dass es nicht Ihr wahres Selbst ist, das Menschen anzieht, sondern vielmehr ein Fantasieprodukt, das sie selbst geschaffen haben.

Und trotz aller Frustration ist Ihr Drängen nach Ruhm unersättlich. Als sie an der Oscar-Verleihung teilnahm, bei der ihr
Film *The Sting* in zehn Kategorien nominiert worden war, bemerkte die Produzentin Julia Phillips über die überspannten Erwartungen der Stars: »Überall sind Barrikaden und Bullen und
Fans und Fotografen. Aber als Masse sind wir Stars nicht das Geringste wert. Das ist demütigend. Da ist es doch besser, die einzige Unbekannte in einem Bienenschwarm von Stars zu sein.
Oder noch besser, die einzige Prominente bei einem Treffen von
Unbekannten.« Wenn die Droge Beifall einmal in Ihre Blutbahn

gerät, werden Sie süchtig: Sie brauchen jenes erhabene Gefühl von Bewunderung und Akzeptanz.

Vielleicht fühlen Sie sich auch wie ein Hochstapler, weil Sie all Ihren Erfolg allein ein paar glücklichen Zufällen verdanken, nicht aber Ihrem Verdienst. Sie sind ein Star – Sie sind unglaublich reich geworden, leben in paradiesischen Welten, Ihr Foto schaut Ihnen von den Titelblättern unzähliger Zeitschriften entgegen, die Menschen verehren Sie – aber Sie fragen sich, warum wurden gerade Sie unter all den anderen für diese Ehre ausersehen? Das quälende Gefühl der Unzulänglichkeit, das Sie antrieb, Großartiges zu erreichen, wird durch Ihre Prominenz nicht gemildert.

Und was, wenn Sie im schlimmsten Fall (schlimmer, als nie berühmt gewesen zu sein), Ihren Platz am Firmament verlieren? Der frühere Senatssprecher Newt Gingrich erklärte auf dem Gipfel seiner Macht: »Ich bin enorm ehrgeizig. Ich möchte den ganzen Planeten aus den Angeln heben. Und ich tue es. Ich bin ja jetzt ein berühmter Mann.« Aber wo ist er jetzt? Norman Mailer, ein

> **,,** *Und so war ich prominent und leer, und ich musste ein neues Leben beginnen: von jetzt an würden Leute, die mich kannten, nie in der Lage sein, auf mich als Person, die sie aus diesem oder jenem Grunde mochten oder nicht mochten, zu reagieren, nur um meiner selbst willen (die unvermeidliche Phrase aller tränenreichen Geständnisse) ... Ich war ein Knoten in einer neuen elektronischen Landschaft von Berühmtheit, Persönlichkeit und Status. Andere Menschen, die mich kennen lernten, konnten jetzt unbewusst ihren eigenen Status daran messen, wie ich auf sie reagierte ... jetzt musste ich mich davor hüten, die Gefühle anderer aufzuwühlen, vor allem, da ich ein starkes Gewissen hatte und ein starkes Bedürfnis, genau das zu tun – die Gefühle anderer auszubeuten.*
>
> NORMAN MAILER,
> *REKLAME FÜR MICH SELBST*

Mann, der geradezu sklavisch dem Ruhm verhaftet war, musste hart an einer Demütigung arbeiten: »Ich verlor mit dem Misserfolg eines Buches sofort meinen Status – Amerika ist in dieser Hinsicht ein sehr schnelles Land – aber mein Ego erlaubte mir

257

nicht, das zu begreifen, und viele ermüdende Jahre lang erlitt ich eine gesellschaftliche Niederlage nach der anderen, weil ich nicht begriff, das ich für andere nicht mehr so großartig war wie einst. Ich überschätzte mich ständig. Mit anderen Worten, ich dachte, ich ließe Menschen fallen, während sie in Wirklichkeit mich fallen ließen.« In solchen Situationen ertappen Sie sich dabei, wie Sie fremde Leute wütend anfahren: »Wissen Sie, wer ich eigentlich bin?« Die Menschen werden es nicht wissen.

sexy

sexy

KAPITEL ACHTZEHN

WAS IST SEX?

Sex effektiv einzusetzen, ist keine einfache Sache. Sex ist etwas grundsätzlich anderes als Macht, Geld und Ruhm – weniger vage, weniger kontrollierbar, dafür geeigneter, die traditionellen Barrieren bezüglich eines Verhaltenskodex und der sozialen Stellung zu durchbrechen.

Wer Sex »benutzt«, will ein Ziel erreichen – beispielsweise sich Macht oder Zugang zu Geld verschaffen oder wenigstens einen Zipfel des Ruhms erhaschen oder emotionale Intimität herstellen –, sei dies nun bewusst oder unbewusst. Und natürlich kann man Sex auch einsetzen, um schlichtweg sexuelle Befriedigung zu erlangen.

Selbst wenn Sie keine Vorbehalte haben, Macht, Geld oder Ruhm so gekonnt wie möglich auszuspielen, so könnte doch die Vorstellung, Sex für Ihre Pläne einzusetzen, Ihnen Magenschmerzen bereiten. Sie sind entsetzt bei dem Gedanken einer Beziehung, deren einziger Zweck darin besteht, bei einer wichtigen Party mit einer neuen Eroberung anzugeben oder die Kreditkarte für Kleidereinkäufe zu bekommen oder sich eine Einladung nach Aspen zu ergattern oder die animalischen Gelüste eines Abends zu befriedigen. Die nackte Kalkulation beim Thema Sex, um die es in diesen Kapiteln geht, widerspricht den üblichen Erwartungen – jenen Vorstellungen von ehrlicher Zuneigung, Intimität oder zumindest von einem wechselseitigen Vergnügen ohne Hintergedanken.

Jedenfalls nutzen nicht allzu viele Menschen – ob aus freier Entscheidung oder aus Unvermögen – die strategischen Chancen des Sex als bewusst geplante Machtspiele. Dabei mag es eine Rolle spielen, dass kalkulierter Sex bei Mitwissenden mehr Kritik und Empörung auslöst.

Aber auch wenn Sie selbst niemals in Erwägung ziehen würden, die hier erörterten Techniken anzuwenden, sollten Sie weiterlesen, um das Verhalten anderer Menschen besser zu ver-

263

stehen. Mag sein, dass Sex-Strategien wenig attraktiv erscheinen (wer denkt darüber nach, ob Männer Macht, Geld und Ruhm benutzen, um Sex zu bekommen, und ob Frauen Sex benutzen, um Macht, Geld und Ruhm zu bekommen?), was aber nicht bedeutet, dass sie ineffektiv wären. Sie sollten die Strategien durchschauen können, selbst wenn Sie diese nicht anwenden.

Möglich, dass Sie auch denken, für Sie sei die Sache überhaupt nicht kompliziert, es ginge Ihnen beim Sex nur um die sinnliche Befriedigung, keinesfalls um Liebeshändel. Doch besser ist es, Sie überprüfen Ihre Motive, um auszuschließen, dass Sie andere Absichten verfolgen. Sonst handeln Sie sich unweigerlich eine Niederlage ein.

Sex kann, außer für einen komplett leidenschaftslosen Menschen, schwierig zu kontrollieren sein; Ihre Gefühle oder Sehnsüchte können mit Ihrem Eigennutz kollidieren. Wenn Sie Sex als Mittel zum Zweck einsetzen wollen, dann versuchen Sie, einen klaren Kopf zu behalten.

Quiz: Kalkulieren Sie mit Sex?

Möglicherweise setzen Sie Sex ein, ohne sich dessen bewusst zu sein. Beantworten Sie die folgenden Fragen mit »Ja« oder »Nein.«

1. Haben Sie sich jemals während eines Meetings provozierend in Pose gesetzt, um Aufmerksamkeit auf sich zu ziehen?
2. Nehmen Sie große Umwege in Kauf, um mit einem attraktiven Partner in der Öffentlichkeit gesehen zu werden?
3. Vergleichen Sie Aussehen, Alter, Status oder Reichtum Ihres Partners mit dem anderer Partner?
4. Haben Sie sich bei einer Auseinandersetzung mit einem anderen Mann jemals mit dem Gedanken getröstet, dass Sie einen größeren Penis haben als er?
5. Haben Sie jemals gelogen – im Hinblick auf Ihr Alter, Ihre Größe oder Ihre Maße?
6. Haben Sie jemals einen Menschen kennen gelernt und ein spontanes romantisches Interesse gespürt, als Sie entdeckten, dass dieser neue Bekannte einen Mercedes fuhr, regel-

mäßig für das *New York Times Magazine* schrieb oder zu Julia Roberts Geburtstagsparty eingeladen wurde?

7. Wenn Sie versuchen, einen neuen Partner einzuschätzen, denken Sie dann darüber nach, ob er oder sie geeignet wäre, eine starke Familiendynastie zu begründen oder fortzusetzen?

8. Hatten Sie jemals nach einem ersten oder zweiten Treffen Sex oder haben Sie sich geweigert, sich auf schnellen Sex einzulassen, nicht, weil Sie es wirklich so wollten, sondern weil Sie dachten, es würde Ihre Chancen auf ein weiteres Rendezvous verbessern?

Wenn Sie nur eine von diesen Fragen mit »Ja« beantwortet haben, dann setzen Sie Sex bereits für Ihre Ziele ein.

Wie in den nächsten beiden Kapiteln gezeigt wird, benutzen Männer und Frauen Sex unterschiedlich. Lesen Sie jedoch nicht nur das Kapitel, in dem es um Ihr Geschlecht geht; es ist nützlich, auch die Strategien der Gegenseite zu durchschauen. Wie Homosexuelle mit kalkuliertem Sex umgehen, bedarf einer separaten Analyse. Diese wird hier nicht geleistet.

265

sexy

KAPITEL NEUNZEHN

WIE MAN SEX BENUTZT – FÜR MÄNNER

Setzen Sie Sex ein, um Frauen und auch anderen Männern Ihre Macht, Ihr Geld oder Ihren Ruhm zu demonstrieren. Zugleich werden Sie erkennen, wenn Ihr Einfluss, Ihr Reichtum und Ihr Bekanntheitsgrad sich vergrößern, dass Sie dann für Frauen entsprechend attraktiver werden. Frauen gehen in dieser Hinsicht übrigens anders mit Sex um als Männer dies tun (siehe folgendes Kapitel). Deshalb sollten Sie sich deutlich bewusst machen, dass es ein Unterschied im Vergnügen ist, ob Sie mit einer fantastischen Frau am Arm gesehen werden, oder ob Sie Sex mit ihr haben.

Die Menschen glauben, und Untersuchungen haben bewiesen, dass Männer mit einem hohen Ansehen für Frauen begehrenswerter sind als Männer mit wenig Einfluss; entsprechend wird die Frau an Ihrer Seite zum Maßstab – wer als Begleitung eine hinreißend schöne Frau hat, der kann nur bedeutend sein. In einer Testreihe schauten sich Personen die Fotos eines Paares an, anschließend sollten sie nur den Mann beurteilen: Wenn die Frau neben ihm verführerisch war, wurde er als intelligenter und erfolgreicher wahrgenommen, als wenn die Frau eine unscheinbare Erscheinung hatte. Wenn aber ein eher unattraktiver Mann die Aufmerksamkeit einer schönen Frau gewinnt, dann muss er in der Vorstellung der befragten Person sehr reich oder sehr mächtig oder sehr berühmt sein. Sex, der Ihren Erfolg begleitet, ist eine hübsche Belohnung für all Ihre harte Arbeit – eine so angenehme, gar bequeme Möglichkeit, um den Status zu unterstreichen, den Sie erreicht haben. Ein Mann, der nicht Ihre Qualitäten hat, könnte keinesfalls hoffen, die Frau zu erobern, die Sie erobert haben.

Eine Frau sexuell zu fesseln bedeutet Besitz, und dieser Besitz vermehrt Ihr Prestige ebenso wie der anderer wichtiger Statusobjekte – vor allem, wenn Sie das Interesse einer Frau gewonnen haben, die von vielen Männern begehrt wird. Diese beneiden Sie um die Freuden, die Sie, wie die anderen sich in Ihrer Fantasie ausmalen, lustvoll genießen.

Beeindrucken Sie also Ihre Konkurrenten, indem Sie sich mit einer Frau zeigen, die ein Statussymbol repräsentiert, ob es sich nun um ein Model, eine erfolgreiche Geschäftsfrau oder eine Frau aus einer renommierten Familie handelt (obwohl Männer, die Sex auf diese Weise benutzen, wahrscheinlich eher auf die äußere Erscheinung achten als auf die Leistungen ihrer Partnerin). Das Ausstechen innerhalb der männlichen Territorien geht

> 99 *Der Umstand, dass sie Harrington heißt, dürfte ihn sexuell wohl nicht weniger erregen als ihr roter Mund oder ihre protzigen Glocken.*
>
> BUDD SCHULBERG,
> *LAUF, SAMMY!*

nicht ohne Kämpfe ab, ob diese nun offen oder verdeckt ausgetragen werden. Jonathan Farkas, der Erbe von etwa fünfzig Warenhäusern (»Alexander's«), konnte da gut mithalten: »Ich bin nur deshalb mit Ford-Models ausgegangen, weil man das eben tat. Und zwischen uns Männern gab es diese Rivalität. Die wichtigste Frage war: Bekamst du ein 3000-Dollar-pro-Tag-Model oder ein 4000-Dollar-pro-Tag-Model?« Für Donald Trump gab es bei der Wahl seiner Begleiterin ein Kriterium, mit dem er prahlen wollte: »Wenn wir ein Restaurant betreten, dann sehe ich erwachsene Männer weinen.« Er beobachtete die Reaktion der Mitkonkurrenten auf seine Partnerin, nicht seine Partnerin selbst.

Aber welcher Typus von Frau sendet das richtige Signal für Sie aus? Eine Nachrichtenkommentatorin des Fernsehens, die bezaubernd ist, aber auch hinreißende Dinnerpartys geben kann; eine wohl proportionierte Schönheit, die zum ersten Mal ihr Elternhaus verlassen hat, um sich neugierig auf die Welt zu stürzen, oder eine blaublütige Absolventin einer Elite-Business-Schule? (So berechnend will ich nun auch wieder nicht sein, denken Sie. Ich will allein eine Menge Spaß mit ihr haben und der Sex *ist* wirklich großartig. Aber sind Sie sich da sicher?)

Setzen Sie sich ein Ziel, beispielsweise jenes äußerst beliebte, Sex mit einer großen Anzahl von Partnerinnen anzustellen. John F. Kennedy soll geäußert haben: »Wenn ich eine Frau rumgekriegt habe, bin ich nicht daran interessiert, weiter mit ihr ins Bett zu gehen, jedenfalls bei den meisten.« Es ging ihm um Besitznahme, nicht um Beziehungen. Und Kennedy setzte den Maßstab, den es zu übertreffen galt. Wenn sich die Leute Storys über Kennedys weibliche Eroberungen erzählten, dann pflegte Lyndon B. Johnson – entschlossen, sich von seinem Vorgänger nicht in den Schatten stellen zu lassen – auf den Tisch zu hauen und zu sagen: »Verdammt, ich hatte per Zufall mehr Frauen als er je mit Absicht!« (Als Fraktionsführer der Mehrheitspartei im Senat hatte sich Johnson im Capitol ein »gemütliches kleines Zimmer« für seine verborgenen Techtelmechtel eingerichtet.) Auf ähnliche Art und Weise wollte der Schauspieler Dustin Hoffman seine Männlichkeit demonstrieren: »Wenn jemand denkt, dass Jack Nicholson und ich, als wir Singles waren, weniger häufig eine Frau hatten als Warren Beatty – dann irrt er sich.« Der Basketballstar Wilt Chamberlain schätzte, dass er mit mehr als 20 000 Frauen Sex hatte; Magic Johnson setzte die Zahl bei noch immer erstaunlichen 2000 an. (Frauen sind, was Sex angeht, weniger zahlenorientiert als Männer, aber es gibt Ausnahmen – denken Sie an den Pornostar Annabel Chong, die 1995 einen Rekord aufstellte, als sie an einem einzigen Tag Sex mit 251 Männern ausübte.)

Oder Sie könnten versuchen, mit den *Penthouse*-»Gespielin-

TIPP: Wenn es Ihnen darum geht, mit Ihren sexuellen Aktivitäten anzugeben, dann hüten Sie sich vor Übertreibung. Der Chef der Produktionsfirma »New Line Production« hatte mit Restriktionen zu kämpfen, als er nach einer Oscar-Verleihung im Partygewühl des Hauptsaals in einer äußerst kompromittierenden Situation entdeckt wurde. Er vergaß, dass sogar das permissive Hollywood seine Grenzen hat. Andererseits schien der Vorfall ihm keinen dauerhaften Schaden zuzufügen.

nen des Monats« Sex zu haben, so wie ein verstorbener Investmentbanker es über ein Jahr praktizierte, oder mit einer Frau aus jedem Bundesstaat, ein erklärtes Lieblingsziel vieler Mitglieder von elitären Studentenverbindungen. Unterhalten Sie Beziehungen zu mehr als einer Frau gleichzeitig. Oder umwerben Sie Mädchen, die viel jünger als Sie sind.

Seien Sie unbesorgt, wenn es Ihnen an Zeit, Energie oder Interesse mangelt, sich mit Frauen tatsächlich sexuell einzulassen. Der reale Vollzug ist nicht wichtig. Sie können andere Männer allein mit Ihren Chancen beeindrucken, ohne sich mit dem Akt selbst abgeben zu müssen. Henry Kissinger produzierte bewusst das Image eines lebenslustigen Mannes, eines Swingers, um andere Männer wirkungsvoll zu beunruhigen und zu verwirren. Er legte großen Wert darauf, sich in der Öffentlichkeit als Schürzenjäger darzustellen. Häufig machte er Witze über seinen Geschmack im Hinblick

> **"** *Alle Mädchen an unserem Tisch waren jung. Die kleine Asiatin, Cromwells Mädchen, war jünger als die anderen drei, aber Laurie war sogar noch jünger als die Asiatin.*
> *Ich hatte die jüngste von allen. Lauries Jugend verwandelte sich in eine Ware, die mir gehörte. Ich war es, die ihre Jugend besaß, nicht sie.*
> *Meine Beliebtheit am Tisch stieg ...*
> *Alle waren sich einig: Ich fickte die Jüngste dort.*
> *Ich wurde zum unbestrittenen Sieger dieser Nacht erklärt.*
>
> STEVE TESICH,
> *KAROO*

auf Frauen. Besonders an den Wochenenden brachte er nur zu gerne hinreißende Blondinen ins Weiße Haus, um mit ihnen anzugeben. Diese Begleiterinnen gestanden jedoch, dass er selten etwas mit ihnen »gemacht« hätte. Darum ging es ihm bei seinen Vorführeffekten nicht. Wie er einem Journalisten erklärte, war ihm vor allem an Selbstdarstellung gelegen: »Ich glaube, dass mein Ruf als Playboy mir genützt hat und immer noch nützt, weil er dazu diente und noch immer dazu dient, den Leuten ein sicheres Gefühl bezüglich meiner Person zu geben. Ihnen zu zeigen, dass ich kein Museumsstück bin.«

269

Mieten Sie sich eine hübsche »Hostess«, die neben Ihnen eine tolle Figur macht. Andere Männer werden vor Neid erblassen, und die Frauen werden neugierig schauen. Alle, die mit Ihnen im Raum sind, werden Sie beneiden – und das ohne den Stress, den eine leidenschaftliche Beziehung unweigerlich mit sich bringt.

> **99** *(Sammy) tat einfach, was man gemeinhin so tat, um sich zu entspannen, weil er rasch kapiert hatte, wie Herren seines Standes ihre Musestunden verbringen sollten. Es hätte mich nicht im geringsten überrascht, wenn dies auch für sein Sexualleben gegolten hätte. Er schien zwar ein lüsternes kleines Tierchen zu sein, aber ich glaube, wenn Zanuck Sammy seinen Posten abgetreten hätte unter der Bedingung, dass Sammy nie wieder eine Frau anfassen dürfte, unser Held wäre schneller impotent geworden, als Sie oder ich »Generaldirektor der Produktionsabteilung« hätten sagen können.*
>
> BUDD SCHULBERG,
> *LAUF, SAMMY*

Aber es geht Ihnen nicht allein darum, andere zu beeindrucken; Sex, da gibt es keinen Zweifel, stärkt Ihr Selbstwertgefühl als potenter Mann. Jetzt, da Sie reich, mächtig oder berühmt sind, haben Sie sich diesen Luxus verdient.

Ertappen Sie sich bei dem Gedanken, jetzt, da Sie es geschafft haben, hätten Sie ein Recht auf Sex? Sind Sie davon überzeugt, dass Sie großartigen Sex mit supergeilen Frauen verdienen? Sie denken richtig – alles sollen Sie bekommen. Der prominente New Yorker Scheidungsanwalt Raoul Felder beobachtete, dass außereheliche Beziehungen in einem direkten Zusammenhang mit der wirtschaftlichen Situation stehen: Wenn ein Mann ökonomisch bestens dasteht, steigt die Wahrscheinlichkeit, dass er eine Geliebte hat.

Wenn Sie in Frauen nicht die Reaktion hervorrufen, die Sie zu verdienen glauben, dann geben Sie mit Ihrem Status als reicher, wichtiger oder berühmter Mann an, damit sie ihn nicht übersehen können.

Signalisieren Sie Ihre Macht. Henry Kissinger wird ständig mit seinem Satz zitiert – »Macht ist das ultimative Aphrodisiakum« – Halten Sie nach Möglichkeiten Ausschau, Ihren Einfluss zur Geltung zu bringen. Beispielsweise war der Berater Präsident Nixons, John Dean, an einer Frau interessiert, die sich weigerte, ihm ihre geheime Telefonnummer zu geben. Er schaffte es, sie anzurufen und ihr auf eindrucksvolle Weise seine Macht zu demonstrieren, indem er die cleveren Telefonistinnen des Weißen Hauses ihre Nummer herausfinden ließ und sie dann anrief.

Signalisieren Sie Ihr Geld. Geben Sie reichlich Geld für Dinge wie Kleidung, Auto und Inneneinrichtung aus. Seien Sie verschwenderisch – teure Geschenke machen, wie nicht anders zu erwarten, auf Frauen einen besonders wirksamen Eindruck. (Sie können auch gleich etwas schenken, woran Sie ebenfalls Freude haben. Der Regisseur Tony Scott war berühmt für seine »Busen- und Bulgari«-Beziehungen: nicht nur, weil er seine Frauen mit Schmuck von Bulgari aus dem Geschäft in Beverly Hills überhäufte, er bezahlte auch die Operationen zur Vergrößerung ihrer Brust – vermutlich ebenso zu seinem Vorteil wie zu ihrem.) Reichen Sie der Frau, die Sie begehren, eine Kreditkarte und sagen Sie ihr, Sie habe »carte blanche«. Kaufen Sie den ganzen Korb Rosen, nicht nur eine einzelne, wenn sie in einem Restaurant oder einer Bar zum Erwerb angeboten werden.

Signalisieren Sie Ihren Ruhm. Der Schauspieler Ben Affleck stellte einst einsichtig fest: wenn man berühmt sei, könne man »ernsthaft entstellt sein, und die Frauen fühlen sich noch immer zu einem hingezogen«. Bad-Boy Andrew McCarthy konnte ihm nur zustimmen: »Wenn mir meine Berühmtheit etwas eingebracht hat, dann war es die Tatsache, dass Mädchen mich ficken wollten, die es vorher nicht wollten.« Ziehen Sie aus Ih-

> **TIPP: Angeblich sind die besten fünf Städte für sexuelle Möglichkeiten Los Angeles, New York, London, Paris und Berlin.**

> **TIPP: Vermeiden Sie es, die Aufmerksamkeit auf die Verbindung zwischen Ihrem Geld und ihrer Sympathie zu lenken. Folgen Sie nicht dem Beispiel des Produzenten Don Simpson, der angeblich seine goldene Karte von American Express hervorzog und sie aufblitzen ließ, während er eine Frau fragte: »Gefalle ich Ihnen?« Wenden Sie beim »fiskalischen Vorspiel« subtilere Mittel an.**

271

sexy

rem Ruhm so viel wie möglich. Achten Sie darauf, dorthin zu gehen, wo Ihre Bewunderer Sie erkennen, damit Ihre neue Partnerin sieht, wie wichtig Sie sind. Und bedenken Sie: Sie brauchen nicht weltberühmt zu sein, um außergewöhnlichen Sex zu bekommen – eine lokale Größe hat nicht weniger Chancen. Besuchen Sie Restaurants, wo man Sie als Gast erkennt und wertschätzt – der Oberkellner redet Sie mit Ihrem Namen an, führt sie zu dem besten Tisch, stellt Ihnen das Getränk hin, das »Sie immer nehmen«. Natürlich setzt all das voraus, dass Sie tatsächlich ein gewisses Maß an Macht, Geld oder Ruhm haben. Wenn nicht... dann ist es Zeit, einen Konversationskurs zu absolvieren und an Ihrem Taillenumfang zu arbeiten. Und wenn Sie Ihr Geld,

> *99 Warum konnte er (da er doch ein Master of the Universe war) ihr das nicht einfach erklären? Sieh mal, Judy, ich liebe dich noch immer, und ich liebe unsere Tochter, und ich liebe unser Heim, und ich liebe unser Leben, und ich will an nichts etwas ändern – es ist nur, dass ich, ein Master of the Universe, ein junger Mann, noch in den Jahren sich steigernder Lebenskraft, ab und zu mehr als das verdiene, wenn es mich überkommt...*
>
> TOM WOLFE,
> *FEGEFEUER DER EITELKEITEN*

Ihre Macht oder Ihren Ruhm benutzen, um Sex zu bekommen, dann erwarten Sie nicht, dass man Sie deshalb mag, weil Sie sie selber sind.

Auch Männer benutzen, wenn auch weniger häufig als Frauen, ihre sexuellen Beziehungen, um sich Zugang zu Macht, Geld und Prominenz zu verschaffen. Der New Yorker Grundstücksbaron Mort Zuckerman war mit einer Reihe bekannter, erfolgreicher Frauen liiert, beispielsweise Betty Rollins, Gloria Steinem, Nora Ephron und Diane von Furstenberg. Der amerikanische Senator Bob Torricelli datete First-Class-Frauen wie Patricia Duff und Bianca Jagger. Als Student der Washington and Lee University durchforstete der Senator John Warner, so erinnerten sich wenigstens seine Kommilitonen, Aktenordner mit den Erstsemester-Studentinnen von Sweet Briar, Mary Baldwin und anderen Mädchencolleges und verglich dann die Namen mit dem So-

cial Register. Wen heiratete er? Die Tochter des Multimillionärs Paul Mellon, die Enkeltochter von Andrew Mellon, dem Gründer von Gulf Oil und Alcoa. Nach ihrer Scheidung ging Warner mit anderen reichen und berühmten Frauen aus, beispielsweise der TV-Interviewerin Barbra Walters und der Erbin von Standard Oil, Page Lee Hufty, bis er Elizabeth Taylor heiratete.

Auch wenn Sie nicht heiraten wollen (beispielsweise weil Sie schwul sind), können Sie Frauen benutzen, um sich Zugang zu wichtigen Veranstaltungen und Leuten zu verschaffen. Sie treten dann als »Walker« auf, der Damen zu Events begleitet, wenn ihre Männer das nicht tun. Jerry Zipkin, berühmt als Begleiter von Nancy Reagan und anderen Society-Ladys, kam dadurch überall hin.

Vielleicht beschleichen Sie gemischte Gefühle, wenn Sie mit einer berühmten Frau gesehen werden. Auf der einen Seite gefällt es Ihnen – wenn Sie so sind wie die meisten Männer – nicht besonders, von einer Frau in den Schatten gestellt zu werden. Sie selbst möchten im Fokus des Interesses und des Respekts sein. Candace Bushnell, die Autorin von *Sex and the City*, die selbst als »semiberühmt« charakterisiert wird, weiß aus Erfahrung: »Die Wahrheit ist: Männer mögen nicht mit einer Frau zusammen sein, die mehr Aufmerksamkeit bekommt als sie selbst.« Andererseits ist eine berühmte Frau eine hervorragende Trophäe, die für Sie signalisiert: sie, mit all ihrem Prestige, will *Sie*. Und da sie berühmt ist, erkennen andere Männer sofort den Preis, den Sie gewonnen haben. Das ringt ihnen Hochachtung ab – und wertet Sie auf.

> 99 *Und wenn einer reich ist – was er sein muss, denn sonst hätten wir bei ihm nichts verloren –, bezieht er daraus sein Selbstwertgefühl, was ein aufgeblähtes, ohrenbetäubendes Ego zur Folge haben kann. Günstigstenfalls verliert er dadurch unbedeutende Nebensächlichkeiten aus den Augen, wie zum Beispiel den Grund unserer Kontaktaufnahme. In ungünstigen Momenten treibt ihn die Tatsache, dass wir uns in erster Linie für sein Geld interessieren, an den Rand des Wahnsinns.*
>
> COERTE V. W. FELSKE, *MILLENIUM GIRL*

273

Entmannung durch Sex

Aber genau wie Sex Ihre Macht signalisieren und steigern kann, kann er sie zerstören. Viele mächtige Männer vermischen Sexualität und Macht. Sie sind süchtig nach dem Reiz der Verführung und der Eroberung. Hüten Sie sich vor den Fallen, die durch eine ungünstige Vermengung gestellt werden können. Im schlimmsten Fall wird ein Skandal ausgelöst, der Sie sogar zwingen kann, Ihr Amt aufzugeben.

Politiker gehen ein besonders großes Risiko ein, wenn sie Sex und Macht nicht trennen können. Aber werden Politiker bloß häufiger erwischt als andere Männer, weil das Amt, das ihnen größere sexuelle Chancen eröffnet, zugleich mehr Überwachung durch die Presse und größere öffentliche Kritik mit sich bringt? Oder korrespondiert der Hunger nach Politik mit einem unersättlichen Appetit auf Sex? In einer Untersuchung wurde eine hohe Korrelation zwischen politischem Erfolg und ungewöhnlich starker sexueller Aktivität festgestellt. Die Untersuchung ergab, dass Männer, die politisch erfolgreich sind, eine sexuelle Triebhaftigkeit haben, die erheblich stärker ist als die des Durchschnittsbürgers.

Politiker, die für »Familienwerte« eintreten, sind einem Machtverlust durch Sex in besonderem Maße ausgesetzt. Opponenten (und Opportunisten) halten eifrig nach einem Fehlverhalten Ausschau, das die hehre moralische Rhetorik Lügen straft. Mitglieder des Kongresses, die Präsident Clinton wegen seiner moralischen Verfehlungen verurteilten, wurden als Heuchler an den Pranger gestellt, als ihre eigenen Sünden ans Licht kamen. Der aggressive Senatssprecher Newt Gingrich, der damals sechsundfünfzig war, war einer der schärfsten Kritiker der Lewinsky-Affäre; als durchsickerte, dass Gingrich sechs Jahre lang eine außereheliche Beziehung mit einer dreiunddreißigjährigen Kongressberaterin hatte, löste der Widerspruch zwischen seinen Worten und seinen Taten massive Missbilligung in den Medien aus. Als hätte dieser Schlag für das Lager der Moralisten nicht ausgereicht, musste just der Mann, den man als Nachfolger Gingrichs ausersehen hatte, zugeben, dass er »gelegentlich vom Pfad der Ehe abgewichen« sei.

Verunsichert durch die Drohung, der *Hustler* werde Details über seine außerehelichen Affären veröffentlichen, betrat Livingston während der Debatte um das Impeachment Clintons das Rednerpult und erklärte, er würde nicht nur darauf verzichten, sich für das Amt des Sprechers wählen zu lassen, sondern auch in naher Zukunft seinen Sitz im Kongress aufgeben.

Wie entschuldigen Politiker diese Eskapaden? Ein Rechtfertigungsgrund ist, erstaunlicherweise, dass Sex notwendig für die Gesundheit sei. Präsident Kennedy erzählte dem Demokraten Bobby Baker: »Ich bekomme Migräne, wenn ich nicht jeden Tag einen unbekannten Arsch kriege.« (Eine ähnliche Bemerkung soll er gegenüber dem englischen Premierminister Harold Macmillan gemacht haben.) Und Martin Luther King benutzte Sex, um sich gegen den Druck der Öffentlichkeit zu behaupten – einmal bemerkte er: »Ficken ist eine Form, Angst abzubauen.« Aber diese Art der Angstminimierung machte ihn angreifbar gegenüber dem FBI J. Edgar Hoovers, das in seinen Hotelzimmern Wanzen anbrachte und damit belastende Tonbandaufnahmen hatte, die jederzeit gegen ihn eingesetzt werden konnten.

Wenn sexuelle Verfehlungen Ihre Macht bedrohen, dann müssen Sie mit Verachtung, Spott und obszöner Schnüffelei rechnen. Denken Sie an Antonius und Kleopatra. Der frühere republikanische Senator Bob Packwood wurde wegen sexuellen Fehlverhaltens seines Amtes enthoben – er hatte mindestens siebzehn Frauen unsittlich berührt, ihnen nachgestellt und sie verbal belästigt. Und natürlich musste Bill Clinton wegen seiner Spielchen mit seiner leidenschaftslosen und indiskreten dreiundzwanzigjährigen Praktikantin ein Amtsenthebungsverfahren über sich ergehen lassen – und ein Jahr intensiver Überprüfung und demütigender Kritik von allen Seiten – von Jay Leno über Maureen *Dowd* und Don Imus bis zu den Kommentatoren von *The View*. Wenn sie entdeckt werden, wird man ihre sexuellen Aktivitäten möglicherweise als ein Anzeichen für mangelnde Selbstbeherrschung betrachten: Als es um die allerhöchsten Werte ging, so wird man Ihnen vorwerfen und sie das meiste zu verlieren hatten, konnten sie ihre privaten Bedürfnisse nicht im Zaum halten. Ein solcher Mangel an Charakterstärke lässt vermuten, dass

275

sie sich nicht wirklich für ein politisches Amt engagieren. Warum sollten sie ihre Ziele für so etwas Niederes wie Sex in Gefahr bringen? Und ihre Taten zeigen, dass sie glauben, sie stünden über dem Gesetz oder seien gegen Kritik immun. Während seiner Präsidentschaftskandidatur im Jahr 1987 forderte Gary Hart Journalisten, die Gerüchten über seine Affären nachgingen, heraus: »Wenn irgendjemand mich beschatten lassen will, dann soll er das tun. Er wird sich ziemlich langweilen.« Tatsächlich war man nicht gelangweilt. Hart ermunterte die Journalisten dazu, ihn auf Schritt und Tritt zu beobachten und setzte trotzdem seine Affäre mit Donna Rice fort. Und dieser Mann, so fragten sich die Wähler, will Präsident werden?

[
GOLDENE REGEL
Lassen Sie sich durch Sex
nicht impotent machen.
]

Das Image eines Menschen, der in einen Skandal verwickelt war, wird vom öffentlichen Bewusstsein für alle Zeiten durch jene Bloßstellung geprägt. Wissen Sie noch wer durch welche Blamagen in Verruf kam?

Der Ertappte	Das Delikt
a. Der New Yorker Richter Sol Wachtler	**i.** Exhibitionismus in einem Pornokino
b. Sportreporter Marv Albert	**ii.** Zehenlutschen bei einer Prostituierten
c. Fernsehprediger Jim Bakker	**iii.** Sexuelle Handlungen an einem Kind
d. Politiker Nelson Rockefeller	**iv.** Sterben in den Armen einer jungen Freundin, während er »an einem Buch über Kunst arbeitete«
e. Schauspieler Pee-Wee Herman	**v.** Sex mit einer einundzwanzigjährigen Kirchensekretärin

f. Sänger Michael Jackson
g. Der politische Berater Dick Morris
h. Schauspieler und Regisseur Woody Allen

vi. Eingehen einer inzestuösen Beziehung
vii. Bedrohung der Tochter einer Frau, die ihn zurückwies
viii. Fetischistische Verehrung von Damenunterwäsche

Antworten: a-vii; b-viii; c-v; d-iv; e-i; f-iii; g-ii; h-vi.

Sexuelle Ausstattung

Penisgröße

Wenn Sie so sind wie die meisten anderen Männer, dann assoziieren Sie mit der Größe Ihres Penis sowohl Ihre sexuelle als auch Ihre weltliche Macht. In dem einen wie in dem anderen Fall spielen die Länge, der Durchmesser und die Potenz Ihres Penis eine wesentliche Rolle.

Erstaunlicherweise beschäftigt sich ein Mann, der sich Sorgen um die Größe seines Penis macht, mehr mit dem Urteil anderer Männer als mit dem der Frauen. Eine Studie, in der dreihundert Männer befragt wurden, bei denen eine Operation zur Penisvergrößerung durchgeführt wurde, ergab, dass der Eingriff mehrheitlich von einer »Umkleideraumphobie«, d. h. einem Gefühl des Unbehagens vor anderen Männern, motiviert war. Nicht einmal ein Drittel der Befragten ließ sich operieren, weil ihre sexuellen Partnerinnen sich beklagt hatten.

Ziehen Sie eine Penisvergrößerung in Erwägung? Sie sind mit diesem Wunsch nicht allein. Dieser neue Zweig der plastischen Chirurgie hat extremen Zuwachs. Sie können aber auch weniger drastische Maßnahmen ergreifen, beispielsweise Gewichte anbringen, um Ihren Penis zu verlängern. Bevor Sie jedoch etwas unternehmen, bedenken Sie, dass Sie möglicherweise unrealistische Erwartungen haben. Angeblich denken Männer, ein erigierter Penis sei durchschnittlich 25 Zentimeter lang. Die tatsächliche Länge beträgt jedoch im Durchschnitt 12,5 Zentimeter.

Einige Männer fühlen sich durch die Verbesserung enorm ermutigt. Einer gestand: »Ich riskiere jetzt mehr. Wenn ich jetzt an Geschäftstreffen teilnehme, dann denke ich: Wenn Ihr Typen auch nur die Hälfte dessen hättet, was ich habe.«

Sollten Sie jedoch das unwiderstehliche Bedürfnis haben, sich zu entblößen, dann unterdrücken Sie es. (Es sei denn, Sie könnten einen exhibitionistischen Vorfall nutzen, um zu beweisen, dass Sie straflos davonkommen, siehe Kapitel 3. Apple Computer-Boss Steve Jobs trug angeblich einmal bei einem Bewerbungsgespräch mit einer jungen Frau weite Shorts ohne Unterhosen darunter, was ihn nicht daran hinderte, die Beine zu spreizen und der Job-Suchenden sein Glied zu zeigen.) Die Faszination der Männer für ihre Genitalien beschränkt sich nicht auf die eigene Ausstattung. Auf der Yacht *Christina* des griechischen Tycoons Aristoteles Onassis waren die Barhocker mit der Haut von Walhoden überzogen.

Haar

Wenn Sie die Ängste vieler Männer teilen, dann machen Sie sich Sorgen, dass Ihnen die Haare ausfallen könnten. Haar wird mit Jugend und Macht assoziiert. In einer Studie wurde untersucht, wie Männer mit schütterem Haar im Gegensatz zu Männern mit einem vollen Haarschopf wahrgenommen werden. Die Untersuchung ergab, dass beide Geschlechter Männer mit schütterem Haar für schwächer hielten und als wenig attraktiv einstuften. Männer haben dies sehr genau realisiert: 75 Prozent der interviewten Männer ohne Flaum auf dem Schädel gaben an, ihre Kahlheit mache sie befangen. Diese Angst ist nicht neu. Als Napoleon, so jedenfalls berichtete es sein Kammerdiener, dem russischen Zar Alexander begegnete, schweiften die beiden Herrscher von den wichtigen Themen der europäischen Politik ab, um Wundermittel gegen Kahlheit auszutauschen.

◎ **TIPP: Wenn Ihr Haar schütter wird, lassen Sie sich einfach den Kopf kahl rasieren.**

Größe

Wahrscheinlich nehmen Sie auch Ihre Körpergröße sehr wichtig – und wenn Sie klein sind, dann machen Sie sich zu Recht Gedanken. Wenn Sie ein Mann sind, dann gilt die Regel: je größer, desto besser. Männer mit großer Statur sind tendenziell Männer mit Status; sie haben bessere Chancen, gute Jobs zu bekommen, mehr Geld zu verdienen (nach einer Studie von 1990 stieg das durchschnittliche Jahresgehalt um 1300 Dollar pro 2,5 Zentimeter Zuwachs an Körpergröße) und die Aufmerksamkeit besonders reizvoller Frauen auf sich zu ziehen.

Körpergröße zahlt sich also im Hinblick auf Geld, Sex und Macht durchaus aus. Geld: Mehr als die Hälfte der Vorstandsvorsitzenden in den wichtigsten fünfhundert amerikanischen Firmen sind 1,80 cm groß oder größer und nur drei Prozent sind 1,62 cm groß oder liegen darunter. Sex: In einer Untersuchung fand man heraus, dass Frauen es lieben, wenn ein Mann mindestens fünfzehn Zentimeter größer ist als sie selbst. Macht: Sieben Jahrzehnte lang wählten die Vereinigten Staaten den größeren der beiden Präsidentschaftskandidaten. Richard Nixon beendete die Serie. Als Jimmy Carter und Präsident Gerald Ford 1976 gemeinsam zu einem Schlagabtausch im Fernsehen eingeladen wurden, erhoben die Wahlberater Carters wohlweislich Einwände dagegen, dass ihr Kandidat neben dem 1,82 Meter großen Präsidenten stehen sollte. Als sie eine Debatte im Sitzen forderten, wurde dies ebenfalls abgelehnt; am Ende einigten sich Demokraten und Republikaner auf Rednerpulte, die weit voneinander entfernt aufgestellt wurden. Als Gegenleistung für dieses Zugeständnis verlangten die Berater Gerald Fords, den Hintergrund des TV-Studios zu verändern, um Fords zunehmende Kahlheit zu kaschieren. Am Ende der Präsidentschaftsdebatten des Jahres 1988 legte George Bush Wert darauf, im Fernsehstudio neben dem kleineren Michael Dukakis zu stehen, damit der Größenunterschied deutlich ins Auge fiel. In der Tat, bis in die heutige Zeit hinein siegte in fast allen Präsidentschaftsrennen der größere Kandidat.

Wenn Sie also klein sind, dann tun Sie etwas, um Ihre Körpergröße zu überspielen. Natürlich ist es am einfachsten, die

279

Realität zu verdrängen – und tatsächlich: in einundsiebzig Prozent der Fälle überschätzen die Menschen ihre Größe. Aber vielleicht denken Sie sich eine ähnliche Strategie wie der machtgierige Direktor des FBI, J. Edgar Hoover, aus. Er war kleiner als 1,70, aber er zwang seine Besucher, ständig zu ihm emporzuschauen, indem er sie auf einer sehr niedrigen Couch Platz nehmen ließ. Sein Schreibtisch und Drehstuhl standen dagegen auf einer Plattform; den Stuhl hatte er auf maximale Höhe eingestellt. Als Leiter des Paramount-Filmverleihs teilte Frank Yablans sein Büro in zwei Ebenen; sein Schreibtisch stand auf einer fünfzehn Zentimeter hohen Plattform, so dass er stets auf seine Besucher hinabschauen konnte.

Andererseits kann ein kleiner Körperwuchs Sie motivieren, Ihren Mangel zu kompensieren; man spricht in diesem Zusammenhang vom »Napoleon-Komplex«, so benannt nach dem machtgeilen Eroberer Europas, der nur ein Meter fünfundfünfzig groß war.

Aber selbst wenn Sie mit irgendeinem Aspekt Ihrer Erscheinung unzufrieden sind, vergessen Sie nicht, *Gelassenheit* zu bewahren. Vor allem als Mann sollten Sie niemals zeigen, dass Sie sich um Ihr Aussehen Sorgen machen. Senator Bob Packwood wurde sofort zur Zielscheibe des Spottes, als die Nation die Wahlkampf-Eintragung in seinem Tagebuch vom März 1992 las: »Ich verzichtete auf Gel. Ich föhnte mein Haar nur, bis es fast trocken war; dann kämmte ich es, und es sah richtig gut aus. Es war leicht gewellt und hatte genau die richtige Sprungkraft. Der Blick in den Spiegel machte mich zuversichtlich. Jetzt denke ich, dass wir einen politischen Gegner schlagen können.« Die Öffentlichkeit erwartete von einem Senator, dass er sich mit anderen Dingen beschäftigte als seinem Erstaunen über die Wirkung des Föhns; Packwoods Angst um sein Aussehen ließ ihn schwach erscheinen.

Sex, um Sex zu wollen

Frauen finden Macht, Geld und Ruhm enorm attraktiv, deshalb steigen Ihre Chancen auf unkonventionellen Sex, je mehr Sie davon haben. Prominente Regisseure, Rapper, Politiker, Wirtschaftsbosse oder Tennisspieler haben eine nicht zu unterschätzende Auswahl an Sexpartnerinnen.

Für die meisten Männer ist jedoch Sex, der zu nichts verpflichtet, keine leichte Angelegenheit; da eher Männer zufälligen Sex wollen, mangelt es an Frauen, die an flüchtigen Abenteuern interessiert sind. Lassen sie sich dennoch darauf ein, sind ihre Ansprüche weitgehend ähnlich ausgerichtet wie bei einer permanenten Beziehung.

Wenn Sie nur ein Durchschnittsmann sind und sich nicht darauf verlassen können, dass Macht, Geld oder Ruhm Ihnen Ihre Eroberungen erleichtern, wie können Sie dann bei Ihrer Suche nach unverbindlichem Sex Erfolg haben? Hier ein paar Tipps:

Äußeres

- Zwar legen Frauen bei Männern sehr viel weniger Wert auf deren Aussehen als umgekehrt, aber sie finden eine gewisse Körpergröße schon klasse. Bemühen Sie sich, so groß wie möglich zu erscheinen.
- Da Frauen nach Anzeichen suchen, die ein entsprechendes Einkommen verraten, sollten Sie sich herausputzen, ganz gleich, ob Sie mit ihr eine Bar aufsuchen oder im Park einen Spaziergang machen. Ihre Kleider sollten von guter Qualität sein und in den Gefahrenzonen locker sitzen. Eiflecken und ähnliches haben – aber das versteht sich von selbst – nichts darauf zu suchen.
- Versuchen Sie, kräftig und sportlich auszusehen. Erzählen Sie beiläufig von Ihrem harten Fitnesstraining oder helfen Sie ihrer potenziellen Sexpartnerin, ihre Möbel umzustellen. Allerdings bevorzugen Frauen eher schlanke, drahtige Männer; Muskelpakete haben eine abschreckende Wirkung.
  Achten Sie auf Ihre Stimme. Frauen sind fasziniert von tiefen, resonanten Stimmen mit ausgeglichenen Tonlagen.
- Ein gleichmäßig erscheinendes Gesicht hat gegenüber einem ungleichmäßigen mehr Chancen. Achten Sie darauf, dass Ihre Koteletten gleich lang sind; wenn Ihre Nase einen Rechtsdreh hat, dann sollten Sie Ihr Haar links scheiteln, um eine opti-

sexy

sche Symmetrie herzustellen; geben Sie acht, dass eine Augenbraue nicht stärker wuchert als die andere.

- Haare auf dem Kopf sind zu bejahen; aber an vielen anderen Stellen haben sie nichts zu suchen. Stutzen Sie hervorstehende Nasenhaare, Ohrenhaare oder buschige Augenbrauen. (Ein behaarter Rücken verlangt leider drastischere Maßnahmen.)
- Tragen Sie eine Brille? Besser sind Kontaktlinsen. Untersuchungen haben gezeigt, dass Männer mit Brillen zwar als intelligenter und sensibler eingestuft werden, dass Frauen sie aber körperlich weniger anziehend finden. Wenn Sie dennoch nicht auf Ihre Brille verzichten möchten, dann sollten Sie sich hin und wieder eine neue zulegen. Und tragen Sie eine Sonnenbrille – sie ist sexy und lässt tief liegende oder zu eng beieinanderstehende Augen aufregend erscheinen.

Einsatz
- Wohlstand und Überfluss müssen zur Schau gestellt werden. Kleinere und größere Geschenke kommen immer gut an.
- Selbstvertrauen vor einer Gruppe signalisiert sozialen Erfolg. Nichts wirkt deshalb so anziehend wie eine selbstbewusste Ausstrahlung. Die stellt sich auch dann ein, wenn Sie eine Fähigkeit perfektionieren, beispielsweise Skilaufen, Kaninchen zaubern oder Pokern; und entwickeln Sie Ihren Sinn für Humor – Frauen lieben fröhliche und amüsante Männer. (Wenn Sie kein Talent haben, Witze zu erzählen, dann lachen Sie über sich selbst.)
- Zeigen Sie ein Herz für Kinder. Warum wohl küssen Politiker Babys oder nehmen von kleinen Mädchen Blumensträuße entgegen? Signalisieren Sie, dass Sie ein aufmerksamer Vater sein werden und dass Sie generell ein fürsorglicher Mensch sind.
- Berühren Sie Ihre Partnerin so unauffällig, dass sie es kaum wahrnimmt. Untersuchungen haben gezeigt, dass »sublime« Berührungen das Wohlgefühl der betreffenden Person und die Sympathie, die diese Ihnen entgegenbringt, erheblich steigern. Seien Sie jedoch diskret; Frauen hassen es, von Fremden befummelt zu werden.

- Treten Sie als Beschützer auf – bestehen Sie darauf, Ihre Partnerin zu ihrem Wagen zu begleiten, leihen Sie ihr Ihr Jackett, wenn es im Restaurant zu kühl ist, intervenieren Sie, wenn sie belästigt wird. Führen Sie sich aber nicht wie ein ergebener Wachhund auf.

Auftreten
- Frauen fühlen sich zu Ihnen hingezogen, wenn Sie sich als fleißig und ehrgeizig darstellen. Lassen Sie Andeutungen fallen, was Sie alles geleistet haben. Sprechen Sie von Ihren Lebenszielen.
- Strahlen Sie Nonchalance aus. Nichts, das wenigstens geben Sie zu erkennen, kann Sie erschüttern. Bei all Ihrer Beherrschtheit sollte eine Spur von Machismo rüberkommen – das kommt ungemein gut an.
- Beobachtung mit Flirtcharakter ist eines der Geheimnisse der Verführung. Stellen Sie deshalb einen intensiven Blickkontakt her oder konzentrieren Sie sich im Gespräch auf Ihre mögliche Sexpartnerin. Ex-Präsident Clinton soll ein Meister auf diesem Gebiet sein.
- Frauen schätzen Verlässlichkeit. Bleiben Sie also cool – heftige Stimmungsschwankungen deuten darauf hin, dass Sie nicht mit Stress umgehen können. Allgemeine Freundlichkeit zieht übrigens immer.

Aber ich hab doch das alles schon versucht, denken Sie möglicherweise, und nichts hat geholfen. In einer solchen Situation sind Casanovas Ratschläge von großem Wert. Der legendäre Verführer hat in seinen Memoiren die Grundregeln der sexuellen Eroberung niedergeschrieben. Sie sind noch heute gültig:

Wecken Sie Begierde mit einer Flut von Geschenken
»Nachdem ich eine sehr schöne Uhr gekauft hatte, dachte ich an Ohrringe, einen Fächer und viele andere hübsche Spielereien. Natürlich kaufte ich sie alle zugleich. Sie, meine Angebetete, nahm all jene Geschenke, die die Liebe ihr anbot, mit einer sanften Zärtlichkeit entgegen, die mich überglücklich machte.«

283

Taxieren Sie Ihre Rivalen
»Ich wollte nur, um der Form und der Etikette willen, sicherstellen, ob der Offizier ihr Mann, ihr Liebhaber, ein Verwandter oder ein Beschützer war, denn gewöhnt an galante Abenteuer wollte ich wissen, worauf ich mich da einließ.«

Versprechen Sie die Ehe
»Ich hatte daran gedacht, sie zu heiraten, als ich sie mehr liebte als mich selbst (das war noch vor dem Beischlaf), aber nachdem ich sie besessen hatte, schlug das Pendel so sehr in meine Richtung aus, dass sich meine Selbstliebe als stärker erwies als meine Liebe zu Christine.«

Wenn Verführung unmöglich ist, suchen Sie sich ein anderes Objekt
»Im Herzen eines zügellosen Menschen stirbt eine Liebe ohne solide Nahrung an Entkräftung, wie Frauen mit einiger Erfahrung sehr wohl wissen.«

Genau wie Männer benutzen auch Frauen Sex für ihre Ziele, aber ihre Methoden unterscheiden sich deutlich von denen der Männer.

KAPITEL ZWANZIG

WIE MAN SEX BENUTZT – FÜR FRAUEN

Sie können Sex zu einem Teil Ihrer Strategie machen, ob Sie es nun auf einen *Jackpot* abgesehen haben – also auf einen Mann, durch den Sie Zugang zu Macht, Geld oder Ruhm gewinnen – oder ob Sie nur die reine sexuelle Befriedigung suchen. Machen Sie jedoch nicht den üblichen Fehler, Sex einzusetzen, um eine Beziehung intimer werden zu lassen.

Sex, um den Jackpot zu gewinnen

Einige Frauen – zugegeben, eine kleine Minderheit – benutzen Sex, um weiterzukommen. Diese Frauen erregt – zumindest unterbewusst – die Autorität eines Mannes, sein hohes Gehalt, der Respekt, den seine Kollegen ihm entgegenbringen, die Tatsache, dass sein Gesicht überall im Land bekannt ist. Ein Washingtoner stellte fest: »Sie wären erstaunt, wie viele Frauen sich einem US-Senator zu Füßen werfen, im Vergleich dazu, wie viele einen Steuerberater anhimmeln würden.«

Soziologen behaupten, dass Frauen, da man es ihnen Jahrtausende verweigert hatte, selbst an Macht, Geld und Ruhm heranzukommen, sich stets bemühten, diese Dinge stellvertretend anzuzeigen, was da heißt, einen mächtigen, reichen, gefeierten Mann im Blick zu haben.

Psychologen behaupten stattdessen, es seien die evolutionären Vorteile für ihre Kinder, die Frauen dazu bringen, sich gut gestellte, einflussreiche Männer zu suchen. Frauen, so das Argument, wünschen Männer, die ihnen und ihren Kindern Schutz vor Angriffen, einen sozialen Status und ein bestimmtes Maß an Auf-

285

> *Die Gewissheit, dass sie Percy Gryce heiraten konnte, wenn es ihr gefiel, hatte sie von einer schweren Last befreit, und ihre Geldsorgen waren noch zu frisch in ihrem Bewusstsein, als dass ihre Beseitigung nicht ein Gefühl der Erlösung hervorgerufen hätte, das eine weniger klare Intelligenz für Glück hätte halten können. Ihre niederen Sorgen waren nun zu Ende. Sie würde sich ihr Leben so einrichten können, wie es ihr gefiel, würde in jenen höchsten Himmel entschweben, in den Gläubiger nicht gelangen konnten. Sie würde elegantere Kleider als Judy Trenor und viel, viel mehr Juwelen als Bertha Dorset besitzen. Sie würde für immer von den Ausflüchten, den Berechnungen, den Erniedrigungen der relativ Unbegüterten befreit sein. Statt schmeicheln zu müssen, würde ihr geschmeichelt werden, statt dankbar zu sein, würde sie Dank entgegennehmen. Es gab alte Rechnungen, die sie würde begleichen können, ebenso wie Gefälligkeiten, die sie nun erwidern können würde. Und sie machte sich keine falschen Vorstellungen über das Ausmaß ihrer Macht.*
>
> EDITH WHARTON,
> DAS HAUS DER FREUDE

merksamkeit und Ressourcen bieten können – die notwendigen Voraussetzungen für das erfolgreiche Überleben seit vorgeschichtlichen Zeiten.

Aus welchem Grund auch immer – Frauen schwärmen zum Geld, zur Macht und zum Ruhm aus. Sie jedoch gehören möglicherweise der sehr viel selteneren Spezies an, die sich das Erobern des großen Loses als absolutes Ziel gesetzt hat. Der Charakter und die Lebensgeschichte des angepeilten Mannes sind kaum von Interesse, wichtig ist Ihnen, dass sie einen Einfluss auf sein Bankkonto haben, oder darauf, wer ihn (und mit ihm zusammen auch *Sie*) zum Abendessen einlädt. Sie halten nicht mit der Tatsache hinter dem Berg, dass Sie nur an einer bestimmten Art von Mann interessiert sind – Gymnasiallehrer und Winkeladvokaten sollten sich gar nicht erst die Mühe machen, nach Ihrer Telefonnummer zu fragen. Die »Mayflower-Madam« Sydney Biddle, eine Bordellwirtin, gab denen, die es auf einen Jackpot abgesehen haben, folgenden guten Rat: »Sich einen reichen, mächtigen Mann zu angeln, erfordert eine Menge Engagement, Hartnäckigkeit und viel Arbeit. Es ist ein

Spiel mit hohem Einsatz, und die Frau, die am geschicktesten und zielstrebigsten ist, hat die besten Chancen, zu gewinnen. Natürlich hat nicht jede das Interesse, die charakterlichen Voraussetzungen oder die Geduld, ihre Energie dafür zu investieren, diese Art von Beziehung anzustreben. Aber man kann es schaffen, und die Geschichte kennt viele Frauen, die ihren Traum von ungeahnten Reichtümern verwirklicht haben.«

Geben Sie niemals zu, dass Sie darauf aus sind, sich einen Jackpot zu angeln. Die Illusion von Romantik ist wichtig; kein Mann möchte zu der Einsicht gelangen, dass er ohne seinen weltlichen Erfolg keine Chance bei Ihnen hätte. Machen Sie sich keine Gedanken über die Nachvollziehbarkeit Ihrer Gefühle – Sie müssen nur glaubhaft machen, dass Sie ihn hingebungsvoll lieben. Anna Nicole Smith, eine 27-jährige Topless-Tänzerin, hatte keine Probleme, J. Howard Marshall II., den Tycoon von Houston Oil, von ihrer aufrichtigen Liebe zu überzeugen (seine 500 Millionen Dollar hätten mit ihren Gefühlen nichts zu tun, protestierte sie, als deutlichst gemunkelt wurde, dass sie um des Geldes willen geheiratet haben könnte). Und natürlich bedeutet die Tatsache, dass Sie einen Jackpot ergattert haben, keineswegs, dass Sie nicht doch wahre Liebe zu dem Auserwählten empfinden. Möglich ist vieles. Versuchen Sie unter allen Umständen, Ihren Jackpot zu heiraten. Ihr Zugang zu Geld, Macht oder Ruhm ist sicherer, wenn er durch eine offizielle Bindung legitimiert ist (selbst wenn es zu einer Scheidung kommt, stehen Sie besser da als zuvor).

Geld-Jackpot

Gibt es Anleitungen, die einer Frau weiterhelfen, wenn sie einen Geld-Jackpot sucht? Ja! Hier einige ehrliche und *unsentimentale* Ratschläge:

● **Wen**
Eine Frau mit wenig Geld möchte einen Mann mit viel Geld – soll das Geld aber besser alt oder neu sein? Altes Geld ist vornehmer, wird aber nicht gern ausgegeben; neues Geld macht dagegen mehr Spaß.

287

Perfekt für einen Jackpot ist ein reicher Witwer aus einer glücklichen Ehe. Schlagen Sie rasch zu – vielleicht sollten Sie sogar Trost und Unterstützung während der Endphase seiner kranken Ehefrau anbieten und in der ersten Zeit der Trauer.

● **Wo?**
Gehen Sie dorthin, wo die große Welt sich trifft: der First-Class-Bereich in Flugzeugen ist dazu besonders geeignet, die Einweihungsparty einer In-Galerie, Veranstaltungen in den großen Museen, die richtigen Konferenzen, die richtigen Beerdigungen. Ziehen Sie nach Silicon Valley, dort leben die meisten allein stehenden und zugleich attraktiven Männer. Treiben Sie bestimmte Sportarten wie Tennis, Squash, Skilaufen und Segeln und trainieren Sie im edelsten Fitnessstudio. Machen Sie in den richtigen Orten Urlaub: Aspen, Gstaad, St. Moritz, Monaco, St. Tropez, Martha's Vineyard. Lernen Sie Glücksspiele, bei denen es um Geld geht, beispielsweise Baccarat, Blackjack oder Bridge. Trumpfen Sie mit Ihrem Können in noblen Casinos auf. Ziehen Sie in die richtige Gegend, auch wenn Sie sich dort nur ein winziges Appartement leisten können. Knausern Sie, wenn nötig, um Ihre Kinder in die besten Privatschulen schicken zu können – hier können Sie mit Garantie reiche, geschiedene Männer kennen lernen.

● **Wie?**
Seien Sie kreativ und bleiben Sie am Ball. Eine unternehmungslustige junge Frau hatte ein Auge auf einen der reichsten Männer New Yorks geworfen. Sie besorgte sich unentwegt Einladungen zu einer förmlichen Dinnerparty in seinem Haus und vertauschte dann heimlich die Tischkarten, so dass sie in seiner Nähe saß. Innerhalb von Monaten hatte sie ihren Millionen-Dollar-Verlobungsring am Finger. Marla Maples lungerte solange vor Donald Trumps Gebäude herum, bis sie »zufällig« mit ihm zusammenstieß.

● **Investitionen?**
Ziehen Sie über Ihren potenziellen Jackpot Erkundigungen ein, um sicherzugehen, dass er auch wirklich einer ist – es ge-

nügt nicht, dass der mögliche Kandidat es Ihnen sagt. Gehen Sie ins Internet, um Informationen über seine Firma zu bekommen. Schauen Sie sich alles genau an, sein Auto, seine Outfits, die Gegend, in der er wohnt, wo er seine Urlaube verbringt. Schätzen Sie seine Freunde und Kollegen ein – sein soziales Umfeld spiegelt sein Standing wider.

Vergessen Sie dabei nicht, dass dieselben Eigenschaften, die Ihren Jackpot zu dem machten, was er ist, auch die sind, die ihn zu einem unangenehmen Partner machen können. Achten Sie darauf, dass Ihr Gewinn die Investition wert ist.

[
GOLDENE REGEL
Die, die wegen des Geldes heiraten,
verdienen jeden Pfennig.
]

Prostitution und Samenraub

Natürlich ist gewerbsmäßige Hingabe der direkteste Weg, um zu Geld zu kommen. Dabei mag es lukrativer und vielleicht auch einfacher sein, den Weg der Kupplerin einzuschlagen statt jenen der Prostituierten.

Während die Öffentlichkeit Zuhälter als Ausbeuter von Frauen verachtet, bringt man Bordellbesitzerinnen mehr Sympathie entgegen. Irgendwie erscheint Sex um des Geldes willen akzeptabler, wenn eine Frau die Arrangements macht: Kupplerinnen gelten in der Gesellschaft oftmals als unternehmerisch, warmherzig oder sogar als lustig. In ihrem Bericht über die Anfänge ihres Unternehmens betonte Sydney Biddle Barrows die emotionale Nähe ihrer »Mädchen« untereinander und beschrieb, wie sie sich in ihrem Büro trafen, Popcorn machten, während sie auf ihre Aufträge warteten. Ausführlich wurden auch die ausgelassenen Geburtstagspartys erwähnt. Andere renommierte Zuhälterinnen sind Xaviera Hollander, die »glückliche Kupplerin«, Alex Adams und Heidi Fleiss aus Hollywood und Edna Milton, die durch das Broadwaymusical und den Film *The Best Little Whorehouse in Texas* verewigt wurde. (Eine berühmte Klientel zu be-

289

dienen, wird Ihren Weg zu Ruhm und Reichtum beschleunigen – dies gilt für eine Puffmutter oder Prostituierte ebenso wie für alle anderen tätigen Frauen. Die Verhaftung von Heidi Fleiss löste in der Sensationspresse einen großen Wirbel aus, allein wegen der Topstars, die angeblich ihre Kunden waren.)

Wer Sex mit Geld aufrechnen will, aber an Prostitution nicht interessiert ist, greift manchmal zur Strategie des Samenraubs. Ein Mann mag sich nicht an einen vor der Heirat geschlossenen Ehevertrag halten, aber er kann sich nicht weigern, seinem Kind Unterhalt zu zahlen. Ein Treffer bei einem One-Night-stand mit einem reichen Mann könnte die Garantie für ein ordentliches Monatseinkommen über einen Zeitraum von achtzehn Jahren sein. Allein eine glaubwürdige Vaterschafts*drohung* kann einen Multimillionen-Dollar-Vertrag bedeuten, wenn der potenzielle Vater nicht nur reich, sondern zudem noch prominent und verheiratet ist und durch entsprechende Publizität eine Menge zu verlieren hätte.

Sportler sind als Zielscheibe besonders beliebt. Das Leben professioneller Sportler ist eine stete Versuchung – und wer erliegt dieser nicht gern bei diversen Gelegenheiten? Der Abwehrspieler der Baseballmannschaft Sonics, Gary Payton II., hatte zwei Söhne, die innerhalb von vier Monaten geboren wurden; Gary Payton III. brachte Paytons zukünftige Frau zur Welt, und Gary Payton IV. eine Geliebte. Der Baseballspieler Steve Garvey verlor eine Vaterschaftsklage, die von einer früheren Verlobten angestrengt wurde; bei den Verhandlungen kam heraus, dass er zwei weitere uneheliche Kinder von zwei Frauen hatte (zusätzlich zu seinen beiden Kindern mit seiner Ex-Ehefrau). Ein Spieler der Knicks, Larry Johnson, unterhielt fünf Kinder von vier Frauen – nur zwei von ihnen hatte er mit seiner Frau gezeugt.

Während ihrer Turniere und Trainings haben Sportler auch viel Freizeit; sie verdienen eine Menge Geld und sind populär. Der Star-Basketballer der Chicago Bulls, Dennis Rodman, prahlte in seiner Autobiografie: »Fünfzig Prozent beim Basketball sind Sex. Die anderen fünfzig Prozent sind Geld.«

Nun, das ist verrückt, denken Sie höchstwahrscheinlich. Wer

beschließt denn schon, loszurennen, um mit dem Samen irgendeines Basketballspielers schwanger zu werden! Aber Kindesunterhalt sollte schon in Betracht gezogen werden, um sich ein beträchtliches Einkommen zu sichern. Sie wissen ja: in dem Sorgerechtsstreit zwischen Patricia Duff und dem Milliardär Ronald Perelman ging es auch darum, ob eine Summe von 38 000 Dollar als jährliches *Kleidungsgeld* für ihre vierjährige Tochter angemessen sei.

Macht-Jackpot

Vielleicht haben Sie ein Auge auf einen Jackpot geworfen, der Ihnen Macht bietet. Aber denken Sie daran: Es ist einfacher dauerhaft Geld zu überweisen, als Ihnen Macht zu verleihen. Gewiss, Kate Capshaw hat einen gewissen Einfluss in Hollywood, und die Arbeit, die sie als Schauspielerin und Produzentin bekommt, hat auch damit etwas zu tun, dass sie mit Steven Spielberg verheiratet ist. Ihr Status als »Ehefrau von« kann ihr nicht die Macht einer Jodie Foster oder Madonna verleihen. (Sie können Häuser, Schmuck oder Aktien unter Ihrem Namen ansammeln, wenn aber Ihr großes Los stirbt, sich von Ihnen scheiden lässt oder seine hohe Position verliert, dann löst sich auch Ihr Einfluss in Luft auf.) Menschen betrachten Macht, die durch ein geteiltes Kopfkissen erworben wird, mit Misstrauen, sehen diese als Bedrohung an. Eine First Lady übt Macht aus aufgrund ihrer Verbindung mit dem Präsidenten, und sie ist eine Beunruhigung für die Mitarbeiter des Weißen Hauses, die ihre Position auf konventionelle Weise behaupten müssen. Denken Sie an die Kontroversen, die durch Roselyn Carters Wunsch ausgelöst wurde, an Kabinettssitzungen teilzunehmen, und durch Nancy Reagans Initiative, die Amtsenthebung von Stabschef Donald Regan in die Wege zu leiten. First Ladys mit realer öffentlicher Macht wie Hillary Rodham Clinton und Eleanor Roosevelt standen dauerhaft im Kreuzfeuer der Kritik.

Hinzu kommt, dass die starke Ehefrau, die stellvertretend Macht ausübt, die Öffentlichkeit zu der Annahme verleitet, ihr Mann sei schwach. Im Senatswahlkampf von 1994 in Kalifornien

291

> *Wenn sie rastlos war, dann nicht, weil sie eine Affäre zur Befriedigung ihrer Lust suchte. Ganz im Gegenteil, sie hatte einen abgrundtiefen Widerwillen gegen sexuelle Intimität und sie hasste es, eine Begegnung von Angesicht zu Angesicht opfern zu müssen für eine eher ausgelassene Herumtollerei im Bett. Aber da waren so viele vorteilhafte Dinge, die sich beim Einlassen auf Sex ergaben und so dachte sie weniger an die Abwicklung des Aktes, denn an die Reize, die sie im Auge hatte, um sich erneut auf ein sexuelles Abenteuer einzulassen. Für den Sex brauchte man im Bett ja nur eine halbe Stunde, um dann eine schmeichelnde Freundschaft, eine königliche Einladung oder Macht welcher Art auch immer als Geschenk zu bekommen.*
>
> DAWN POWELL,
> EINE ZEIT, GEBOREN ZU WERDEN

war das Engagement von Arianna Huffington so offensichtlich, dass die Leute spekulierten, sie benutze ihren damaligen Mann Michael nur als ein Vehikel für ihre eigenen Ambitionen. Sie schien sehr viel mehr daran interessiert zu sein, den Wahlkampf zu gewinnen, als er, und ihr Ehrgeiz betonte sein unadäquates Verhalten.

Da man heute von Ihnen annimmt, dass Sie fähig sind, sich Macht zu erobern, ohne dabei von horizontalen Einlagen zu profitieren, werden Sie sowohl Männer als auch Frauen, die Ihre sexbezogenen Methoden missbilligen, gegen sich aufbringen.

Aber wie auch immer: Ein Mann mit Macht kann Ihnen helfen, Zugang zu Macht zu bekommen. Aber ein solcher Jackpot eignet sich besser dazu, Ihre schon existierende Macht zu stärken, als Ihnen welche zu verleihen.

Jackpot mit Ruhm

Natürlich kann Sex mit einem prominenten Mann Ihnen selbst Berühmtheit einbringen. Wer hatte von Monica Lewinsky gehört, bevor sie sich mit Bill Clinton einließ, oder von Shoshanna Lonstein vor Jerry Seinfeld? Ein Jackpot mit Ruhm zieht aber auch Macht und Geld nach sich. Ihr indirekt erworbener Ruhm kann Ihnen helfen, Aufmerksamkeit für Ihr neues Unternehmen auf sich zu ziehen, einen Kredit zu bekommen, in einer Fernseh-Talkshow aufzutreten … die Liste ist endlos, aber kurzlebig, falls Sie es nicht schaffen, das Interesse Ihres Sexpartners an Ihnen auf Dauer wach zu halten.

Die »Casting couch« ist in Hollywood (wo Ruhm und Macht untrennbar miteinander verbunden sind) ein fester Begriff, da Möchtegern-Starlets unentwegt daran arbeiten, den Ruhm/Macht-Jackpot zu gewinnen, indem sie sich der Protektion – oder zumindest der momentanen Aufmerksamkeit – eines mächtigen Regisseurs, führenden Mannes oder Generaldirektors versichern. An einem Film-Set empfing der Regisseur John Singleton angeblich einen nicht abreißenden Strom von Statistinnen in seinem Wohnwagen. (Er näherte sich ihnen nicht selbst, sondern ließ eine Assistentin ausrichten: »Mr. Singleton würde Sie gerne in seinem Wohnwagen sehen.«) Wenn er die Kamera auf eine Favoritin richtete, konnte er sie von einer Statistin in einen Star verwandeln – daher bemühten sich Frauen eifrig um seine Anerkennung, auf welche Weise auch immer.

Vielleicht möchten Sie Sex einsetzen, um den Jackpot zu gewinnen, aber zugleich Ihre sexuelle Unerreichbarkeit bewahren. Ist das möglich? Absolut. Tatsächlich ist die Herausforderung, Ihre Unnahbarkeit zu überwinden, für Männer äußerst reizvoll. Wenden Sie La Rochefoucaulds Erkenntnis an: »Kälte bei einer Frau ist ebenso wie Glitzerschmuck etwas, was sie sich zulegt, um ihren Reiz zu erhöhen.«

[GOLDENE REGEL
Sex – nutzen Sie ihn, um sich zu verweigern.]

Ein subtiles Versprechen von Sex löst Interesse an Ihnen aus. Setzen Sie Signale ein, um Aufmerksamkeit zu gewinnen. Zu den Techniken des Sexhibitionismus am Arbeitsplatz gehören beispielsweise:

● Räkeln Sie Ihren Körper. Das zieht wie magisch Blicke an. Sagen Sie dabei einen Satz wie diesen: »Heute bin ich so steif«;

293

- Pflegen Sie Kontakt mit höhergestellten Kollegen, nahezu beiläufig, auf eine Art und Weise, wie die Männer, die mit Ihnen auf einer Stufe sind, es nicht tun können (Sie bringen jene Gruppe von Vizepräsidenten dazu, dass Sie mit Ihnen noch einen Drink in einer Bar nehmen);
- Demonstrieren Sie Vertrautheit mit ein paar männlichen Firmen-Favoriten; bringen Sie diese dazu, dass sie Ihnen zuflüstern, Ihnen Briefchen schicken, Essen oder Getränke mit Ihnen teilen, Kleidung ausborgen, oder lassen Sie sich von ihnen irgendwo hinfahren;
- Streuen Sie ein paar anzügliche Bemerkungen über Ihren – ins Auge gefassten – Boss, um ein lüsternes Interesse seinerseits zu wecken;
- Entwickeln Sie überzeugende Möglichkeiten, einen Teil Ihrer Kleidung abzulegen, beispielsweise können Sie auf Ihrem Weg ins Fitnessstudio in einem Body durchs Büro laufen oder Sie ziehen bei Hitze einen Blazer aus, unter dem ein dünnes Seidenmieder zum Vorschein kommt.

Man geht allgemein davon aus, dass Frauen Sex benutzen, um sich einen reichen, mächtigen, berühmten Mann zu angeln und dass Männer für weibliche Verführungskünste empfänglich sind. Folglich versuchen Menschen und Institutionen, Regeln aufzustellen, die manchmal höchst absurd erscheinen, aber Männer vor weiblichen Fallen schützen oder den Reiz der Unnahbarkeit von Frauen schüren sollen:
- Den Dallas Cowboys Cheerleaders war es unter Androhung des Jobverlusts verboten, mit Footballspielern auszugehen.
- Playboy-Bunnies, die als Kellnerinnen in den Clubs arbeiteten, durften nicht gesehen werden, wie sie sich außerhalb dieser mit Männern trafen; auch war ihnen nicht erlaubt, mit Gästen auszugehen, *außer* denen, die auf der A-Liste standen, wozu führende Geschäftsleute, Journalisten und Prominente gehörten. Sie mussten sich auch auf Geschlechtskrankheiten untersuchen lassen. Warum? Die einzige Erklärung dazu war, dass es »zum Besten aller« und zu »ihrem eigenen Schutz sei«.
- Früher wurde Teilnehmerinnen an der Miss-America-Wahl

vom Augenblick ihres Eintreffens an verboten, mit einem Mann allein gesehen zu werden, selbst wenn es der eigene Vater war.

Sex, um Sex zu wollen

Vielleicht haben Sie überhaupt kein bestimmtes strategisches Ziel für Ihr Sexleben im Blick. Vielleicht sind Sie eher an langfristigen Beziehungen interessiert. Aber wenn Sie doch ein schnelles Abenteuer bevorzugen, dann beachten Sie die folgenden Tipps:

Äußeres
- Männer stehen auf Frauen, die fruchtbar und fortpflanzungsfähig wirken. Deshalb sollten Sie sich bemühen, jugendlich, dynamisch und vor Gesundheit strotzend auszusehen.
- Geschmäcker sind verschieden, aber die meisten erfolgreichen Männer ziehen Frauen vor, die vollbusig und groß sind und langes, meist blondes Haar haben.
- Ihre Outfits brauchen nicht super-modisch zu sein, aber sie sollten Ihre Formen und Kurven unterstreichen.
- Signalisieren Sie Ihre Erreichbarkeit, indem Sie enge Kleider tragen, die eine Menge Haut zeigen.

Einsatz
- Ein Mann wartet ungeduldig auf ein Signal, das Ihr Interesse an ihm bekundet. Provozierende und suggestive Gesten eignen sich dafür perfekt: Saugen Sie verführerisch an einem Strohhalm, lecken Sie sich die Lippen, streicheln Sie sich die Arme oder Beine.
- Schauen Sie ihm aufmerksam in die Augen und sorgen Sie dafür, dass er Sie dabei überrascht, wie Sie ihn anstarren.
- Bewegen Sie sich so, dass er sich Ihre Figur genau anschauen kann.
- Tragen Sie eine Sonnenbrille. Untersuchungen haben gezeigt, dass Sie sich damit selbstbewusster, attraktiver und mutiger fühlen. Sie tun Dinge, die Sie normalerweise nicht tun würden, beispielsweise sich ohne Oberteil zu sonnen. Benutzen

sexy

Sie eine Sonnenbrille als Flirtfaktor, lassen Sie sie lasziv auf Ihre Nasenspitze hinunterrutschen, damit man Ihnen unverhofft in die Augen sehen kann, oder nehmen Sie sie ab, um zu zeigen, dass Sie den Wunsch haben, Kontakt herzustellen; dabei können Sie den Brillenbügel sanft an Ihren Lippen entlanggleiten lassen.

- Berühren Sie ihn unmerklich, um ihm ein Gefühl des zufriedenen Erschauderns zu vermitteln. Sie können aber auch eindeutiger auf Tuchfühlung gehen – Männer empfinden dabei, im Gegensatz zu Frauen, oftmals große Freude.

Auftreten

- Machen Sie es einem Mann leicht, ein Gespräch mit Ihnen anzuknüpfen. Tragen Sie ein ungewöhnliches Schmuckstück, fahren Sie einen verrückten Wagen, tragen Sie ein umstrittenes Buch mit sich herum.
- Anzügliche Gespräche machen Männer verrückt. Wenn Sie in einem Flugzeug sitzen, lassen Sie Andeutungen über Ihren geheimen Wunsch fallen, einem leicht anrüchigen Club beitreten zu wollen. Wenn Sie auf einer Party sind, gestehen Sie mit einem Glas Champagner in der Hand, dass dieses perlige Getränk Sie immer dazu bringt, ein ungezogenes kleines Mädchen zu sein.
- Strahlen Sie eine innere Ruhe aus – seien Sie fröhlich und verbergen Sie Ihre Probleme.
- Energie ist äußerst attraktiv, deshalb sprechen Sie lebhaft und gehen Sie beschwingt durch die Welt.
- Hören Sie ihm aufmerksam zu. Ihr intensives Interesse wird ihm das Gefühl geben, brillant und sexy zu sein. Pamela Harriman war berühmt für ihre außergewöhnliche, lasergleiche Konzentration auf die Objekte ihrer Begierde – unweigerlich reiche oder mächtige Männer.
- Freundlichkeit öffnet noch die meisten Herzen.

[
GOLDENE REGEL
Die Freude am Sex wird größer,
wenn Sie ein Verbot übertreten.
]

Finden Sie Verlockungen wie einen engen Pullover oder einen flirtenden Blick zu zahm? Machen Sie einen Mann wild, indem Sie ihm versprechen, seine obszönsten Fantasien wahr zu machen. Flüstern Sie ihm ins Ohr, wie erregt Sie sind – und warum. Setzen Sie den, wie Sigmund Freud es nannte, »Charme des Verbotenen« ein:

TIPP: Kopieren Sie den sexy Gang von Marilyn Monroe: angeblich sägte sie von einem der beiden Absätze einen halben Zentimeter ab, so dass sie beim Gehen aufreizend wackelte.

Exhibitionismus.

Handeln Sie oder kleiden Sie sich provozierend. Tragen Sie einen Trenchcoat und nichts darunter, tragen Sie ein Businesskostüm ohne Unterwäsche, regen Sie Sex vor einem Fenster ohne Vorhänge an.

Neuheit.

Vertrautheit erzeugt Langeweile. Schlagen Sie einen ungewöhnlichen Platz oder eine ungewöhnliche Position für den Sex vor. Zwar sind »Partnertausch« und »Schlüssel-Partys« nicht mehr zeitgemäß, aber die Erregung, die sich einstellt, wenn man einen neuen Partner oder eine neue Situation ausprobiert, kommt nie aus der Mode.

Orgie.

Einschließlich einer ménage à trois. Schlagen Sie vor, die Freuden des Exhibitionismus, des Voyeurismus und des Ungewohnten zu kombinieren, indem Sie mit mehreren Leuten zugleich Sex haben.

Risiko.

Gehen Sie ein Risiko ein: Haben Sie Sex in der Toilette eines Restaurants, auf dem Konferenztisch am Arbeitsplatz, in einem Auto auf der Bundesstraße. Als ein Kongressabgeordneter aus South Carolina seine neue Ehefrau bat, ihn nach einer Kongresssitzung, die bis spät in die Nacht dauerte, abzuholen, kam sie mit einem Nerzmantel, hohen Absätzen und wenig mehr. Sie hatten Sex zwischen den Säulen der Eingangshalle.

Sexgeflüster.
Sprechen Sie beim Sex über all das, was gerade stattfindet, oder teilen Sie ausschweifend Ihre sexuellen Fantasien mit. Telefonsex erregte natürlich größtes öffentliches Interesse, als Monica Lewinsky gestand, dass sie und der Präsident ihn nur zu gerne praktizierten. Sie schenkte ihm ein Exemplar von *Vox*, Nicholson Bakers Roman über anonymen Telefonsex (als diese Tatsache bekannt wurde, vervierfachte sich der Verkauf des Buches).

Sadomasochismus.
Erregen Sie Ihren Partner mit der Andeutung, dass Sie mit S&M experimentiert haben oder offen dafür sind. (Verwechseln Sie S&M nicht mit brutaler Gewalt. Die Merkmale von wirklichem S&M? Rollenspiele, beiderseitiges Einverständnis, Dominanz und Unterwerfung, verbale Demütigung und Fesseln.)

Die Strategie des »bösen Mädchen« birgt aber auch ihre Risiken. Wie schon Casanova warnend sagte: »Eine allzu leichte Eroberung deutet häufig auf einen lasterhaften Charakter hin, und das ist etwas, was Männer ablehnen, wie lasterhaft sie selbst auch sein mögen.«

Sex, um Intimität herzustellen

Haben Sie sich jemals dabei ertappt, dass Sie schon in der Frühphase einer Beziehung Sex zuließen, weil Sie sich sofort als Teil eines Paares betrachten wollten, oder um Ihren Anspruch auf Ihren potenziellen Partner anzumelden, oder um jemandem zu gefallen, dessen Gefühle Sie sich nicht sicher waren? Wenn ja, dann haben Sie körperliche Bindungen benutzt, um emotionale Intimität zu beschleunigen. Sie hatten es eilig, eine etablierte Paarbeziehung herzustellen, mit der süßen Aussicht auf Kinobesuche und Abendessen, auf Überraschungs-Geburtstagspartys, Brunch mit den Eltern und geborgten T-Shirts. Hierin lag der eigentliche Grund, warum Sie Sex hatten.

Ein großer, großer Fehler. Diese Strategie ist notorisch erfolglos – nicht nur zwecklos, sondern tatsächlich kontraproduktiv und zudem deprimierend. Gehen Sie nicht davon aus, dass Sie Ihren Partner, wenn Sie all Ihre Barrieren fallen lassen und sich selbst anbieten, durch irgendein Gesetz der Liebesdynamik zwingen können, einen annähernden Schritt in Richtung Intimität zu machen. Schlafen Sie mit jener flüchtigen Errungenschaft nur, wenn Sie an einer sexuellen Erfahrung interessiert sind, aber erwarten Sie nicht, dass er sich am nächsten Morgen wie Ihr Liebhaber fühlen – oder so handeln – wird.

In einer Beziehung, ohne emotionale Tiefe, kann der Geschlechtsverkehr oftmals eine dramatische Machtverschiebung bewirken – vor dem Sex ist die Macht bei der Frau ausbalanciert; nach dem Sex verlagert sie sich auf den Mann. Indem Sie es zulassen, dass Sex einer emotionalen Bindung vorausgeht, schwächen Sie auf signifikante Weise Ihre eigene Machtposition. Nach dem Sex sind Sie möglicherweise verletzbarer und süchtig nach Zärtlichkeit und Anerkennung geworden: Sie spüren den Druck seines unausgesprochenen Urteils (über Ihre Performance, Ihre Oberschenkel), Sie spüren, dass Sie ein Risiko eingegangen sind (kein Kondom der Welt kann das Risiko einer Schwangerschaft, einer Aidsinfektion oder einer Geschlechtskrankheit völlig ausschalten), Sie fühlen sich emotional unsicher (Zurückweisung wird Sie *jetzt* weitaus mehr quälen als vor dem Sex). Anders dagegen Ihr Sexpartner; er wird es wahrscheinlich ganz und gar nicht eilig haben, sich emotional auf Sie einzulassen. Und gerade in dem Augenblick, wo Sie sich am stärksten nach Sicherheit und Bestätigung sehnen, empfindet er möglicherweise genau das Gegenteil – er ist distanziert, vielleicht sogar ärgerlich über die Erwartungen, die Sie ihm entgegenbringen.

Benutzen Sie Sex, um Intimität herzustellen? Überlegen Sie, was hat Sie eigentlich bewogen, sich Hals über Kopf in ein sexuelles Abenteuer zu stürzen:

- »Mich überkam einfach die Leidenschaft. Schließlich haben auch Frauen starke sexuelle Bedürfnisse.« (War es tatsächlich körperliche Lust oder eine eher romantische Hoffnung, die Sie dazu animiert hat?)

299

- »Er wollte wirklich Sex; mir war das eigentlich nicht so wichtig, aber ich wollte kein großes Theater darum machen.« (Wie haben Sie eine Woche später darüber gedacht?)
- »Ich mochte ihn sehr gern, deshalb wollte ich ihm das Gefühl geben, dass wir einen perfekten Abend hatten.« (Welchen Unterschied hätte es gemacht, wenn der Abend nicht »perfekt« gewesen wäre?)
- »Nachdem er so viel für den Abend ausgegeben hatte, fand ich es kleinlich, ihn an meiner Tür wegzuschicken.« (Warum spielt es eine Rolle, wie viel er ausgegeben hat?)
- »Ich bin frei von prä-feministischen Vorstellungen von Keuschheit und weiblicher Zurückhaltung – ich kann spontan und wild sein, genau wie die Männer.« (Sind Sie wirklich so unbekümmert, wie Sie tun?)

Sexuelle Ausstattung

Der Busen

Sie sind sich deutlich bewusst, wie fasziniert Männer von Brüsten sind. Deshalb ist es auch kein Wunder, dass Sie Männer ebenfalls mit Ihrer Oberweite beeindrucken möchten.

Wenn Sie daran denken, Ihren Busen »verschönern« zu lassen, dann vergessen Sie nicht, dass die Mode sich auch hierbei, wie bei allem anderen, wandelt. Lassen Sie sich nicht von einer Reklame aus dem Tal des Silikons hinters Licht führen, bei der es heißt, dass größer notwendigerweise besser ist. Große, runde Brüste über einer Wespentaille waren um 1900 herum der letzte Schrei, danach in den zwanziger Jahren empfand man einen kleinen, flachen Busen als besonders sexy; in den Vierzigern wurden große, spitze Brüste modern, und in den Sechzigern verhalf Twiggy der knabenhaften Figur wieder zum Siegeszug. In dem Jahrzehnt darauf waren Form und Größe weniger wichtig, dafür »Natürlichkeit«, was hieß, wohl geformte Brüste, die in keinen BH gezwängt waren. Da also *der Trend* der entscheidende Faktor ist, sogar, was die Größe des Busens betrifft, sollten Sie sich dem anpassen, der in Ihrer Umgebung vorherrschend ist. In den südlichen Orten wie Texas oder Las Vegas bedeutet größer automatisch besser, während die Mode im Norden mehr zum Natürlichen tendiert. Im neuen Millenium werden sich die Ansichten gewiss erneut ändern.

Ein lockendes Sex-Abenteuer verspricht nicht immer die besten Chancen. Erst die Ehe – die permanente sexuelle Beziehung – ermöglicht es Ihnen, aus dem Sex Vorteile zu ziehen, die unverbindlichere Beziehungen nicht zulassen. Die Ehe öffnet Ihnen die Tür zum Establishment, zur Teilhabe an der sozialen Stellung Ihres Partners, zur Gründung einer Dynastie.

KAPITEL EINUNDZWANZIG

DIE EHE ODER DIE FESTE SEXUELLE BEZIEHUNG

Die Ehe bietet Ihnen die Möglichkeit, Zugang zu einer Gesellschaft zu bekommen, deren Existenz auf Familiendynastien basiert. Es gibt eine lange Tradition von Eheschließungen zwischen *Geld* und *guter Familie* – ein Austausch, bei dem *Geld* blaues Blut reinwäscht und umgekehrt.

> 99 *Charlie wusste sehr genau, wenn er ehrlich mit sich war, dass er, wenn es Martha nicht gegeben hätte, nie hineingekommen wäre. Martha war aus Richmond und in Atlanta besaß alles, was aus Richmond kam (ebenso wie alles, was aus New York kam, wenn es um Kunstfragen ging), Authentizität. Charlie sagte sich immer wieder, der Driving Club sei ihm so oder so völlig schnuppe; aber wäre er ausgeschlossen worden, hätte sein Hard-Cracker-Groll keine Grenzen gekannt. Es war der bloße Umstand, dass er... da... war, was von so schrecklich großer Bedeutung war.*
>
> TOM WOLFE,
> *EIN GANZER KERL*

Es ist reichlich lächerlich, wenn Sie ohne entsprechenden Hintergrund Ihr eigenes Familienwappen oder Ihr individuelles Familien-Schottenmuster entwerfen – aber heiraten Sie in die richtige Familie und Sie bekommen all jene hübschen Dinge als Gratiszugabe. Die Ehe eröffnet Ihnen die Chance, sich in den Kreis der »richtigen« Familien einzureihen und Ihre gewöhnliche oder gar anrüchige Herkunft mit Vornehmheit zu bemänteln. Endlich haben Sie ein entzückendes Haus auf Martha's Vineyard (»es ist schon seit Jahren im Familienbesitz«), eine Mitgliedschaft im Countryclub, freundliche

Vorstellungsgespräche in Firmen, in denen Sie möglicherweise gern arbeiten würden. Sie bewegen sich in den besseren Kreisen – Sie werden akzeptiert oder zumindest toleriert.

Wenn Sie es darauf abgesehen haben, nach oben zu heiraten, dann lassen Sie sich nicht dadurch entmutigen, wenn Ihre Herkunft weniger grandiose Seiten aufweist. Eine »bessere« Ehe ist trotzdem nicht unmöglich, und wenn Sie erst einmal den Vertrag unterschrieben haben, dann wird Ihre Vergangenheit (weitgehend) ausgelöscht. Patricia Kluges Vergangenheit – sie wirkte unter anderem in einem Pornofilm mit und verfasste eine Sexkolumne für die englische Pornozeitschrift *Knave* – hinderte den Milliardär John Kluge nicht daran, sie zu heiraten.

Um Ihre soziale Stellung zu zementieren, ist eine Ehe – mit ihrer Garantie einer gesicherten gesellschaftlichen Position und einer finanziellen Unterstützung oder zumindest dem Recht auf Geld nach einer Trennung – wesentlich. Also vergessen Sie Ihren Partner, wenn er Sie nicht nach einer bestimmten Zeit ehelichen will.

> 99 *Lady Ailesbury, die Inkarnation des gesunden Menschenverstands, pflegte zu sagen: »Wir sollten zu unverheirateten Mädchen immer freundlich sein, wir wissen nicht, wen sie möglicherweise heiraten werden.«*
>
> PHILIPPE JULIAN,
> THE SNOB SPOTTER'S GUIDE

Den Sohn oder die Tochter des Chefs zu heiraten, ist natürlich eine großartige Möglichkeit, ins Geschäft zu kommen – denken Sie nur an Philip Graham (er heiratete in die Dynastie der »Meyers« ein, der Verlegerfamilie der *Washington Post*) oder Arthur Sulzberger (er stieg bei den »Ochs« ein, die Verlegerdynastie der *New York Times*).

Da Frauen mittlerweile selbst Karriere machen, wird das *Powerpaar* zu einem Phänomen, das immer häufiger anzutreffen ist; bei einer solchen Konstellation fördert die Ehe die Karriere beider Partner; eine Art Synergieeffekt tritt ein. Denken Sie an Powerpaare wie Harold Evans und Tina Brown, Bob und Elizabeth Dole, David Kelley und Michelle Pfeiffer, John Gregory Dunne und Joan Didion, James Rubin und Christiane Amanpour, Mike Nichols und

303

Diane Sawyer, Richard Phillips und Dana Hoey, Ben Bradlee und Sally Quinn, Ken Auletta und Amanda Urban. Nachteilig für die Power-Paare ist die Tatsache, dass diese, da beide Partner häufig in einem ähnlichen Bereich arbeiten, gelegentlich in Interessenkonflikte geraten.

Effektiv war die Ehe auch für Sharon Stone. Die Schauspielerin, die vor allem wegen der Szene in dem Film *Basic Instinct*, in der sie ohne Slip die Beine übereinanderschlug, bekannt wurde, wurde sehr viel ernster genommen, nachdem sie Phil Bronstein, den Chefredakteur des *San Franciso Examiner*, geheiratet hatte. Die Ehe von Marilyn Monroe und der Baseballlegende Joe DiMaggio und dann mit dem Schriftsteller Arthur Miller, wie auch die Ehe der Schauspielerin Jane Fonda mit dem Politiker Tom Hayden und danach mit dem Medientycoon Ted Turner kam jeweils beiden Partnern zu Gute.

Für die Öffentlichkeit ist die Ehe zwischen dem Präsidenten und der First Lady besonders augenfällig, und natürlich ist jene Öffentlichkeit immer schrecklich neugierig, ob es sich bei der Partnerschaft nur um ein geschäftsmäßiges Arrangement handelt, das, als Teil der permanenten Wahlkampagne eines Politikers, zum Schein aufrechterhalten wird, oder ob sie noch von sexueller und romantischer Vitalität bestimmt ist. Welche »First Family« hatte von den unten genannten ein gemeinsames Schlafzimmer – und welche getrennte Schlafräume? Überprüfen Sie Ihr Wissen, und antworten Sie mit einem »Ja« oder »Nein«.

Präsident und First Lady	Gemeinsames Schlafzimmer	Getrennte Betten
a. Bill und Hillary Clinton		
b. George und Barbara Bush		
c. Ronald und Nancy Reagan		
d. Jimmy und Rosalynn Carter		
e. Gerald und Betty Ford		
f. Richard und Pat Nixon		
g. Lyndon und Lady Bird Johnson		

Präsident und First Lady	Gemeinsames Schlafzimmer	Getrennte Betten
h. Jack und Jackie Kennedy		
i. Dwight und Mamie Eisenhower		

Antworten: Bill und Hillary Clinton: nein; George und Barbara Bush: ja; Ronald und Nancy Reagan: ja; Jimmy und Rosalynn Carter: ja; Gerald und Betty Ford: ja; Richard und Pat und Rosalynn Carter: ja; Gerald und Betty Ford: ja; Richard und Pat Nixon: nein; Lyndon und Lady Bird Johnson: nein; Jack und Jackie Kennedy: nein; Dwight und Mamie Eisenhower: ja.

Dynastie

Wenn Sie einmal ein gewisses Niveau von Macht, Geld oder Ruhm erreicht haben, dann haben Sie möglicherweise das Bedürfnis, eine Dynastie zu gründen, um Ihren guten Namen und den Ihrer Nachkommen zu sichern – und um das tun zu können, benötigen Sie eine Ehe. Was brauchen Sie sonst noch? Ein Blick auf einige der prominentesten amerikanischen Dynastien – die der Rockefellers, Kennedys, Fords und Bushs – ist aufschlussreich:

- Ein Gründungsvermögen.
- Wenn nötig eine anschließende moralische Aufwertung jenes Vermögens, beispielsweise durch prestigeträchtige Charity-Aktivitäten oder eine Tätigkeit im Staatsdienst.
- Eine prominente und ehrenhafte Position, die (innerhalb derselben Branche oder Firma) über zwei oder mehr Generationen gehalten wird.
- Eine Wiederholung von Familiennamen (Senior, Junior), um dem Gedächtnis der Öffentlichkeit auf die Sprünge zu helfen.
- Eine Bereitschaft, selbst hart zu arbeiten und Ihre Macht dadurch zu stärken, dass Sie sich talentierte, loyale und aufopferungsvolle Mitarbeiter halten können.

305

- Ein gelegentlicher Hauch von einem Sex- oder Finanzskandal, um das Interesse der Öffentlichkeit wach zu halten.
- Die Benennung einer prominenten Institution nach Ihrem Familiennamen (entweder durch Sie selbst oder die Regierung), um diesen im Bewusstsein der Öffentlichkeit zu verankern.

> *Die Millionokratie ... ist keinesfalls eine Angelegenheit von Menschen und Familien, sondern ein stabiler Geldfaktor mit einem variablen menschlichen Element ... Natürlich schafft dieser persönliche Reichtum, von vornherein trivial und flüchtig, keine langlebige gesellschaftliche Klasse, es sei denn, einige besondere Maßnahmen würden ergriffen, um den Prozess der Desintegration in der dritten Generation aufzuhalten. Das geschieht, zumindest mit Erfolg, so selten, dass man kein langes Leben zu leben braucht, um die meisten der reichen Familien, die er aus der Kindheit kannte, mehr oder weniger reduziert zu sehen.*
>
> OLIVER WENDELL HOLMES,
> ELSIE VENNER:
> EIN SCHICKSALSROMAN

Beachten Sie, dass es nur drei Generationen braucht, um eine »Dynastie« zu schaffen; zugleich beginnen die meisten Dynastien, sich nach der vierten Generation aufzulösen.

Wenn Sie es darauf abgesehen haben, dass die Dynastie, die Sie begründen, ein aristokratisches Flair bekommt, dann müssen Sie noch ein paar weitere Generationen warten. Und eines Tages, nachdem Ihr Vermögen verprasst wurde, werden Ihre Nachkommen sich an jene vornehme Abstammung und die Erinnerung an Bequemlichkeit und Luxus klammern.

Das dynastische Ideal übt einen so großen Einfluss aus, dass selbst darin eher unbedarfte Aktiengesellschaften Aufsichtsräte einbringen, die aus prominenten Familien stammen. So kapitulierte: Seagram bei der Familie Bronfman; News Corp. bei der Familie Murdoch; Ford Motor Company bei der Familie Ford; AIG bei der Familie Greenberg. Gründen Sie selbst eine Firma und vergessen Sie nicht, die Mehrheit der Aktien zu behalten.

Wie alles, was ins Extrem getrieben wird, kann auch der dynastische Impuls – besonders, wenn er vornehmlich durch den Namen ausgedrückt werden soll – groteske Ausmaße annehmen. Von den neun Kindern, die der Schwergewichtsboxer George Foreman zeugte, erhielten vier den Namen George. Michael Jackson hat zwei Kinder: Prince Michael Jackson und Paris Michael Jackson. Wenn Sie Ihren Namen weitergeben wollen, dann beschränken Sie sich darauf, dass nur ein Kind Ihren Vornamen trägt.

Triumph des Unerwarteten

Wie immer sollten Sie das Prinzip des Unerwarteten anwenden, um ganz klar als Sieger dazustehen. Tipp für Männer: Wenn die Männer in Ihrer Umgebung anfangen, ihre Ehefrauen gegen jüngere Modelle einzutauschen, dann bleiben Sie bei der Frau, mit der Sie seit fünfundzwanzig Jahren verheiratet sind. Tipp für Frauen: Ignorieren Sie den Instinkt, sich von einem Mann schwängern zu lassen, der gesellschaftlich höher rangiert als Sie. Stars wie Jodie Foster und Madonna hatten auch nicht das Bedürfnis, einen gleichermaßen prominenten Mann zum Vater ihrer Kinder zu machen. Fosters Samenspender ist unbekannt; Madonna wählte einen »Nobody« (ihren persönlichen Trainer Carlos Leon) als Vater ihres ersten Kindes, Guy Ritchie durfte Sie ein zweites Mal schwängern – er ist zwar bekannter als Carlos Leon, aber ohne weitere Filmerfolge könnte er bald in Vergessenheit geraten.

[
GOLDENE REGEL
Einfachheit und Bescheidenheit
können die effektivsten Techniken sein,
um mit Triumph zu gewinnen.
]

Das Vorhandensein von Macht, Geld und Ruhm verleiht dem Sex zwischen einem Mann und einer Frau einen ungeahnten, elektrisierenden Reiz; ihr ungemein erotisierender Einfluss ist wortlos, direkt und unwiderstehlich.

sexy

KAPITEL ZWEIUNDZWANZIG

DIE EROTIK VON MACHT, GELD UND RUHM

Macht, Geld und Ruhm entfachen ein erotisches Feuer, das Bewunderer anlockt. Ein Teil der Attraktion besteht natürlich darin, dass Menschen, selbst nicht fähig, diese weltlichen Trophäen zu erringen, sie stellvertretend mittels eines Sexpartners genießen möchten. Doch gibt es noch einen anderen Reiz. Geld, Macht und Ruhm haben eine ihnen innewohnende Kraft der Erotisierung. Sie sind so sexuell erregend wie ein wohlproportionierter männlicher Hintern oder ein tiefes Dekolletee.

Ursache ist zu einem Teil der Bewunderungseffekt: das Spotlight, das auf die Reichen, Mächtigen und Berühmten gerichtet ist, lässt sie reizvoll erscheinen. So viele Menschen bestaunen sie, wollen Autogramme, zerreißen sich die Mäuler über ihre Kleider und Ehen – das macht sie ungemein sexy. Das lustvolle Gefühl bei einem eigenen Unterwerfungswunsch trägt ebenfalls zu dieser Anziehungskraft bei: Sich selbst in den Dienst der Großen zu stellen ist erregend.

Ein Ungleichgewicht von Macht, Geld und Ruhm wirkt häufig erotisierend. Professoren und Studentinnen, Schauspielerinnen und Leibwächter, Ärzte und Krankenschwestern – wie viele von diesen Konstellationen wären ein Paar, hätten sie sich nur in einer Bar oder auf einer Familienparty getroffen? Es ist der Reiz der Verschiedenheit (und häufig der Nähe), der ihrer Leidenschaft Nahrung gibt.

Träume von Macht, Geld und Ruhm beleben die Fantasien sowohl von Männern als auch von Frauen. Und im Kern richten sich die Wunschvorstellungen der Männer auf ihr Bedürfnis *zu lehren* und *zu beschützen, zu erwerben* und *zu beeindrucken.* Die der Frauen richten sich auf ihr Bedürfnis *zu inspirieren* (entweder als Muse oder als Retterin) und *zu erregen, zu opfern* und *erhöht zu werden.*

[
GOLDENE REGEL
Geld, Macht und Ruhm sind die
ultimativen Aphrodisiaka.
]

Macht ist erotisch; sie birgt die Faszination des Eroberns oder Erobertwerdens. Als Mann träumen Sie von der Macht, zu dominieren und zu beschützen, auf einem rassigen Pferd herbeizupreschen und eine wunderschöne Frau aus den Klauen falscher Liebhaber zu retten.

Die Frau, die Sie begehren, ist von Verehrern umgeben, die um ihre Aufmerksamkeit und ihre Gunst wetteifern – aber sie liebt nur Sie. Andere Männer werden Ihnen nachschauen, wenn Sie sie triumphierend entführen. In *The Technique of the Love Affair* riet Doris Langley Mooreden den Frauen: »Ein Mann möchte nur selten das, was niemand anderer haben will. Vielmehr neigt er dazu, das zu begehren, was bereits an-

> 99 *In dem Moment, als Caroline an seiner Schulter geschluchzt hatte, war er von Zärtlichkeit überwältigt worden, dem Wunsch, sie zu beschützen. Sie war so hilflos gewesen, und er hatte sich stark gefühlt. Eine Art von Liebe. Die wahre, hatte er gedacht.*
>
> ROXANA ROBINSON,
> *AMANDAS SCHWESTER*

dere begehrenswert gefunden haben, vor allem, was Frauen angeht. Je mehr Beweise er hat, dass Sie begehrt sind, desto überzeugter wird er sein, dass Sie es wert sind, erobert zu werden.«

Als Frau spüren Sie die Macht, die Sie haben, wenn um Sie gebuhlt wird. Männer kämpfen um Ihre – herablassende – Liebe. Sie, die Begehrte, stacheln sie zu Rivalitätskämpfen an. Frauen wiederum finden es oftmals verführerisch, sich von einem einflussreichen Mann beschützen zu lassen. Das enthebt sie von so mancher Verantwortung. »Macht ist grandios«, schrieb Barbara Amiel, »da sie ein Schutzschild gegen die Welt bietet.« Frauen

sexy

99 *Ich gehe in keine spießige Pension in der rue de l'Université«, bekundete Sylvia, »und komme mir auch nicht mit der letzten Reihe in der Comédie, um dann noch ein Stück von Racine zu sehen. Ich will zu Foyot ausgeführt werden und anschließend zu den Folies Bergère.«*
»Erlaubst du mir, dass ich dich begleite?«, fragte Willis.
»Ja«, sagte sie, »und auf die Mauretania.«
»Gut, Sylvia«, antwortete er, »ich werde dich eines Tages dahin mitnehmen ... Und wo ist in Paris das beste Geschäft, um Kleider zu kaufen?«
»Am liebsten gehe ich zu Worth's«, gab sie zur Auskunft. »Andere Geschäfte sind dagegen nichts.«
»Keine Sorge, du wirst die Tür betreten«, ließ er sie wissen. Jetzt schien es nur natürlich, dass er sie küßte, und sie schmiegte sich an ihn und vergrub ihr Gesicht in seine Schulter.

J. P. MARQUAND,
SINCERELY, WILLIS WAYDE

genießen auch das befriedigende Gefühl, jemanden zu beherrschen, der ansonsten beherrscht.

Sally Quinn analysierte die sexuelle Struktur einer Affäre eines verheirateten Mannes auf höchstem Niveau: »Die Geliebte hat das Vergnügen, Macht über einen Mann auszuüben, der selbst mächtig ist. Die Ehefrau hat den Titel, den sozialen Status und das Geld. Und der Mann selbst empfindet die Befriedigung, dass seine Bedürfnisse von zwei Frauen erfüllt werden. Jeder in dieser Konstellation kann daraus einen Vorteil ziehen.«

Der Mehrfach-Nutzen ist vielfältig anwendbar: Stellen Sie sich zwei ehrgeizige Managementberater in einer Firma vor. Der männliche Part ist älter, sehr einflussreich; sie ist jünger und nicht ganz so einflussreich. Niemand weiß mit Sicherheit, ob sie eine Affäre haben, aber allein die Spekulation bringt dem Paar einen Prestigegewinn. Er wird als vital und aktiv wahrgenommen, fähig, eine eindrucksvolle Eroberung zu machen; von ihr nimmt man an, dass sie Zugang zu den höchsten Ebenen hat. Die Affäre der beiden wird als Spiegel ihrer Leistung wahrgenommen.

Für Männer ist es zutiefst befriedigend, einer Frau einen Teil seiner Ausbeute zu überreichen, beispielsweise ein Diamantencollier um den Hals zu legen. Frauen sind fasziniert vom Bezahltwerden. Es war Daisy, die den großen Gatsby inspirierte, reich zu werden; das Geld war allein dazu da, sie zu ergötzen und zu verherrlichen. Und in dem Augenblick, in dem Sie Ihren Reichtum zu Schau stellen, bringen Sie sich in eine Position der Überlegenheit. Superstar Hugh Grant verblüffte seine Fans, als er mit Divine Brown, einer Zwanzig-Dollar-Prostituierten vom Sunset Strip, erwischt wurde. Warum in aller Welt, so fragten sich die Leute, bezahlte er Geld für eine billige Nutte, wo er doch die supertolle Elizabeth Hurley umsonst bekam? Aber das genau ist der Punkt. Der Mann will bezahlen. In diesem für ihn reizvollen Akt liegt seine

> **99** *Ich konnte mich nicht daran erinnern, wann mir ein Mann das letzte Mal ein Kleid gekauft hatte. Etwas in mir wollte das Geschenk zurückweisen: Tief in mir saß die Angst vor dem Gekauftwerden, davor, für den Sex bezahlt zu werden. Das ja hieß, dass man mich besaß, dass meine Zeit einem Liebhaber zur Verfügung stand. Einem Liebhaber mit Geld. Ich wollte nie die Sklavin eines Mannes sein. Aber dennoch erregte mich die Vorstellung eines Mannes, der in ein Geschäft, ein teures Geschäft gegangen war, das Bild meines Körpers im Kopf, um einen hohen Preis für ein Geschenk zu zahlen – was ich als ein Zeichen meiner Macht ansehe.*
>
> MARY GORDON, *SPENDING*

Überlegenheit begründet. In ihren Memoiren *Slow Motion. Doppelter Abschied* erinnerte sich Dani Shapiro an ihren reichen, älteren Liebhaber Lenny: »Und Lenny wollte eigentlich auch nur irgendwo hingehen, wo wir uns die Kleider vom Leib reißen konnten. Es war ihm egal, ob wir das in einem Hotel taten, das dreihundert Dollar die Nacht kostete oder in meiner Wohnung. Wahrscheinlich waren ihm Hotelzimmer sogar lieber, da sie die Atmosphäre von bezahltem Sex verströmten.«

Sie als Frau dagegen inspirieren lieber zu einem verschwenderischen Umgang mit Geld; Sie sind teuer und deshalb wertvoll. Sie sammeln Geschmeide und Aktien, mit denen man Sie überschüttet, Theaterstücke und Pferde, die man Ihnen widmet.

311

> *Weißt du nicht, worauf ich aus bin? Weißt du nicht, was ich will? Eine richtige Beziehung. Mit dir. Ich möchte dir etwas bedeuten. Ich möchte, dass du, mit all deinem Ruhm und Erfolg, mich magst.*
>
> JOE MCGINNISS,
> THE DREAM TEAM

Sie finden Macht, Geld und Ruhm sexuell attraktiv. Jessica Sklar lernte Jerry Seinfeld etwa zwei Monate nach ihrer Heirat mit einem amerikanischen Durchschnittsbürger kennen – und ihre Affäre mit dem Starkomiker löste ihre Ehe rasch in ein Nichts auf. Mag diese neue Liebe echt sein, aber hätte Seinfeld sie so rasch von ihrem Mann weglocken können, wenn der Superstar nichts weiter als ein Rechtsanwalt von nebenan gewesen wäre? Äußerst fraglich.

Sex-Märchen

Mythen und Geschichten über Sex: Für Männer ebenso wie für Frauen spiegeln alte Sagen geheime, nicht wahrgenommene oder gar verleugnete Sehnsüchte wider – von Rettung, Veränderung und Eroberung. Es liegt eine tiefe Befriedigung darin, diese Geschichten mit der eigenen Person zu inszenieren, sich selbst als den großartigen, siegreichen Helden oder als die aufopferungsvolle, errettete Prinzessin zu sehen. Gestalten Sie Ihre Beziehungen oder Begegnungen mit dem anderen Geschlecht nach dem Muster eines dieser stimulierenden Archetypen (selbst wenn dies nur im Geist geschieht). Glänzen Sie als die Schöne oder das Biest. Aber wählen Sie für Ihren Auftritt die richtige Rolle aus. Oder glauben Sie wirklich, dass der Mann, der am anderen Ende des Büroflurs arbeitet, Sie in ungeahnte Höhen emportragen kann? Oder können Sie jene Frau, die Sie in der Bar kennen gelernt haben, tatsächlich aus ihrem Dasein befreien? Vielleicht. Vielleicht auch nicht. Und ob Sie dann von ihr auch noch mit Zuneigung und Dankbarkeit belohnt werden? Hier einige Märchen zum Nachträumen:

- **Pygmalion** – Nachdem der Bildhauer Pygmalion sich in die schöne Statue verliebte, die er selbst erschaffen hatte, hauchte Aphrodite ihr Leben ein. Daraufhin heiratete Pygmalion seine Schöpfung.

Ein Mann entdeckt eine Frau, die er in ihrer Entwicklung fördert und nach seinen Wünschen formt; nachdem er ihre Dankbarkeit und Liebe gewonnen hat, wird er von jedem Mann in seinem Umfeld beneidet.

Filmbeispiele: *My Fair Lady; Pretty Woman.*

- **Lancelot und Guinevere** *(mit einer Prise Ödipus) – Der junge Sir Lancelot raubte König Arthurs geliebte Frau Guinevere.*

Der Held spannt einem Rivalen, der mehr Macht besitzt und eine bessere Position hat, eine begehrenswerte Frau aus.

Filmbeispiele: *Die Philadelphia Story; Die Reifeprüfung.*

- **Aschenputtel** *– Das Mädchen, das den ganzen Tag über in Lumpen in der Küche schuftete, gewann das Herz des gut aussehenden Prinzen, sobald sie im richtigen Kleid und in richtigen Schuhen auf der richtigen Party auftauchte.*

Eine Frau erschafft sich neu. Daraufhin begegnet sie den richtigen Leuten und wird von einem Prinzen »entdeckt«.

Filmbeispiele: *Working Girl; Sabrina.*

- **Rapunzel** *– Die langzöpfige Schönheit lebte eingeschlossen in einem hohen Turm, ohne Türen und mit nur einem einzigen kleinen Fenster, bis sie von dem jungen, gut aussehenden Prinzen gerettet wurde.*

Eine Frau steckt in einem langweiligen Job oder in einer unglücklichen Beziehung fest, bis ein Mann auftaucht, um sie

313

von ihren Alltagssorgen zu befreien. Der Schauspieler Eli Wallach sagte über Marilyn Monroe: »Jeder Mann, der sie kennen lernte, hatte das Gefühl, sie retten zu können. Sie war eine Prinzessin in einem Schloss, dessen Türen verriegelt waren, und er konnte ihr helfen, zu entfliehen.«

Filmbeispiele: *An Officer and a Gentleman; Während du schliefst.*

● **Die Schöne und das Biest** – *Nach anfänglichem Widerwillen freundete sich eine sittsame Beauty mit einem hässlichen wilden Tier an, entdeckte seine verborgenen Tugenden und verwandelte es durch ihre Liebe in einen gut aussehenden Prinzen.*

Durch die Liebe und Aufmerksamkeit einer hartnäckigen Frau verwandelt sich ein Widerling oder Wüstling in einen treuen Liebhaber, der bereit ist, eine feste Bindung einzugehen.

Filmbeispiele: *Jerry McGuire; Besser geht's nicht.*

Dieses ganze Theater um den Sex interessiert mich nicht besonders, denken Sie vielleicht; aber selbst wenn Sie vom Sex-Business nicht fasziniert sind – andere Leute sind es, und ihre Faszination ist Ihre Chance. Beuten Sie Sex aus, um Ihre Ziele zu erreichen.

KAPITEL DREIUNDZWANZIG
SEXPLOITATION

Nutzen Sie die grenzenlose Sex-Begeisterung für Ihre persönlichen Ziele – ohne selbst auch nur ein einziges Kleidungsstück abzulegen. Anstatt aus einer sexuellen Beziehung zu einem bestimmten Mann oder einer bestimmten Frau Kapital zu schlagen, profitieren Sie von der weit verbreiteten Fixierung auf Sex als Idee.

Natürlich lässt sich Sex in seiner primitivsten Manifestation, nämlich als Pornographie, gut vermarkten. Mit einem Umsatz von zehn Milliarden Dollar pro Jahr ist das Sex-Business eine der expansivsten Branchen in Amerika. Wie können Sie da noch mitmischen? Machen Sie einen Online-Sex-Shop auf – Sie eröffnen damit Ihren Kunden einen bequemen und anonymen Zugang zu reizvollen Artikeln, die die Käufer in Scharen anlocken werden. Bedenken Sie, dass 1999 etwa jeder sechste Internetsurfer die Sex- und Erotik-Webseiten besuchte. Und Sie können ebenso die Schaulustigen für ihren Besuch zur Kasse bitten; die Menschen zahlen für nützliche Informationen vom *Wall Street Journal*, also können sie auch blechen, um sich ein Model in einem Push-up-BH aus schwarzer Spitze und hohen Stilettos anzuschauen. Einige Surfer finden Cybersex besser als realen Sex, weil Sie dabei ihre totale Kontrolle behalten, sich nicht gefühlsmäßig engagieren oder eine Zurückweisung aushalten müssen. Dafür kann er ständig neue Körper kennen lernen, mit ihren Versprechen, dass jeder Wunsch (wie abenteuerlich, verrückt oder peinlich auch immer) erfüllt werden kann.

Eine weitere sexuelle Perversion, die vom Internet mit revolutionärer Problemlosigkeit bedient wird, ist der Voyeurismus. Auf ihrer Web-Site *jennicam.com* stellt die Washingtonerin Jennifer Ringley jede Minute ihres Lebens – ob es ums Essen geht, um das, was sie anzieht oder ob sie mit ihrem Freund Sex hat – für Millionen Zuschauer ins Internet. Sie ist ihre eigene Paparazza. Sie hat Dutzende von Nachahmern, und wenn Sie Spaß

315

am Exhibitionismus und Geld für ein paar Kameras haben, dann können Sie sich Ihre eigene Cyber-Anhängerschaft erschaffen.

Nutzen Sie auch bei der Vermarktung von ganz normalen Produkten – wie Seife oder Autos – sexuelle Anspielungen aus. Der Dessousversand Victoria's Secret zog gewaltige Aufmerksamkeit auf sich, als er seine Frühjahrsschau live über das Internet übertrug. Die Computer brachen zusammen, als mehr als eine Million Surfer sich einzuloggen versuchten, um den Models zuzuschauen, wie sie, allein aus Seide und Haut bestehend, über den Laufsteg stolzierten. Anzügliche Worte und erotische Fotos kommen gut auf Anzeigenkampagnen an: »Nogger dir einen!«, »Nichts kommt zwischen mich und meine Calvins«, »An meine Haut lasse ich nur Wasser und CD« etc. Imitieren Sie das Orgasmus-Stöhnen einer Frau unter der Dusche, um Ihr Kräutershampoo zu verkaufen, oder zeigen Sie eine Flasche Ihres Parfüms vor dem verschwommenen Hintergrund einer Orgie. Zeitschriften sind bekanntermaßen abhängig vom Interesse ihrer Leser am Sex. Dieser Trend reicht weit über Zeitschriften wie *Playboy, Penthouse* oder *Juggs* oder solche für jüngere Männer wie *Maxim* oder *Details* hinaus. Von den Titelseiten eher familiengeeigneter Zeitschriften vor der Supermarktkasse prangen selbst Schlagzeilen wie: »Der beste Sex, den ich je hatte!«; »Der beste Sex Ihres Lebens – sofort!«; »Sexuelle Abenteuer genau wie Singles!« Der *Esquire* widmete eine Ausgabe dem Thema: »Brüste! Der Triumph des Dekolletees.« Auf dem Cover sah man Pamela Anderson Lee, die ihre Brüste zusammenquetschte – ihr sekundäres Geschlechtsmerkmal wurde eingesetzt, um eine Zeitschrift zu verkaufen, in der sich ein Artikel damit beschäftigte, dass der Busen zu Amerikas Verkaufsinstrument Nr.1 geworden ist. Als Herausgeberin des *Vanity Fair* entschied sich Tina Brown für einen Titel mit einem Foto der Starfotografin Annie Leibovitz als Kaufanreiz: es zeigte die Schauspielerin Demi Moore – hochschwanger und fast nackt. Und natürlich ist die »Badeanzug-Ausgabe« von *Sports Illustrated* mit seinen ganzseitigen Fotos von Models in Bikinis, die sich in der Brandung tummeln, jedes Jahr die best verkaufte Nummer.

Wollen Sie Sex benutzen, um Ihr Magazin zu verkaufen, dann seien Sie *exotisch, erotisch* und *provozierend*:

316 SEXPLOITATION

- Kombinieren Sie Sex mit anderen zweifellos interessanten Themen (Sex und Sport, Sex und Mode, Reisen, Fitness, Beauty – oder, noch besser, kennen Sie eine Sex-Story, die tödlich ausging, beispielsweise bei einer Kletter- oder Safariexpedition? Oder eine über einen erstaunlichen Gewichtsverlust durch Sex?).
- Verzichten Sie nie auf Sexlisten: die zehn besten Tantra-Stellungen; die fünf Geheimnisse des Orgasmus; die fünfzig sexiesten Männer in Hollywood; fünfzehn Tipps, wie man *sie* ins Bett kriegt.
- Veröffentlichen Sie dazu eine Menge reizvoller Fotos von nackten oder nahezu entblößten Traum-Körpern, vorzugsweise in einer stimmungsvollen Landschaft.
- Offerieren Sie die neuesten Erkenntnisse über Sex: ungewöhnliche Techniken (lassen Sie sich von den Sex-Clubs der Großstadtszenen inspirieren!), vernachlässigte erogene Zonen (wissen Sie, wo Ihr G-Punkt ist?), medizinische Fakten (Sex lässt Ihre Haut jünger aussehen!).

Sind Sie Reporter? Auch Sie können die Vorteile der Sexploitation nutzen. Die TV-Stationen greifen so oft wie möglich auf Sex zurück, um ihren Sender zu verkaufen. Der Sexskandal um Monica Lewinsky war bühnenreif, mit einer erstaunlichen Besetzung, mehreren sensationellen Handlungssträngen einschließlich Requisiten (beispielsweise Telefone und Zigarren), Helden (beispielsweise Betty Currie) und Bösewichtern (beispielsweise Linda Tripp) und so spannend wie es die Nation seit dem O. J.-Simpson-Prozess nicht erlebt hatte. Der Skandal auf höchster Ebene erlaubte Nachrichtenmoderatoren guten Gewissens Themen wie Bosnien und die Gesundheitsreform zu vernachlässigen, um stattdessen wahrhaft nachrichtenwürdige Fragen zu diskutieren, beispielsweise ob oraler Sex tatsächlich Sex sei und ob eine bestimmte Zigarre mehr als nur eine Zigarre war. Begriffe und Praktiken, die nie zuvor im Fernsehen oder in den Zeitungen zum Ausspruch kamen, wurden zum Thema nüchterner Kommentare.

Natürlich können Sie als Journalist überlegen, ob eine Sex-

sexy

317

Affäre ihre ausführliche Berichterstattung rechtfertigt, oder ob die seriöse Presse den journalistischen Kulturkampf an die Sensationspresse verliert.

Zeitschriften sind nur eine Möglichkeit, wie man Sex profitabel nutzen kann. Es gibt zahllose andere. Candace Bushnell machte durch ihre Kolumnen über »Sex in der Großstadt« auf sich aufmerksam (die Fernsehshow, die auf ihren Artikeln und ihrem Buch, *Sex and the City,* das einen New Yorker Sexkolumnisten zum Protagonisten hat, basiert, ist auch als »dirty-something« bekannt). Die Prostituierte Tracy Quann schrieb eine fiktive Kolumne, *Nancy Chan: Diary of a Manhattan Call Girl,* für die Online-Zeitschrift *Salon* vor dem Hintergrund ihrer eigenen Erfahrungen. Eine ähnliche Kolumne haben das Paar Maike Winnemuth und Peter Praschel in dem deutschen Frauenmagazin *Amica.* Erklären Sie sich zum Sexperten – besonders erfolgreich können Sie im Internet mit seinem unersättlichen Hunger nach Spezialisten sein.

TIPP: Achten Sie darauf, im Bereich Sexploitation auf dem Laufenden zu bleiben. Die Zeitschrift *Playboy* und die Playboy-Clubs waren in den fünfziger und sechziger Jahren ein großer Hit, gerieten dann aber aus der Mode. Außerdem sind die Schönheitswettbewerbe zur Miss America out. (Doch plötzlich kann unmodernes wieder trendy werden. Der *Playboy* ist dafür ein Beispiel.)

Wenn Sex für Sie nur eine weitere Ware, ein weiterer Markenartikel, ein weiteres Set von Bildern ist, mit dem eine Werbeagentur spielen kann, dann ist das nur gut für Sie. Aber wenn Sie Sex zum Vergnügen oder zur Eroberung nutzen, dann entdecken Sie, dass das nicht ewig währt; früher oder später überfällt Sie der Blues. Die Leidenschaften des Körpers weichen der Melancholie des Geistes.

KAPITEL VIERUNDZWANZIG
SEX-BLUES

Sex ist flüchtig; man kann ihn nicht ständig haben. Sie müssen fortwährend neue Eroberungen machen, sonst verwandelt sich der Preis von gestern in den vertrauten Begleiter von morgen, und Sie versinken im Morast der Alltagsroutine, mit Verantwortung, Ärger und Einschränkungen.

Sie haben einen mächtigen, älteren Mann geheiratet; Sie waren fasziniert von seinem Wissen; es war unglaublich, mit was für wichtigen Leuten er befreundet war. Aber jetzt erkennen Sie, dass er es sich nicht wirklich leisten kann, jenes Boot zu bauen, über das er schon seit vielen Jahren redet, und Sie wissen mittlerweile ebenso viel über Weine wie er. Seine Knie schmerzen ihn so sehr, dass er Probleme hat, auch nur ein paar Stufen hinaufzusteigen.

Oder die tolle Frau, der Sie den Hof gemacht haben, hat einen Bruder, der an Krebs leidet; sie hat eine lebensbedrohliche Allergie gegen Nüsse und trägt ständig eine Notspritze mit Histaminen mit sich herum; sie möchte, dass Sie dieses Wochenende mit ihr zusammen Schmuck kaufen.

> *Aber mittlerweile, dachte er, müsste es Tausende von Männern wie ihn geben, reiche Geschäftsleute, die sich im Laufe der letzten zehn, fünfzehn Jahre von ihren alten Ehefrauen, mit denen sie zwei oder drei Jahrzehnte verheiratet waren, hatten scheiden lassen und sich neue Frauen genommen hatten, Mädchen, die eine ganze Generation jünger waren. Was war, wenn ein Mann dies alles durchmachte, die Trennung, die Scheidung, diesen ganzen Schmerz, diesen Kampf, diese höllischen Kosten, diese … diese … dieses schlechte Gewissen … und eines Tages oder eines Nachts wacht er auf und fragt sich: Wer zum Teufel ist das hier im Bett neben mir? Warum ist sie hier? Wo ist sie hergekommen? Was will sie? Warum verschwindet sie nicht?*

> TOM WOLFE,
> *EIN GANZER KERL*

319

Und sie findet, es sei an der Zeit, dass Sie sich wieder mal die Haare schneiden lassen.

Sex verspricht Intimität und Zärtlichkeit, wird aber letztlich benutzt, um etwas anderes, nämlich Macht, Geld oder Ruhm zu erlangen. Oder aber, um Sex zu haben, der jedoch im Laufe der Zeit und mit zunehmender Vertrautheit langweilig wird.

Geschafft!

Herzlichen Glückwunsch! Jetzt kennen Sie die Regeln, um mächtig, reich, berühmt und sexy zu werden, und es ist Zeit, sie in die Tat umzusetzen. Sie wissen, was zu tun ist. Also – womit fangen Sie an? Indem Sie sich am Konferenztisch einen anderen Platz suchen? Sich woanders die Haare schneiden lassen? Sich zu Ihrem nächsten *blind date* »genau richtig« anziehen?

Aber Sie haben mehr gewonnen als eine Anleitung für Ihr *eigenes* Verhalten; Sie haben den Schlüssel gefunden, der Ihnen erklären hilft, was *andere* tun und warum. Sie verstehen die Menschen in Ihrer Umgebung – vielleicht besser, als diese sich selbst verstehen. Warum erwähnt der Mann dort permanent seine berühmten Bekannten? Oder zieht Hundert-Dollar-Scheine hervor? Oder trägt ständig nur Sneakers? Sie wissen es – und damit verlieren solche Gesten ihre Wirkung.

Ihr Kopf ist voller Pläne: »Ja gewiss, bald«, versprechen Sie sich selbst. »Bald habe ich die nächste Ebene erreicht, wo ich mit all den richtigen Leuten zusammen bin und die richtigen Dinge besitze und die Macht und Aufmerksamkeit bekomme, die ich brauche.« Die weltlichen Vergnügungen verführen Sie und Sie wünschen sich immer mehr. Mit *mächtig reich berühmt sexy* unter einem Papierstapel in Ihrer Schreibtischschublade (nur keine Anstrengung zeigen!) beschließen Sie, dass Sie ab morgen alles bekommen werden, was Sie wollen.

Aber überlegen Sie: Können Sie je genug haben?

Denken Sie dran, Geld macht nicht glücklich, keine Auszeichnung, kein Statussymbol kann eine liebevolle Familie oder gute Gesundheit ersetzen. »Sicher, Sie haben ja recht«, werden Sie sagen und denken, dass Sie trotzdem glücklicher wären, wenn Sie die Firma, in der Sie arbeiten, leiteten, wenn Sie erster Klasse fliegen könnten. Wenn Sie den Respekt bekämen, nach dem Sie sich sehnen. Sicher, wenn Sie jene Stufen erklommen haben, fühlen Sie sich ein kleines bisschen erleichtert – aber was wollen Sie *als Nächstes*?

321

Zufriedenheit ist etwas, was nicht von außen kommt. Plutarch sagt: »Um mit den Segnungen umzugehen, die von außen auf uns einströmen, brauchen wir eine feste Basis von Vernunft und Bildung; ohne diese Basis jagen die Menschen diesen Segnungen ständig weiter nach und häufen sie an, können die unersättlichen Gelüste ihrer Seele aber niemals befriedigen.« Es ist Ihr Ehrgeiz, der Sie in der Spirale der steigenden Erwartungen gefangen hält. Ihre Erfolge regen den Appetit, den zu befriedigen Sie sich so sehr anstrengen, nur immer weiter an.

Und wie sehr dieses Immer-höher-immer-weiter Sie auch fordern mag – manchmal werden Sie eine Ahnung dessen verspüren, was hätte sein können.

> *Ach, vanitas vanitatum! Wer von uns ist auf dieser Welt ganz glücklich? Wem werden alle seine Wünsche erfüllt? Und wenn sie uns erfüllt werden, sind wir dann wohl zufrieden? Kommt, Kinder, lasst uns die Puppen einsperren und die Bude zuschließen, denn unser Spiel ist nun aus.*
>
> WILLIAM M. THACKERAY,
> *JAHRMARKT DER EITELKEITEN*
> *(ODER EIN ROMAN OHNE HELD)*

sexy

Dank

Meinen herzlichsten Dank meinen Eltern, Karen und Jack Craft, der besten Mutter und dem besten Vater, die man sich vorstellen kann – ich liebe sie immer mehr. Meine Schwester, Elizabeth Craft, war mir ein großartiges Beispiel und ermutigte mich bei jedem Schritt. Dank auch meinen wunderbaren Schwiegereltern, Judy und Bob Rubin.

Ganz besonders hilfreich waren die Ideen und die Unterstützung von Michael Abbott, David Barron, Julia Bator, Michael Beran, Delia Boylan, David Brock, Warren Buffett, Sarah Burnes, Nicole Channing, Jackie Chorney, Denyse Clancy, Betsy Cohen, Tanya Coke, Christopher DeLong, Michelle DeLong, Jana Edelbaum, Courtney Simmons Elwood, John Elwood, Sarah Fain, Lisa Beattie Frelinghuysen, Julius Genachowski, Hannah Griswold, Sebastian Heath, Jamie Heller, Matthew Herrington, Julie Hilden, Andrew Hruska, Reed Hundt, Charlotte Jackson, Paul Kahn, Juliette Kayyem, Susan Kleckner, Becky Lemov, Rick Lerner, Pierre Leval, Blair Levin, Susan Lewis, Tad Low, Kim Malone, Megan Matson, Orlee Mendel, Greg Miller, Marcus Mitchell, Ariel Mosaffi, Elena Nachmanoff, Jennifer Newstead, Michael Nichols, Sandra Day O'Connor, Rusty O'Kelley, Patricia O'Toole, Jenny Roberts, Jed Rubenfeld, Phil Rubin, Michael Scammell, Alison Schafer, Jennifer Scully, Saul Shapiro, Mindy Shultz, Steven Spielberg, Ramie Targoff, Rebecca Todd, Katy Ubaldi, Steve Umin, Jed Weissberg, Amy Wilensky, Fareed Zakaria, Paula Throckmorton Zakaria und Amy Zegart.

Dank auch meiner hervorragenden Agentin Christy Fletcher und Michael Carlisle bei Carlisle & Co. und meinem fantastischen Lektor Greer Kessel Hendricks.

Und Dank natürlich meinem Mann Jamie.

Bibliografie

(Die Jahreszahlen beziehen sich auf das Jahr der Erstveröffentlichung)

A

Adams, Alex; Stadiem William: *Madam 90210 (dt., 1993)*
Adams, Henry: *Die Erziehung des Henry Adams (1880)*
Aldrich, Nelson W.: *Old Money (1988)*
Amende, Carol: *Hollywood Confidential (1997)*
Amis, Martin: *Gierig (1991)*
Amory Cleveland: *Who Killed Society? (1960)*
Andersen, Kurt: *Turn of the Century (1999)*
Anderson, Christopher: *Madonna Unauthorized (1991)*
Arlen, Michael: *The Camera Age (1981)*
Atholl, Desmond: *At Your Service, Memoirs of a Majordomo (1992)*
Auchincloss, Louis: *Der Rektor (1964)*
Auchincloss, Louis: *The Vanderbilt Era (1989)*
Auletta, Ken: *Greed and Glory on Wall Street, The Fall of the House of Lehmann (1987)*

B

Balsan, Consuelo Vanderbilt: *The Glitter and the Gold (1973)*
Barrows, Sydney Biddle, Novak, William: *Mayflower Madam, The Secret Life of Sydney Biddle Barrows (1986)*
Bataille, Georges: *The Accursed Share, Vol. 1, Consumption (1991)*
Beaverbrook, William Maxwell Aitken, Baron: *The Abdication of King Edward VIII. (1966)*
Beck, Mary Giroudo: *Potlatch (1993)*
Beran, Michael Knox: *The Last Patrician: Bobby Kennedy and the End of American Aristocracy (1998)*
Birmingham, Stephen: *Our Crowd (1967)*
Birmingham, Stephen: *The Wrong Kind of Money (1997)*
Biskind, Peter: *Easy Riders, Raging Bull, How the Sex, Drugs and Rock'n'Roll Generation Saved Hollywood (1998)*

327

Boorstin, Daniel J.: *Das Image (1987)*
Botton, Alain de: *Wie Proust Ihr Leben verändern kann (1997)*
Bradlee, Benjamin C.: *Conversations with Kennedy (1975)*
Brock, David: *The Seduction of Hillary Rodham (1996)*
Brown, Claude: *Im gelobten Land (1965)*
Brownstein, Ronald: *The Power and the Glitter, The Hollywood-Washington Connection (1990)*
Bushnell Candace: *Sex and the City (dt., 2000)*
Buss, David: *The Evolution of Desire (1994)*

C

Campbell, Colin: *Lady Diana in Private, The Princess Nobody Knows (1992)*
Capote, Truman: *Frühstück bei Tiffany's (1958)*
Carnegie, Dale: *Wie man Freunde gewinnt (1936)*
Caro Robert: *The Years of Lyndon Johnson (1990)*
Casanova, Giacomo: *Memoiren (1797)*
Castiglione, Baldesar: *Der Hofmann (1528)*
Chapple, Steve; Talbot, David: *Burning Desires: Sex in America (1989)*
Chernow, Ron: *John D. Rockefeller, Die Karriere des Wirtschaftstitanen (2000)*
Cialdini, Robert. B.: *Die Psychologie des Überzeugens (1997)*

C

Didion, Joan: *After Henry (1993)*
Doctorow, F. L.: *Billy Bathgate (dt., 1997)*
Drew, Elizabeth: *On the Edge, The Clinton Presidency (1994)*
Duchin, Dominick: *Ghost of a Chance, A Memoir (1996)*
Dunne, Dominick: *In unseren Kreisen (1988)*

E

Epstein, Joseph: *Ambition, The Secret Passion (1980)*
Etcoff, Nancy: *Nur die Schönsten überleben (2001)*
Evans, Robert: *The Kid Stays in the Picture (1994)*

F

Fairchild, John: *Chic Savages (1989)*
Farrow, Mia: *Dauer hat, was vergeht (1997)*
Felske, Coerte V. W.: *Millennium Girl (dt., 2000)*
Fitzgerald, F. Scott: *Der große Gatsby (1925)*
Fleming, Charles: *High Concept, Don Simpson and the Hollywood Culture of Excess (1998)*
Fraser, Kennedy: *Ornament and Silence (1996)*
Freud, Sigmund: *Totem und Tabu (1918)*
Freud, Sigmund: *Das Unbehagen in der Kultur (1930)*

G

Gabler, Neal: *Winchell, Gossip, Power, and the Culture of Celebrity (1994)*
Gabler, Neal: *Das Leben, ein Film (1999)*
Gaines, Steven S.: *Obsession, The Lives and Times of Calvin Klein (1994)*
Galella, Ron: *Jaqueline (1974)*
Goldman, William: *Hype and Glory (1990)*
Gordon, Barbara; Fever, Jennifer: *Older Men, Younger Women (1988)*
Graham, Katherine: *Personal History (1997)*
Grant, Michael: *Roms Cäsaren (1975, nach Suetons »Leben der Cäsaren«)*
Greene, Bob: *Billion Dollar Baby (1974)*
Greene, Robert; Elffers, Joost: *The 48 Laws of Power (1998)*
Gross, Michael: *Model (dt., 1996)*

H

Halberstam, David: *Playing for Keeps, Michael Jordan and the World He Made (1999)*
Hart, Josephine: *Verhängnis (2001)*
Hazlitt, William: *Table Talk (1824)*
Hazlitt, William: *Characteristics, In the Manner of Rochefoucault's Maxims (1837)*

Holmes, Oliver Wendell, Sr.: *Elsie Venner, Ein Schicksalsroman (1891)*

I

Iacocca, Lee: *Iacocca, Eine amerikanische Karriere (1985)*
Isaacson, Walter: *Kissinger (1992)*
Ishiguro, Kazuo: *Was vom Tage übrigblieb (1989)*

J

Johnson, Lisa: *How to Snare a Millionaire (1995)*
Jong, Erica: *Rette sich wer kann (1977)*
Julian, Philippe: *The Snob Spotter's Guide (1958)*
Just, Ward: *Echo House (1997)*

K

Kaplan, Loiuse J.: *Weibliche Perversionen (1991)*
Kelley, Kitty: *Nancy Reagan, The Unauthorized Biography (1991)*
Kelley, Kitty: *Die Royals (1998)*
Klein, Joe (Anonymus): *Mit aller Macht (1997)*
Korda, Michael: *Macht und wie man mit ihr umgeht (1975)*
Korda, Michael: *Success! (1977)*
Korda, Michael: *Another Life (1999)*
Krantz, Judith: *Skrupel (1978)*
Kureishi, Hanif: *Rastlose Nähe (1999)*

L

Lanchester, John: *Die Lust und ihr Preis, Aufzeichnungen eines reisenden Gentleman (1996)*
Lapham, Lewis: *Lapham's Rules of Influence (1999)*
La Rochefoucauld, François, Duc de: *Moral, Reflections, Sentences, and Maxims (1665)*
Lawrence, D. H.: *Liebende Frauen*
Lewis, C. S.: *The Weight of Glory and Other Addresses (1949)*
Lewis, Michael: *The Money Culture (1991)*

Lewis, Michael: *Alle Macht dem Neuen (2000)*
Lilly, Doris: *How to Marry a Millionaire (1951)*
Lilly, Doris: *How to Marry a Billionaire (1984)*
Long Bob: *Conversations With My Agent (1997)*

M

Machiavelli, Niccolò: *Der Fürst (1517)*
Mackay, Charles: *Extraordinary Popular Delusions and the Madness of Crowds (1841)*
Mailer, Norman: *Reklame für mich selber (1995)*
Maraniss, David: *First in His Class (1995)*
Marquand, J. P.: *Point of No Return (1949)*
Marquand, J. P.: *Sincerely, Willis Wayde (1995)*
Marx, Karl: *Das Kapital (1867)*
Mauss, Marcel: *Die Gabe (1990)*
McBride, Joseph: *Steven Spielberg, A Biography (1997)*
McGinniss, Joe: *The Dream Team (1972)*
McGinniss, Joe: *Heroes (1976)*
Melville, Herman: *Moby Dick (1851)*
Moore, Doris Langley: *The Technique of the Love Affair (1928)*
Morris, Dick: *The New Prince (1999)*
Musashi, Miyamato: *Das Buch der Fünf Ringe (1645)*

N

Nixon, Richard: *Six Crises (1962)*

O

Oppenheimer, Jerry: *Martha Stewart, Just Desserts (1994)*
O'Toole, Patricia: *Money and Morals in America (1998)*
Ovid: *Liebeskunst (Ars amatoria)*

P

Plimpton, George: *Truman Capote (1997)*

Plutarch: *Römische Heldenleben*
Powell, Dawn: *A Time to Be Born (1942)*
Price, Richard: *Söhne der Nacht (1992)*

Q

Quinn, Sally: *Happy Endings (1991)*
Quinn, Sally: *The Party (1997)*

R

Reich, Robert: *Locked in the Cabinet (1997)*
Robinson, Roxana: *Amandas Schwester (1998)*
Rose, Phyllis: *Die Entdeckung des Glücks (1977)*
Rush, Norman: *Die Maßnahme (1991)*

S

Sayles, Ginie Polo: *Reich gefreit hat nie gereut!, Wie Sie wohlhabende Geschäftspartner, Freunde und Liebhaber erobern (1991)*
Schulberg, Budd: *Lauf, Sammy! (1941)*
Sennett, Richard: *Verfall und Ende des öffentlichen Lebens, Die Tyrannei der Intimität (1998)*
Shakespeare, William: *Heinrich IV., 1. Teil (1598)*
Shakespeare, William: *Julius Cäsar (1599)*
Shakespeare, William: *König Lear (1605)*
Shakespeare, William: *Antonius und Kleopatra (1607)*
Shapiro, Dani: *Slow Motion. Doppelter Abschied (1998)*
Shields, David: *Remote (1996)*
Shonagon, Sei: *Das Kopfkissenbuch der Dame Sei Shonagon*
Smith, Sally: *Reflected Glory, The Life of Pamela Churchill Harriman (1996)*
Sontag, Susan: *Der Liebhaber des Vulkans (1993)*
Spencer, Scott: *Das Pseudonym (1995)*
Stanhope, Philip Dormer, Earl of Chesterfield: *Briefe an seinen Sohn Philip Stanhope über die anstrengende Kunst, ein Gentleman zu werden (1774)*

Stein, Gertrude: *Jedermanns Autobiographie (1937)*
Stepanopoulos, George: *All Too Humans, A Political Education (1999)*
Sun-tzu: *Die Kunst des Krieges (ca. 500 v. Chr.)*

T

Taylor, John: *Falling, The Story of One Marriage (1999)*
Tesich, Steven: *Karoo (1998)*
Tesich, Steven: Abspann (1999)
Thackeray, William Makepeace: *Jahrmarkt der Eitelkeiten (oder Ein Roman ohne Held) (1848)*
Timm, Uwe: *Headhunter (1991)*

V

Veblen, Thorstein: *Theorie der feinen Leute (1899)*
Vreeland, Diana: *D.V. (1984)*

W

Wagner, Bruce: *Am Ende des Regenbogens (1996)*
Warhol, Andy: *Die Philosophie des Andy Warhol von A bis B und zurück (1975)*
Wharton, Edith: *Das Haus der Freude (1905)*
Wharton, Edith: *Zeit der Unschuld (1920)*
Wills, Gary: *John Wayne's America, The Politics of Celebrity (1997)*
Wolfe, Tom: *Das bonbonfarbene tangerinrotgespritzte Stromlinien-baby (1965)*
Wolfe, Tom: *Radical Chic and Mau-Mauing the Flak Catchers (1970)*
Wolfe, Tom: *Fegefeuer der Eitelkeiten (1987)*
Wolfe, Tom: *Ein ganzer Kerl (1998)*
Woolf, Virginia: *Mrs. Dalloway (1925)*
Woolf, Virginia: *Tagebücher (Gesammelte Werke) (1915–1941)*
Wright, Susan: *How to Marry Money, The Rich Have to Marry Someone – Why Not You (1995)*

Inhalt

sexy